講談社選書メチエ

811

# 創価学会

## 現代日本の模倣国家

レヴィ・マクローリン
山形浩生［訳］
中野　毅［監修］

MÉTIER

# はじめに

本書は日本の創価学会について、歴史的および民族誌的な記述を行う。創価学会は文字どおりの意味では「価値創造の会」であり、一九三〇年代に、教育者の研究会として発足し、第二次世界大戦後に現代における日本最大の宗教へと発展した。現在では日本国内の信者八二七万世帯と、創価学会インタナショナル（ＳＧＩ）の下でその他一九二ヵ国・地域に二〇〇万人近い〔二〇二一年一一月現在で二八〇万人〕会員を擁する。創価学会は日蓮正宗（しょうしゅう）の信者組織として出発した在家仏教組織である。この日蓮正宗は、中世の仏教改革者日蓮（一二二二―一二八二）の教えに従う小さな宗派である。だが創価学会という名前が示すとおり、創価学会は仏教よりもはるかに多くの中身を持っており、私が「二つの遺産」と呼ぶものの産物と考えるのがもっともよいだろう。その遺産とは、日蓮仏教と、輸入品である欧米近代の人道主義だ。

本書で私は、仏教および人道主義の組織としての創価学会の台頭を、拡張主義的な帝国から戦後の民主政体への日本の変貌の中に位置づける。私の分析からみて、創価学会はその生まれ育った日本という国民国家の模倣版と考えるのがもっともよい。創価学会を擬似的な国民国家と考えれば、その構成要素の幅の広さを理解しやすくなる。これは関連政党である公明党、強力な会長が監督する官僚組織、メディア帝国、〔幼稚園から大学までの〕私立学校体系、巨大な文化事業、堅固な警備体制によって守られた事実上の領土とも言える諸施設など、数多くの国民国家的な付属物が含まれる。模倣国民国家というメタファーはまた、創価学会がいまでも「学会」、すなわち「学ぶ会」という名称を維持し続けている事実からみても適切だろう。というのも創価学会は、会員教育の諸組織・活動に正当性を与え、参加者の忠誠心を育んでいるが、この教育構造も、創価学会を生みだした日本近代国家のそれと類似しているからである。

創価学会の規模と学会員の遍在性にもかかわらず、その日本の地元コミュニティについて、持続的な研究は比較的少ない。この研究の不在は、一つには創価学会のもっぱら否定的な世間的イメージのせいもある。創価学会は、批判者に対して強い反応を示すことで悪名高く、宗教ライバルに対して攻撃的な改宗キャンペーンを仕掛けたことで評判を落とし、公明党を通じた選挙政治への関わりで議論を呼び、さらにカリスマ的な指導者、池田大作名誉会長に対する支持者たちの崇拝ぶりで知られている。今日までの創価学会についての刊行物は、おおむね二種類に分けられる。激しい批判文書（このほとんどは暴露的なタブロイド紙という形をとる）と、創価学会自身が刊行したり、学会代表が伝えたメッセージをライターたちがまとめるなどした聖人君子伝のようなものだ。どちらも学会の指導層にばかり注目して、非エリート学会員たちの生活にはあまり目を向けない。本書はこれらとは違い、非学会員である私が二〇年近くにわたり、多くのローカルな創価学会員コミュニティに入り込んで行ってきた研究の産物だ。別に創価学会を暴いてやろうとか誉めそやそうとか思って研究を始めたわけではない。むしろ、民族誌的な手法と、文献ベースの調査とを組み合わせる二段構成のアプローチを使い、草の根レベルの視点を重視した記述を行おうとしている。私の研究は、なぜ創価学会が改宗者にとって説得力を持ち、なぜ在家仏教徒の集団が、その内部に国家に類似する諸制度を再構築したのかを理解する道筋を提供するものだ。

ここで私が提示するフィールドワークのエピソードは、決定的な時期における主要な標本と見なしてほしい。私の民族誌調査は二〇〇〇年から二〇一七年にかけてのもので、これは一九九一年の日蓮正宗との決裂と、池田大作の晩年にはさまれた時期となる。この民族誌調査の中で、私は日本全国、北は岩手県から南は九州の地方部まで、小さな町から大都市までさまざまな場所にいる二〇〇人以上の学会員に聞き取り調査を行った。ときには何週間にもわたり学会員の家族といっしょに暮らし、創価学会が任用試験と称する入門的教学試験のために勉強して合格し、学会員とともに主要な学会の聖地（重要施設）への巡礼を行い、創価学会の青年部が組織するオーケストラで長年にわたりバイオリンを演奏した。これらのフィールドワークのうち、本書に登場するのはごく一部だ。本書の民族誌調査の相当部分は二〇〇七年、中核標本のど真ん中の時期からきている。一〇年に及ぶ追跡調査を行ったことで、自分の発見を評価し、それを理論的な枠組みの中に位置づけるために必要な、批判的な距離が得られた。このフィールドワークを補うため、大量の一次資料と二次資料を使っている。その一部は、民族誌調査の過程で入手したものだ。

本書に登場する学会員たちは友人だ。何やら中立性を醸し出そうとする不誠実な試みである「情報源（インフォーマント）」という用語を私は拒否する。二〇〇〇年に私が会った学会員の一部は、いまや親として自分自身が学会員家族を育てている。中には創価学会を捨てた者もいるし、死去した人もいる。わずかな例外を除き、本書に登場する人々は地元のつながりを通じて出会った人々で、学会当局の紹介ではない。ただし長年にわたる調査において、創価学会の本部の代表から、特にその広報室と国際部の職員たちからは支援を受けた。彼らは親切にも、重要な場所への訪問や、古参の学会員へのインタビューを手配してくれた。こうした本部職員も友人たちだ。友人にありがちなこととして、私たちは必ずしも世界について同じ見方はしていない。私は学会員ではないし、過去に学会員だったこともない。私の研究は創価学会からの金銭的支援を一切受けていないし、いつの時点においてもこの研究が創価学会の確認を受けたこともない。私の分析は当然ながら、自分が学会員たちと築いた個人的なつながりに彩られているが、私は絶えず、創価学会に対して共感はしつつも批判的な視点を保とうとしてきた。

私自身の年齢と性別ではアクセスできる下部組織が制約され、対象を日本だけに絞ったこともあり、フィールドワークは限定されたものである。創価学会の既婚女性の組織（〔婦人部、現在は女性部と称する〕創価学会のもっとも活発な下部組織）には注目したし、（比較的）若い既婚男性による組織〔男子部と称する〕の会員たちとは困難を感じることなく多くの時間を共有することができた。しかし若い未婚女性の組織〔女子部〕と親密な関係を築くのはあまり適切ではなかった。もちろん本書でもっとも欠けている部分は、創価学会インタナショナルだ。ＳＧＩはそれ自体が巨大な組織で、各国に多様な形で展開している。これをきちんと研究するには、本書の企図を超える取り組みが必要となる。

創価学会は現在、その名誉会長の寿命を超えて展開しようとしているので、いまこそ創価学会の驚異的な台頭を考察するのに理想的な時期といえる。この集団が今後どのように姿を変えるかに注目するにあたり、これまで創価学会がなぜ何百万人もの改宗者を惹きつけ、何がその組織的な発展の原因となったのかについて考察が必要となる。

## 表記と短縮型

登場する創価学会員の名前は、公表されている学会指導層を除き、すべて仮名だ。学会員を指すときには、その人とのつきあい方に応じて、名前で呼んだり姓で呼んだりしている。一八七三年一月一日以後の日付はグレゴリオ暦に従う。

本書では創価学会版の日蓮遺文集である『日蓮大聖人御書全集』（初版一九五二年四月二八日）を参照している（以下、『御書』とも略記）。日蓮仏教についての学術研究では、『昭和定本　日蓮聖人遺文』全四巻を参照するのが通例であるが、日蓮の教えに対する学会の取り組みを正確に反映するため、本書では『御書』から引用する。

## 謝辞

本書は、二〇〇九年にプリンストン大学で完成させた博士論文を大幅に改稿して誕生した。ジャクリーン・ストーン〔ジャッキー〕の指導なしには、この研究はまったく不可能だった。ジャッキーは文部省〔当時〕フェローシップへの応募を支援してくれ、これにより二〇〇〇―二〇〇二年に東京大学での研究が可能になった。さらに二〇〇四年からのプリンストン大学での〔ジャッキーによる〕指導により、日蓮の著作の読み方や自分のフィールドワークを日本仏教の枠組みの中に位置づけることを教わった。同時に、この分野の研究を続ける上で必要な意欲と対象への共感を育んでくれた。東京大学では、幸運にも二〇〇〇―二〇〇二年に現代日本宗教についての島薗進（しまぞのすすむ）のセミナーに参加でき、それ以来彼の助言の恩恵を受けてきた。二〇〇二―二〇〇四年には、井上順孝（のぶたか）の招きで國學院大學日本文化研究所の研究員兼翻訳者として働いた。二〇〇一年にセミナー聴講を許してくれた東洋大学の西山茂と、日蓮仏教史について得がたい助言をくれた立正大学の中尾堯（なかおたかし）名誉教授にも感謝する。南山大学の教授陣と職員の皆様、とりわけクラーク・チルソン、ベン・ドーマン、ジェイムズ・ハイジック、ポール・スワンソンは重要な点で親切にしてくれた。この時期からの日本での研究は、プリンストン大学での開始以来、私は研究者仲間およびそれ以外の多くの友人たちから恩恵を受けている。ケイト・ダンロップ、エリック・アボット、アリソン・クラウス、古庫（ふるこ）正大、近藤光博、大山祐一、大塚茂樹、ノルマン・ヘィヴンズ、溝部むつこ、リック・バーガーなど、日本を故郷のようにしてくれた人々に感謝する。

　プリンストン大学では、学究と友情のお手本とも言うべき教授陣と同級生たちとの交流があった。シェルドン・ギャロン、バジー・テイザー、ジェームズ・ブーン、エイミー・ボロヴォイ、デヴィッド・ハウエル、ジェフリー・スタウト、小野桂子、その他指導と教育を通じた学習機会を与えてくれた教授たちに感謝する。パット・ボグディエウィッツ、ロレイン・フルマンなどの宗教学部スタッフからはまたとない支援を受けた。学寮一八七九ホールの地下部隊、スーザン・グナスティ、マイラジ・サイド、ランス・ジェノット、レイチェル・リンジー、ジョフ・スミス、ジョエル・ブレッチャーなど、穴居生活的な要塞に加わった人々には、博士論文執筆時に完璧な陽気さと生産性のバランスを提供してくれたことで、特に感謝したい。エイプリル・ヒューズ、アンソニー・ペトロ、ケヴィン・ウルフ、ジョセフ・ウィンタース、エリン・ブライトウェル、ユリア・フルマー、マレン・エーラース、イアン・チョン、スティーブ・ブッシュ、エドアルド・イリシンチ、エイミー・シタール、ジェイソン・アーナンダ・ジョセフソン＝ストーム、イーサン・リンゼイ、エミリー・メイス、ブライアン・ロウ、モウリー・ヴィダスなど、プリンストン大学のセミナーやワークショップに参加してくれた多数の人々が、ここに示した研究を作り上げてくれた。ポール・コップ、マーク・ロウ、三後（さんご）明日香、ローリー・ミークス、スチュアート・ヤング、ジミー・ユーは、東アジアにおけるこの分野における直近の先人たちとして、この分野の基準を引き上げてくれた。特に草稿にコメントをくれたミカ・アウエルバックと、後の草稿で重要な指摘をくれたジョロン・トマスには感謝する。博士論文執筆のフェローシップを提供してくれたジャイルズ・ホワイティング夫人財団が私のプリンストン最終年を支えてくれたし、本書で活用するフィールドワークのかなりの部分は日本財団の支援で可能になったものだ。

本書は、世界中の多くの機関や大勢の友人たちからの支援により可能となった、博士論文以後の長い胎動を経て生まれたものだ。ウォッフォード大学の同僚たち、特にトリナ・ジョーンズとダン・マシューソンは、初の教職で歓迎してくれたし、研究も応援してくれた。二〇一一年に数ヵ月にわたり、シンガポール国立大学のアジア研究所（ARI）客員研究者となったことで恩恵を受けた。このフェローシップ期とその後のARI関係者との共同作業ではプラセンジット・ドゥアラ、マイケル・フィーナー、フィリップ・ファウンテンなどから研究のフィードバックを受けた。アイオワ大学客員研究員として過ごした二〇一一—二〇一二年以来のモーテン・シュリッター、カティナ・リリオス、メリッサ・カーリー、ソーニャ・リャン、フレッド・スミスらとの友情に感謝する。二〇一二年からはノースカロライナ州立大学で教えているが、そこのアンナ・ビグロー、ジェイソン・ビヴィンス、ビル・アドラー、ケーリー・ハーウッド、ジェイソン・スターデヴァント、メアリー・キャサリン・カニンガムおよび傑出した学部長マイケル・ペンドルバリーと傑出した事務方アン・リーヴスが宗教研究にすばらしい大学環境を作り出してくれている。東アジア研究のデイヴィッド・アンバラス、ナサニエル・アイザックソン、ジョン・マーツらと、哲学宗教学部のエリック・カーター、シェイ・ローガンなど数多くの友人たちは、ラリーにおける仕事生活を本当に楽しいものにしてくれる。またUNCチャペルヒル校とデューク大学の同僚バーバラ・アンブロス、リチャード・ジャフェ、ファンス・キム、クリスティーナ・トルーストなど多くの人々といっしょに仕事をしていることで大きな恩恵を受けている。ラリーでの生活は、メロディ・メッツィとマシュー・レナード抜きには考えられない。メロディは私の文章を明晰にしてくれたし、マットは第一章の図をつくってくれた〔本訳書においては差し替えた〕。

ここに登場した考えはどれ一つとして、それを広範な専門家に説明する機会がなければ形成されなかっただろう。模倣国民国家というメタファーが自分にとっても本当に意味を持ち始めたのは、政治学者とのやりとりを経てからのことだ。彼らは新しい分野での専門性に向けて頑張るように私を仕向けてくれた。そしてこれを通じて、私の宗教への洞察も深まった。優秀な共著者で共編者であるスティーブ・リード、アクセル・クライン、ダン・スミスに感謝したい。特にモーリーン＆マイク・マンスフィールド財団の日米未来ネットワークを通じて与えられた機会に感謝する。仲間のネットワーク参加者みんなと、このプログラムでの仕事が筆舌に尽くせぬ便益をもたらしてくれた、ベン・セルフにお礼を申し上げる。ハーバード、オックスフォード、コペンハーゲン、トロント、マクマスター、マンチェスター、シンガポール、ハイデルベルク、バイロイト、ミシガン、バークレー、ペンシルベニア、ジョンズ・ホプキンス、USC、ヴァージニア、デューク、ノースウェスタン、國學院、南山などの各大学におけるプレゼンテーションは、得がたい批判を引き起こしたし、またアメリカ宗教学会、アジア研究学会などの会議におけるプレゼンテーションも同様だ。ヘレン・ハーデカー、イアン・リーダー、エリカ・バッフェリ、モニカ・シュリンプフ、インケン・プロール、ジョン・ネルソン、ジェシー・スターリング、ヘザー・ブレア、中野毅、オリオン・クラウタウ、大谷栄一など日本宗教研究を動かしている人々も重要な洞察を与えてくれた。ハワイ大学出版局では、ステファニー・チュン、エマ・チン、グレース・ウェンの各編集者と、シリーズ編者マーク・ロウに感謝する。

もちろん、本書に登場する考えは、日本の創価学会員たちとの交流がなければ展開することはなかったはずのものばかりだ。過去二〇年にわたり、文字どおり何百人もの学会員たちが私を自宅に招き入れ、自分のもっとも親密な瞬間について何時間も大胆に語り、滞在場所を提供してくれて、学会での体験や文献へのアクセスを提供し、その他各種の方法でこの研究を可能にしてくれた。それをみんな無償でやってくれたのだ。お名前をあげることはできないながら、人生に私を受け容れてくれた学会員たちに対する愛と尊敬はここで強調しておきたい。

トロントのわが家族——母ダニエレ、父ホーレイ、兄ルーベン、妹ガブリエレ、姪ナアマ、チャヴァ＝タル、デルフィー、その他みんな——は、たゆまず応援してくれた。本書の作業が進む中で、祖母レヤ・ルドウィグと祖父ジャック・ルドウィグが他界した。この研究に含まれる思い出を振り返り、特に古参学会員たちの回想を見ると、絶えず祖父母のことが思い出された。彼らは本書に登場する学会員たちのように、宝箱のような存在であり、その喪失を満たすことはできない。

本書は、妻ローレン・マークレーに捧げる。彼女の確固とした独立性と、彼女を取り巻く世界に対する深い共感を私がどれほど頼りにしているかは、筆舌に尽くせないほどだ。二〇年以上も共に暮らしてきたことで、私もより良き人間になれた。失敗や損失もあったが、本書はきみに捧げよう、ローレン、ありったけの愛をこめて。

目次

監修者による傍注を＊、＊＊により示しました。また、訳文において、原書の明白な誤記等を改めたり、補足を加えたりしました。それらのうち、明示する必要があると判断したものは〔　〕つきとしました。

# 第一章　模倣国家としての創価学会

「社会的なまとまりが国として再生するのは、各種の装置のネットワークや日々の慣行を通じて、個人がホモ・エコノミカス〔経済人〕、ホモ・ポリティカス〔政治的人間〕、ホモ・レリジオスス〔宗教人〕としてのみならず、ゆりかごから墓場までを保障されたホモ・ナショナリス〔国の人〕として制度化されている限りにおいてである。（後略）」

飯塚氏がはじめて接触してきたのは、幹部代表としてであった。彼は創価学会の巨大な官僚組織の中でその仕事に人生を捧げている、何千人もの給与従業員の一人だ。四〇代半ばの知的で優しい人物で、他人にしっかり耳を傾け、自分の言葉も同じくしっかり選ぶ飯塚は、世界に向けた創価学会の専任職員*としての自分の役割を常に意識しているようだった。ダークスーツ、磨かれた黒い革靴、天気がどうあれパリッとした白いYシャツ、きっちり分けた髪が一糸も乱れることのない彼のスタイルは、ちょっとアナクロで、貧乏人の宗教というイメージを克服しようと学会代表たちが頑張っていた終戦直後に逆戻りしたかのようだった。仲間の学会員と顔をあわせるごとに、彼は立ち居振る舞いや服装のお手本となり、暗黙のうちに規律正しい理想への従属をうながしている。男子部**の一人が、飯塚がくるのを見かけてあわてて居住まいを正し、ネクタイを着けに走り出すのを見たことがある。また高齢の学会員が、たまたま普段着だったときに「だらしない格好」について反射的に謝っているのも見た。

平日は毎朝、飯塚は東京西部の自宅で夜明け前に起きて、始発電車で都心に向かう。一時間以上の通勤時間をかけて、都心の信濃町にある創価学会総本部に通う。七時ちょうどに、他の何千人もの創価学会職員や一般会員とともに当然のように朝の勤行に加わる。勤行とは、創価学会における日蓮仏

*創価学会から給与を支給されている従業員のことを、創価学会は本部職員と一般に称し、東京の総本部や地方会館、聖教新聞社に配置している。

**青年部の中に、男子部と女子部が置かれていた。

教の実践であり、歴史的な仏陀の最後の教えとされる法華経の「方便品(ほうべんぽん)」第二の一部と「寿量品(じゅりょうほん)」第一六の一部を読誦(どくじゅ)する。この二〇分ほどの経典の読誦のあとに、「法華経」の表題である妙法蓮華経に帰依するという意味の「南無」を加えた、「題目」と呼ばれる「南無妙法蓮華経」というフレーズを何度も唱和する。飯塚は毎朝、この題目を唱える「唱題行」を少なくともさらに一時間は続ける。これは学会員たちが通常、唱題の力をある特定の目標に向けるための機会とされる。彼が願うのは、大学で生物学を学んでいる長男の学問上の成功であり、認知症の兆候がみられる高齢の母親の健康、数年前にがんで急死した妹の、幼児二人の回向などだ。

あらゆる学会員と同じく、飯塚の勤行には創価学会の名誉会長・池田大作とその妻である池田香峯子(かねこ)の健康と安寧を願う祈りも含まれる。何十年にもわたり、池田大作は創価学会に君臨して、あらゆる面で揺るぎない権威となっている。そして創価学会が、一九九一年に母体とも言える仏教宗派である日蓮正宗と決裂してからは、池田のあらゆる面が、学会信奉者たちにとってますます深い意味を持つに至っている。信濃町は当初は諸活動の実務上の拠点に過ぎなかったが、今日では聖地として機能している。毎年、何百万人もの学会信者たちが、世界中から信濃町総本部に巡礼にきて、池田とゆかりのあるこの地で勤行することで、池田と直接つながろうとする。飯塚は、他の本部職員と同じく、日々の通勤をこの巡礼の一環と見なしている。

飯塚は佐世保生まれだ。ここはアメリカ海軍基地が圧倒的な存在感を持つ、長崎県の労働者階級の港湾都市だ。創価学会員の両親のもと、貧困の中で育った飯塚は、高校卒業とともに二つの厳しい選択を迫られた。父親と離婚寸前の母親を支えるため、学校をやめて単純労働者になるか、あるいは創価大学での勉学を目指すかだ。飯塚は、他の大学には願書を出していない。高卒止まりの教育に代わるものとしては、名誉会長池田が創設した学校での勉学以外のものは考えもしなかったからだ。創価大学に合格したときには報恩感謝の念に包まれ、競争率の高い雇用審査に合格して創価学会の給与職員となったとき、学会への忠誠心は不動のものとなった。

飯塚にとって、自然も含めて世界のすべてが学会に根差す意味を持っている。二〇一三年六月に彼と福島県への長期自動車旅行をしたとき、過去一〇年にわたり創価大学の広大な敷地に生息する各種の花、樹木、昆虫、動物を識別できるように勉強してきたのだと話してくれた。キャンパスの四季を覚えることで、大学とその創立者との絆を深めたのだという。「創価大学に生えている植物は全部知っていますよ」と彼は、私と運転手の赤橋氏に豪語した。赤橋氏も飯塚と同様に、創価学会の給与職員だ。創価学会の中でも、ごく限定された内部組織の一員ともいえる「幹部」たちにとって、世界のあらゆるものは、自然の細部に至るまで、自分たちの宗教的世界を構成するものとされたときに、その隠れた意味が明らかになる。つまらない現象から人生を左右する事業に至るまで、創価学会の物語に組み込まれると、そのすべての意義が高まる。そのすべてが創価学会の職員たちに、奉仕を通じた自己犠牲の機会をもたらしてくれる。池田大作と彼が育てあげた機関への献身ぶりを示す機会なのだ。

## 二つの遺産と池田の台頭

創価学会は、組織構築と信者獲得の面で、近代日本で発展した他の宗教組織の追随を許さない。今日、学会は日本で八二七万世帯、その包括組織である創価学会インタナショナル（ＳＧＩ）の下で世界一九二ヵ国・地域に二〇〇万人近い信者を擁すると自称している。[1] こうした自称の数字は誇張されている。調査データによると実際の数字は日本の人口の二—三％くらいのようだ。つまり熱心な学会員を名乗りそうな人は四〇〇万人に満たないということだ。だがきわめて控えめに見積もっても、日本人のほぼ全員が、知り合いや親戚に創価学会員がいるか、自分が創価学会員だということになる。

創価学会はパラドックスとして存在する。創価学会は極度に不寛容な仏僧として名高い日蓮の教えを奉じる人道主義団体として始まり、第二次世界大戦後の数十年間に、日本でもっとも急成長した宗教となった。これは、各種の信仰を日本人がためらうようになった時期であった。創価学会の会員数を確認するより重要なのは、こうしたパラドックスを解明することだ。これはつまり、その多岐にわたる組織を検討して、なぜそれが魅力を持ったか解明するということだ。ほとんどの学術研究は、創価学会を在家仏教組織として分類するが、飯塚の人生の物語や本書に登場する他の学会員の説明を見ると、創価学会は二つの遺産を受けついだ存在として理解すべきだ。第一の遺産は、少数派の仏教宗派である日蓮正宗の下での在家信仰から生まれた自己修養の伝統、そして第二の遺産は、一九世紀末から二〇世紀初頭の日本で広まった普通教育と個人の成長をめざす哲学的理想を称揚する知的な潮流だ。これらはすべて、一般に「文化」と関連づけられる欧米の伝統に啓発されたものである。

創価学会の発展は、こうした二つの遺産が持つ重要な影響を裏づけている。学会の創立日は一九三〇年一一月一八日とされる。創価学会の前身となる戦前の組織、創価教育学会の初代会長牧口常三郎（一八七一—一九四四）が、『創価教育学体系』全四巻の第一巻を出版した日だ。この集団は、中産階級の教育者や知識人の小規模な研究会として始まった。当時の帝都に数多く存在した、この類の集まりの一つにすぎなかった。日本北部の小さな漁村に生まれ、教育者として訓練を受けた牧口は、学校教師となり、尋常小学校の校長を務めていたが、二〇世紀初頭には地理、教育、倫理について執筆していた。牧口は、弟子で同僚教師の戸田城聖（〔元の名は甚一〕一九〇〇—一九五八）とともに一九二八年に日蓮正宗の在家信者となるが、それ以降、布教活動が活発となり、創価教育学会の性質が変わり始めた。牧口と戸田の集団が教育活動から宗教的活動を主とする方向を明確に採用したのは一九二〇年代末になってからで、その後、彼らの日蓮仏教的な思考は絶対的な信仰へと固まっていった。

創価学会は新宗教に分類される。これは一八〇〇年代の幕末維新期以降に創設された在家中心の宗教団体を主に指す用語だ。[2]創価学会は、創価教育学会が早い時期に日蓮正宗の在家信者の団体となったことで、日蓮系に分類される。日蓮正宗は、寺院を基盤とする伝統仏教の一宗派であるが、中世の仏教改革者である日蓮（一二二二—一二八二）の教えに従う宗派の中では少数派の系譜に属する。天台仏教の伝統を主に学んだ日蓮は、人生の初期に既存の寺を捨て、法華経への絶対的な信仰、帰依を説くようになった。法華経は東アジアの大乗仏教においては一般に、歴史的に存在した仏陀・釈迦牟尼の最後の教えとされる。日蓮は、他のすべての教えを否定し、法華経の題名の七音、題目として知られる「南無妙法蓮華経」を唱え続ける唱題行だけが、仏陀の教えが効力を失う時代である「末法」

の世において、救いを実現する唯一有効な方法なのだと説いた。彼は他の宗派の「誤った教え」や「邪悪な僧」を厳しく非難した。また彼が生きた時代の政治権力の中心であった武家政権の鎌倉幕府に対し、天台宗など自分以外のあらゆる寺に対する支持を止めよと訴えた。さらに他の方法でも当時の既成仏教への攻撃を続けたので、幕府は彼を二度にわたって流罪に処し、一度は処刑しようとした。自ら招いた迫害とも言えるが、その過程で日蓮は超越的な真理を守るため、自己を犠牲にしてでも腐敗した現世の権威に対して闘うという理想を、在家および僧侶の信奉者たちのモデルとして確立した。[3]日蓮はまた、自分たちの信仰実践は時の政治権力、政府と関わらざるをえないという認識を信奉者の間に植えつけた。この発想が、近代日本の日蓮系組織における政治的なアクティビズム、つまり積極的な政治参加をもたらした要因と言える。[*]

日蓮仏教への献身は、戦時中の日本国が課した市民の責務と衝突するものだった。太平洋戦争中、日本政府はすべての日本臣民に伊勢大神宮を崇敬すべしという政策を打ちだしたが、牧口と戸田は日蓮の教えだけに従うという決意をまげず、伊勢の神札を奉じろという政府の命令を批判した。その結果、かれらは国から厳しい弾圧を受けた。創価教育学会は一九四三年七月に牧口はじめ多くの幹部が逮捕されて解散し、牧口は一九四四年一一月一八日に東京拘置所で栄養失調のため死亡した。一九四五年八月一五日に日本が連合軍に降伏する直前に釈放された戸田は、一九四六年五月に規約を改正して組織をたてなおし、名称も創価学会と改めた。

この新しい学会は、以前の教育改革を中心とした組織よりも広い目標を掲げた。戸田の下で創価学会は、結果重視のプラグマティズムと、日蓮仏教の終末論的な理想に貢献するという主張により改宗者を集めた。東京都市部の数十世帯を皮切りに、創価学会は終戦直後に急成長をとげ、物質的な安定と社会インフラ、精神的な支えを求めて日本の都市部になだれこんだ貧困労働者を主に惹きつけた。新しい会員たちは、近所の家での陽気な集会に集い、そこで地元の指導者たちが日蓮の教え、法華経、カントやベルクソンなど西洋思想家たちを援用しつつ、人生を肯定する価値哲学を訴えた。一九五〇年代から、戸田率いる創価学会は地域ごとに分散していた改宗者たちを、世帯別、個人別に年齢、性別、地理、職業などの人口統計学データに基づいてグループ化し、洗練された中央集権的階層組織へとまとめあげた。このグループ化された組織構造は、一九五五年に会員を選挙に立候補させるという上層部の決定によって再度編制し直され、（「タテ線」と呼ばれた）垂直階層構造から、（「ブロック制」と呼ばれた）横型構造も取り入れることで、地域ごとの会員たちの結束を固め、迅速な動員が可能になった。** 選挙戦での成功は組織を活気づけた。改宗者たちから見て、この集団の正統性を強化するのに役立ったからだ。一九五一年の創価学会は五〇〇〇世帯に満たなかったが、効率的に組織

＊日蓮は「立正安国論」を鎌倉幕府に提出して、「正法」すなわち法華経を奉ぜよと諫め、「王仏冥合」といった政治のあり方を説くなどした。これらのことから日蓮仏教においては、信仰の中に強い政治的関心を有していると言える。

＊＊創価学会の組織構造はこの時以来、折伏（三二ページ参照）した「親」と、折伏された「子」が上下関係で続いていく「タテ線構造」と、地域ごとに会員を再編成していく「ブロック制」の両者を組み合わせた形となった。通常の布教活動はタテ線で行うが、選挙の時だけブロック制で集票活動を行った。やがて、一九七一年にブロック制に統一される。なお、原文では shifting to a vertical hierarchy としているが、誤りであると思われるので改めた。

化された改宗キャンペーン〔折伏大行進と当時は呼ばれた〕と選挙戦での成功により、一九五八年に戸田が死去した時点では、会員数は会長就任時に約束した七五万世帯を大きく超えていた。

　創価学会の会員数は、池田大作（一九二八―二〇二三）指導の下で劇的に増加した。池田は一九六〇年五月三日に、創価学会第三代会長に就任した。他の宗教を放棄させる説得手法を満載した学会刊行物を武器に、属する集団の政治力拡大に勇気づけられた会員たちは、日本人の生活のあらゆる面に組織を拡大するように指導され、最終的には日蓮仏教の目標である広宣流布を実現すべく、すさまじい改宗運動を展開した。広宣流布とは、法華経を広く遠くまで宣べ伝え、すべての人々を日蓮仏教に改宗させることであるが、その実現は、日蓮系の既存の宗派では遥か彼方の理想とされていた。だが創価学会が多くの熱心な信者を獲得しはじめると、学会内部では、広宣流布は実現可能な目標として固まっていった。創価学会はその後急速に拡大したが、それは中央の統制と地元の主体性をうまく組み合わせた見事な組織、日本の伝統的な宗教多元主義を否定する妥協なき教え、組織拡大の高らかな訴えなどの成果でもある。私が聞き取り調査をした大阪のある古参学会員に言わせれば、その拡大は「伝染病が拡がるみたい」だった。

　急成長とともに悪評も生じた。創価学会の強引な改宗手口と、特にその選挙活動――批判者たちに言わせると、政教分離を定めた一九四七年憲法の危険な侵犯――により宗教的、政治的なライバルたちとの激しい対立が起こった。池田の下で、学会の選挙活動は一九六四年の公明党の設立にまで発展し、一九六〇年代末には国会で第三位の議席を持つに至った。池田大作はまた創価学会を海外にも広げた。南北アメリカ、ヨーロッパ、アジアの諸国に支部が生まれ、一九七五年に創価学会インタナショナルという名称となる国際的な統括組織の下で、世界中に支部が広がった。創価学会は一九七〇年には日本国内で七五〇万の信者世帯があると主張した。

池田はまた創価学会の活動を、日蓮仏教をはるかに超える形へと展開した。彼は学会が核軍縮や世界平和などの世界的な問題への取り組みをますます強化するよう指導した。そして文学、クラシック音楽、優れた芸術を発展させる文化的な使命をますます強調するように組織を導いた。学会員たちは、学会の創立とその後の成長を語る連載小説『人間革命』を、正史であり、かつ創価学会の新しい実質的な中心的正典と捉えるように訓練された。池田の著作は、学会の新聞である「聖教新聞」を核とする大規模な出版メディア事業の中心的な存在となった。そして一九六〇年代末から、創価学会は私立の教育システムを構築しはじめ、やがて信者たちは、その子弟を幼稚園から大学まで創価学会系の学校だけで教育できるようになった。

一九七〇年代初頭には、一連のスキャンダルで創価学会と公明党を公式に分離せざるを得なくなったこともあり、会員数の急増は頭打ちとなった。池田の下で活動領域を拡げていった創価学会の動きは、親組織として位置づけられていた寺院中心の仏教宗派、すなわち日蓮正宗との摩擦も引き起こした。小規模で伝統を重視する日蓮正宗は、戸田が作り上げ、池田によってさらに増幅していった拡張的なビジョンとカリスマ的な指導力とは相容れないものであった。池田大作が創価学会員たちから受けている崇敬と、彼が日蓮正宗の教義面での権威に対して向けたあからさまな批判は、一九七〇年代半ばには激しい対立を引き起こした。池田は一九七九年に会長職を追われるも同然となったが、名誉会長という肩書きを得てはおり、創価学会インタナショナルの会長職にはとどまった。この組織運営面のシフトで、池田は隅に追いやられるどころか、支持者たちの目にはむしろ神格化されたように映った。池田が名誉会長職に昇格したことで、彼と地元学会員たちとの情緒的なつながりは強化された。学会員たちは池田のことを、日蓮の示した伝記的なモデルどおりの、偏狭な僧侶たちに負けなかった正しい真理の語り手と見なすようになったためだ。

一九八一年一二月、創価学会は国連広報局に非政府組織（NGO）として登録した。創価学会は平和、文化、教育という三本柱を活動の公式な基本方針としていったが、NGO登録はそのシフトを推進する一環であった。一九八三年一月から、池田は「「SGIの日」記念提言」を毎年発表するようになった。これは長文のエッセイであり、文化の溝を超えた相互理解を訴えるものだ。そして国際的な著名人との対話活動も強化された。この時代に成人した学会員たちは、世界平和文化祭への参加を懐かしそうに振り返る。そこでは何千人もが、振りつけされた数千人による大スペクタクルに参加して踊り歌ったのだった。この時期には、創価学会を布教活動により拡大する動きは弱まり、池田名誉会長の文化教育指向の活動によって学会家庭に生まれた世代を育成することが、組織拡大活動の中心となった。

創価学会における池田の絶対的指導者としての役割がますます強まったことで、創価学会と日蓮正宗との亀裂は深まった。一九九一年一一月二八日、日蓮正宗の法主阿部日顕（にっけん）は、創価学会に「破門」を通告し、以降は学会に関与しないと宣誓する者だけが宗派の寺や総本山の大石寺（たいせきじ）に入ることを許されると宣言した。大石寺には、日蓮正宗と創価学会が究極の信仰対象としていた大御本尊が祀られている。この対応で、すべての創価学会員は日蓮正宗から追放された。日蓮正宗は、実質的に信者の大半を一夜にして破門したわけだ。この一九九一年の分裂は創価学会の内部にも一部亀裂を生み、その影響はいまでも両組織に及んでいる。

この分裂以来、学会本部はますます熱心に、学会員を池田大作の弟子として育てることに専念するようになった。一九六〇年代にまでさかのぼる傾向がさらに強まって、創価学会は池田が率いる組織から、池田に奉仕する団体へと変容した。創価学会一家の中で育てられた子供は、個人的な目標を池田が推進する目標と合致させるよう奨励され、組織としての学会の目標（ほとんどは池田を中心としたもの）の達成こそ、学会員自身の個人的野心を満足させる方法なのだと考えるように指導される。現在、創価学会は重要な岐路に立っている。池田大作の寿命の終わりと、生きたカリスマ的指導者のいない未来への道だ。創価学会はいま、池田との師弟関係を新世代の会員たちに根づかせるという困難な課題に直面している。新世代の会員の願望や不安は、創価学会という巨大組織を作り上げた第一、第二世代とは異なるものだからだ。

## 創価学会の日々の実践としての在家日蓮仏教

創価学会の今日の構成は、日蓮仏教と近代的人道主義の双方の遺産を反映している。その日蓮仏教の要素には以下が含まれている。

**唱題**　会員は家の仏壇に向かい朝晩の「勤行」と呼ばれる祈りを行う。一日二回の祈りは、法華経の「方便品」第二と「寿量品」第一六のそれぞれ一部を読誦する。かつては寿量品のもっと長い部分も朗唱する厳しいものだったが、二〇〇二年にそれが短縮されて今の形となった。この法華経の一部読誦に続いて、「題目」として知られる法華経の聖なる題名を繰り返し唱える。これは「南無妙法蓮華経」の七文字で構成されている。[4] 会員たちはしばしば、題目を繰り返し唱える「唱題」の長いセッションを行う。また唱題会という集会で協力し合って題目を唱え、唱題の数を増やそうとする。ある特定の目的達成をめざしての一〇〇万回の題目が、しばしば個人や集団の目標となる。

**御本尊の崇拝**　大御本尊とは、中央に「南無妙法蓮華経」と書かれた文字曼荼羅で、一二七九年一〇月一二日に日蓮が全人類のために記したものとされる。何十年にもわたり、創価学会員になったしるしとして、大御本尊のレプリカが与えられてきた。この大御本尊は、静岡県の富士山麓にある日蓮正宗の総本山大石寺に安置されている。しかし一九九一年の両者の分裂で、会員たちはこの大御本尊へのアクセスを禁止されてしまったので、創価学会本部はレプリカ本尊を作る他の方法を見いだした。一七二〇年の大石寺第二六世法主日寛による複製を元にしたのだ。二〇一三年一一月五日に、「広宣流布の御本尊」と呼ばれるものが、創価学会の新しい総本部である大誓堂に安置されたことで、方針が再び変わった。一九九一年以後の本尊の正統性をめぐる論争が、創価学会とそのライバルである日蓮系諸派のあいだで続いている。[*]

**折伏**　日蓮仏教における折伏という用語は、文字どおりに読めば「折り伏せて従わせる」という意味である。劣った教えに執着を続ける者たちには手荒な戦術を使え、というのがその強い含意となる。劣った教えとはつまり、法華経以外のすべて、ということだ。日蓮は、人々が仏法を貶（おとし）める土地においては折伏が唯一の布教手段だとしていた。そしてもっとも露骨に仏法が貶められていると日蓮が考えたのは、日本だった。ここ数十年は、創価学会指導者は強引な折伏による布教を避け、摂受（しょうじゅ）を推奨している。摂受は英語圏の信者たちによってしばしば「理性的な議論を通じた穏やかな説得」ともっともらしく説明されている。この公式なシフトにもかかわらず、日本の学会員たちは創価学会に入信させるのをいまだに折伏と呼ぶ傾向がある。とはいえ、この用語の解釈は次第に変わってきた。また学会員たちは布教を「対話」と呼ぶようになってきた。

**広宣流布**　法華経の真理を広く宣べ伝える、という意味で、創価学会内では組織を広める活動すべてを指す。通常は、改宗活動や創価学会の組織的な勢力を拡大する活動とされている。

**末法**　東アジア仏教の伝統は歴史を正法（しょうほう）（釈迦の入滅から一〇〇〇年）、像法（ぞうほう）（正法の次の一〇〇〇年）、末法の三つに分ける。末法は一〇五二年に始まったとされている。[5]学会員たちは、末法では輪廻転生の苦しみからの解放は、法華経の普遍的な受容とその他の教えすべての拒絶によっての

＊本尊については著者の誤解がある。まず会員に授与されてきた本尊は、この大御本尊のレプリカではなく、歴代の大石寺法主が、日蓮自筆の本尊を模して書いたものを、複製・聖化したものである。二〇一三年に創価学会の新しい大誓堂に祀られた本尊は、すでに一九五一年に時の法主から創価学会に与えられていたものであり、信濃町にあった旧本部の広間に安置されていた。新設の大誓堂に移し替えられた後も、新入会員へ授与する本尊は変化していない。

み実現できるという日蓮の教えを支持している。

**日蓮**　日蓮正宗の伝統に従う者は、創価学会員を含め、日蓮こそは永遠なる仏陀の現世での化身と見なし、末法における日本での出現だと考える。日蓮の著作は、まとめて『御書』と呼ばれ、学会員たちにとっては仏陀・釈迦牟尼の教えすら上まわるほどの、経典としての権威を持つとされる。日蓮の伝記は人々のお手本とされ、日蓮が存命中に果たせなかった目標が、創価学会の組織的な目標として採用されている。

**改宗**　創価学会への改宗は、御本尊のレプリカの儀式的な授与によって正式なものとなる。一九九一年の分裂以前には、この儀式は日蓮正宗の寺院で僧侶たちにより行われる御授戒（ごじゅかい）（文字どおりの意味は、「戒を授かる」である）として実施された。今日ではこの授与は、各地の学会文化センターで行われる。改宗者たちは、入会記念勤行会で本尊授与式に参加することになる。一九五〇年代から一九七〇年代の創価学会急成長期には、人々は創価学会の集会に一回出ただけで御本尊がもらえた。今日では、会員資格が与えられるのは、入会候補者が希望カード、つまり写真つきの応募書類を提出して、学会員になりたいという願いを正式に出してからだ。この事務手続は改宗候補者が地元の座談会に二回以上参加し、学会式の一日二回の儀式（勤行唱題）を実践し、日刊紙「聖教新聞」を三ヵ月にわたって購読してからとなる。だがときには改宗候補者は、それ以前に入会を勧められることもある。日本での改宗にはまた謗法払い（ほうぼう）（仏法を誹謗するものを取り払う）が必要だった。これは新学会員の家から、学会的に見て異端とされる宗教物をすべて排除する、というものだ。徹底的な謗法払いはかなり最近まで続いていたものの、近年の創価学会はこの要件を緩めている。[6]

## 信者の動員

創価学会の指導層と一部の学者は、学会の組織拡大能力を日蓮仏教の随方毘尼（ずいほうびに）原理のおかげだとしている。この用語は、地元の習俗に適応するという教えを指すのに日蓮が使ったものだ。随方は随方随時（時代にあわせて適応）の短縮形で、毘尼はサンスクリットの「ヴィナヤ」（仏教のサンガに属する修行者が守るべき規則。律）が日本語化したものだ。一二六四年の書「月水御書（がっすいごしょ）」で日蓮は、教えをその土地にあわせて適応させるのを正当化した。「教えの核心にさえ逆らわなければ、仏陀の教えからごくわずかに逸脱しても、その国の習俗に逆らうのは避けるべきである」[7]。随方毘尼のおかげで学会員たちは、硬直性にしなやかさを導入できた。これにより学会員たちは法華経だけに従えという教えを地元習俗に適応させて、折伏の手法をそのときの状況にあわせられるようになった。

とはいえ、随方毘尼ではなぜ創価学会がある特定の組織的枠組みを採用したかは説明がつかないし、なぜこの枠組みが学会員たちに納得できるものだったのかもわからない。[8] なぜ創価学会が、他の日蓮仏教系の組織に比べて信者をたくさん獲得できたのかもわからない。創価学会特有の魅力の分析には、日蓮仏教だけでなく、学会の二つの遺産の両方がその発展をどのように形作ったかを説明しなければならない。この集団は、寺院を中心とした在家信者の講によって形成されているのではなく、

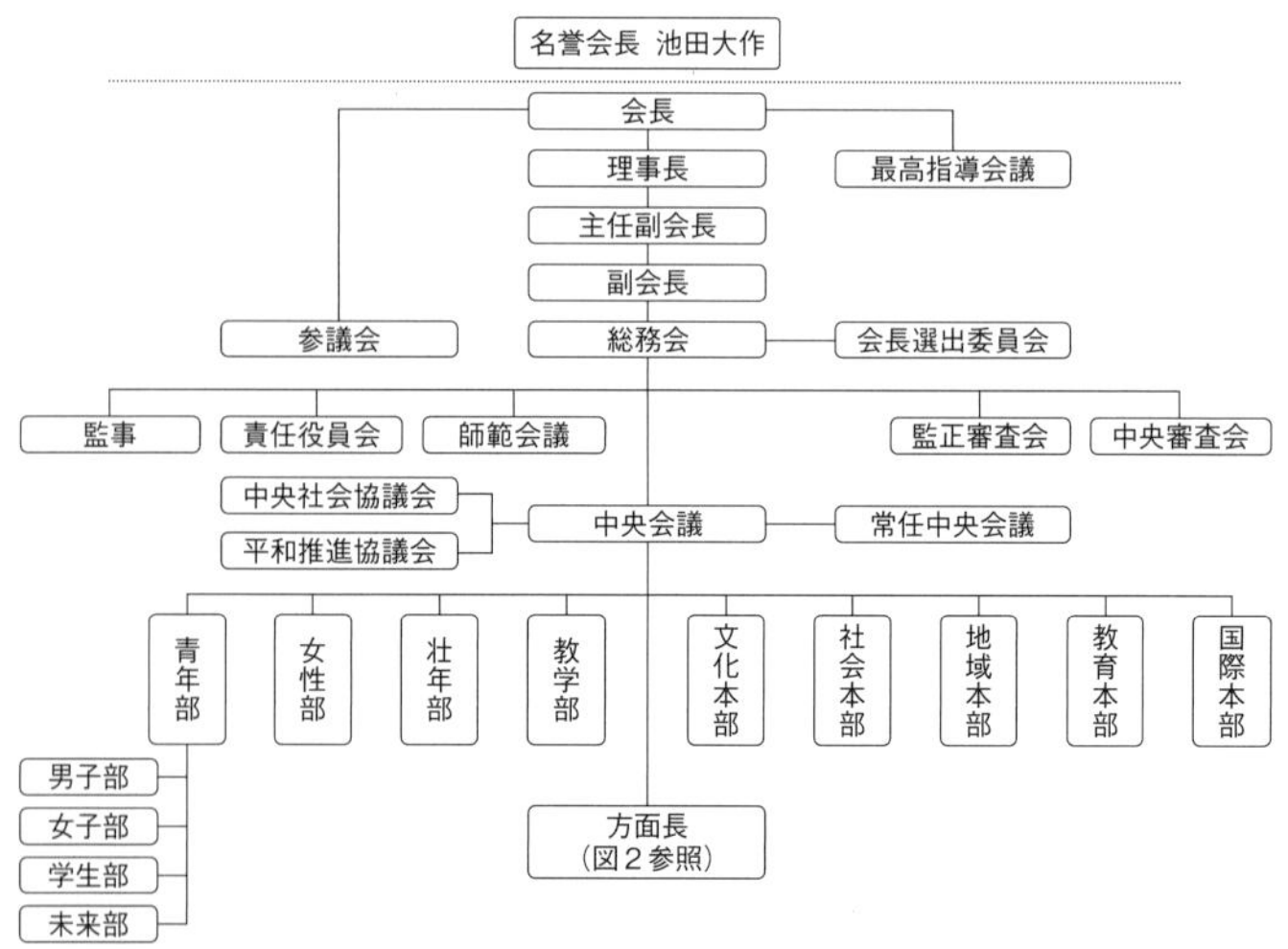


図1　創価学会の全国組織（創価学会ウェブサイトhttps://www.sokagakkai.jp/about-us/organization.htmlを元に作成、2018年8月）

近代的な官僚組織のように構築された組織体制により運営されている。創価学会のトップは池田名誉会長であり、それに第一庶務というエリート男女職員がついている。第一庶務は、名誉会長のオフィスと学会の一般事務運営とを仲介する。その一般事務運営は、現代政府の市民サービスとそっくりで、飯塚氏のような従業員が勤務しているが、彼らは自分の仕事を天職とわきまえるように言われている。創価学会の巨大なピラミッド型官僚組織の頂点は会長（現在は二〇〇六年一一月以来の第六代会長原田稔）で、その下に三〇〇人ほどの副会長、理事会、数千人に及ぶ下位の給与職員がいて、教育、行政、司法機関に実質的に相当するもの、税務、人事、設備管理、警備、情報の統制・流通など国民国家の各種機能に類似のものを管理運営している。この構造は固有の創価学会的な組織文化を作り出し、これにより幹部たちは地域や個人的なちがいを克服する。本章の冒頭でお目にかかった飯塚氏と赤橋氏は初対面だったのに、共通の幹部文化のおかげで、すぐに気安い親密な態度をお互いに示すようになった。創価学会の組織拡大の大半は、この入念に育成された幹部たちの効率性のおかげだ。

学会員はすべて、給与職員もボランティア（一般会員）も、年齢、性別、既婚／未婚、地理的な位置、職業などの人口区分によってグループ化されている。主要な下位組織としては、一八歳未満の少年少女から成る未来部、一八歳から四〇歳未満の男性による男子部。女子部は一八歳で入り、結婚するか四〇歳頃になると婦人部〔現女性部〕に「卒業」する。壮年部〔四〇歳以上の男性〕、既婚女性部〔婦人部／現女性部〕がある。[9] 四〇歳に満たない既婚女性は、婦人部の下位組織ヤングミセスに入る。こうした基本的な区分は、しばしば学会内では「四者」と略して語られる。壮年部、婦人部、男子部、女子部だ。これは学会員が自分たちの人材と呼ぶ四つの主要部分となる。壮年部、婦人部の古参OBやOGは、ときに男子部や女子部のイベントに参加するが、これは学校の卒業生が母校の特別行事に参加するようなものだ。

創価学会の人材は、男女別の役割分担を温存してお

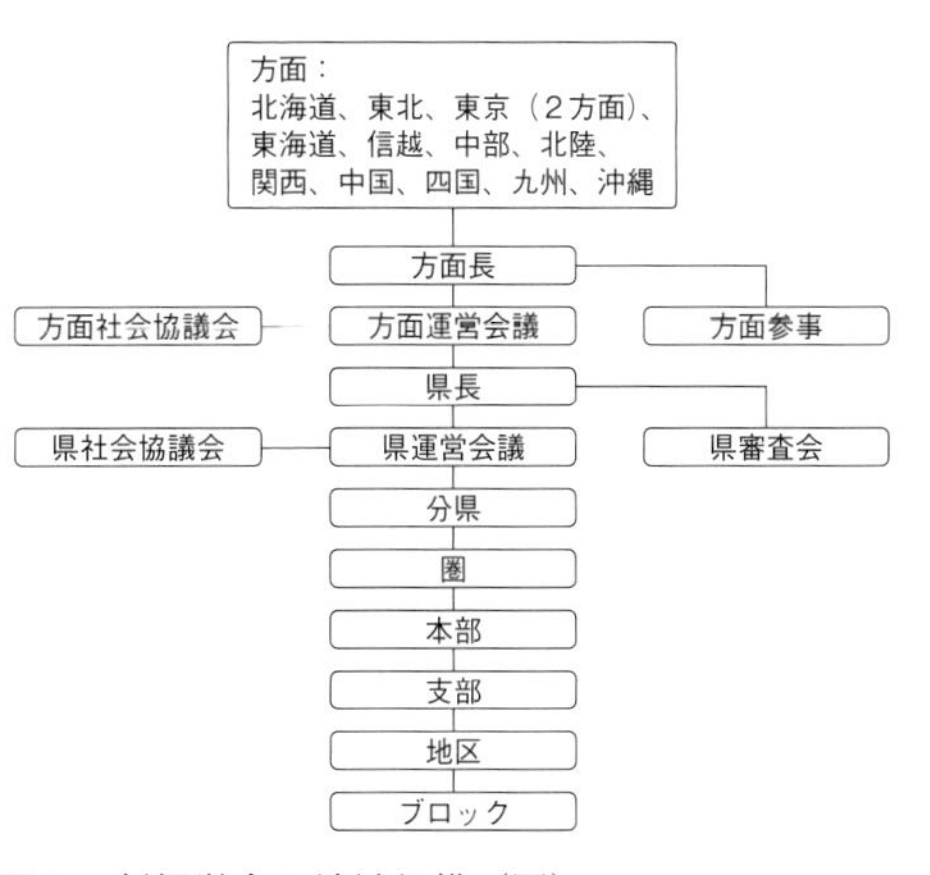


図２　創価学会の地域組織（同）

り、これは組織の形成期に存在していた社会規範を永続化させるものだ。ジェンダーと婚姻状態で決まる役割を引き受けるだけでなく、学会員たちは世帯を基本単位として学会当局が割り振る責任を負う。世帯——日本の国勢調査で使われるのと同じ単位——は、結婚した異性カップルとその子供で構成される核家族を前提とする。学会世帯はまとめられて、ブロック、地区、支部、本部、区／圏、県ごとの階層構造組織をつくりあげる。この多段階の垂直構造は、全国一三方面のそれぞれに存在している。ブロック以上のリーダーシップは男性が担っているが、地域組織のレベルでは婦人部指導者がいて（ブロック婦人部長、地区婦人部長など）、かなりの地域的な影響力を持つ。また学会員たちは、各種の下位組織、たとえば学生部や文化部などでも責任を負う。多くはまた職業別の下位グループ、たとえばドクター部（医療従事者）、教育部（教師）、芸術部などにも所属する。これら各組織のトップは有給の本部職員が占めているが、下位部門責任職は無給の一般会員が担っている。信者たちはしばしば複数の役職を兼任し、結果として多くの下位組織の集会に出席することになる。特に献身的な学会員は、毎日一つ以上の集会、あるいはもっと多くに参加することもある。地域レベルの集会は常に、少なくとも役職者が一人以上参加しており、地域活動が階層をのぼって学会の総本部にまで報告されるような仕組みが強化されている。

創価学会は、その市民的な機能と強く整合した慣行を維持している。たとえば以下の要素が含まれる。

**勉強会**　学会員たちは地元で座談会（月ごとの討論集会や勉強会）に参加する。座談会は通常は学術的な集まりを指す。* 牧口の指導の下で、創価教育学会は「実験証明座談会」を開いた。[10]

**文化センター**　創価学会は日本中に大小併せて一二〇〇ヵ所以上の文化センター、または文化会館を持っている。ここでは対面式の集会や、池田名誉会長による講演の衛星放送（二〇一〇年五月以降は当人が姿を見せたことはない）の上映が行われる。学習のための集会は記念会館と呼ばれる学会施設でも行われる。** これは池田大作と、創価学会創設者の二人の会長を記念するものだ。創価学会最大の設備は講堂と呼ばれ、これもまたこの集団が学校指向であることを裏づけている。

**近代的に標準化された教育システムに則った試験と地位**　会員たちは、教義についての試験の受験勉強をするよう奨励される。最初は任用試験だ。これは通常なら公務員向けに使われる用語だ。合格したら助師の位を与えられる。もっとレベルの高い試験に合格すると、助教授、教授補、最後は教授になり、教義の習得と学校教育の等価性が示されることになるので、この仕組みは学習意欲を刺激する。

**選挙活動**　小さな町議会から国会まで、創価学会員たちは公明党への投票を呼びかける。学会員

＊「座談会」が通常は学術的な集まりだという記述は、教学の「勉強会」との混同であろう。座談会は会員の家などに集まって、体験を語り合ったり、教学を学んだりする信仰実践の集会である。

＊＊記念会館は大規模なものが多く、創立記念日など重要な行事が行われる際に使用されるが、通常の教学学習会などの集会は、地元の小さな会館で行われる。

たちはまた、公明党の連立政権パートナーである自由民主党や、その他の政治仲間の候補者のためにも選挙活動を行っている。一九九九年以来、公明党は国政において自民党の少数連立パートナーとなっている。創価学会と公明党は公式には一九七〇年に組織的なつながりを断ち切ったことになっているが、学会員たちは公明党と、いまや自民党のための選挙活動を、自分たちの宗教的実践の不可分な一部だと考え、法華経を唱えたり折伏を行ったりするのと同列に扱っている。創価学会本部は、F取り（フレンド取り）を集計して、投票依頼を慎重に記録する。学会員が、非学会員から公明党への投票を一票集めたら、それが1F取りとなり、それぞれの地区は選挙毎に目標F取り数を設定している。[11]

**学会刊行物の購読者集め**　学会員たちは定期的に、学会関連メディアが出版する定期刊行物への購読者を募る。主なものとしては日刊紙「聖教新聞」がある。創価学会はこの手法を「新聞啓蒙」と呼ぶ。啓蒙はヨーロッパの用語だ。創価学会は、読者が創価学会に目覚めたことを祝うのに、「悟り」などの仏教用語ではなく「啓蒙」を使う。この新聞は主として学会員の配達員によって配布され、売店などでは売られていないし、夕刊もない。このように設けられている制約のため、新聞配達の責任はすべて地元レベルの配達員に任される。新聞啓蒙は折伏を支援する主要な方法と見なされている。学会の集票システムと同様、新聞啓蒙は得点システムで計測される。会員たちは、「聖教新聞」購読一ヵ月について一ポイント獲得する。新聞啓蒙は大きな成果をあげている。「聖教新聞」は公称五五〇万部で、購読者数は日本で第三位の新聞となっている。

**メディア帝国**　創価学会の出版とオーディオビジュアル系の企業は、学会員たちの生活を形成する包括的な文献集を創り出し、また膨大な資本をもたらす。メディア生産は「聖教新聞」を核とし、池田大作の名前を冠した何百冊もの本の刊行も行われている。学会系の出版社はまた、無数の雑誌を刊行している。たとえば学習ガイド『大白蓮華』、女性誌『パンプキン』、総合月刊誌『潮』などだ。学会の大量の出版物を補うのは、ビデオ、音声記録、オンラインコンテンツだ。座談会などの集会で学会員たちが流すビデオのほとんどは、シナノ企画が制作している。またアニメや一般映画も作る。本当に献身的な会員は、情報のほとんど、いやすべてを創価学会から得ている。学会の新聞を配達して自分でも読み、池田の著作を勉強し、学会制作ビデオを鑑賞して、他にも学会の文献、映像、音声で家を満たすわけだ。

**総合的な学校システム**　創価学会は、小規模ながらもしっかりした私立学校教育システムを構築した。これは幼稚園から始まり、八王子にある創価大学（一九七一年創設）とカリフォルニアのアメリカ創価大学（二〇〇一年創設）が頂点となる。一九七〇年代から、創価学会はその官僚機構のための人材を確保し、公明党候補者を選ぶのに、ますます自前の私立学校システムに頼るようになっている。若手の学会本部職員たちは、少なくとも一つは創価学会系の学校に通ったことがある者が多く、全教育を創価学会系の学校で受けた者も少なからずいる。創価大学は日本の基準からすればかなり新しいが、その卒業生はすでに高い評価を得ており、創価系学校の卒業生たちは、創価学会の組織内外で、就職や大学院進学においてよい成績をおさめている。

**文化活動**　何十年にもわたり、学会員たちは大規模な文化祭に参加してきた。他の多くの学会行事と同じく、文化祭も一般の学校行事を模したものである。これは第二代会長戸田城聖の下で、年次運動会——日本の学校では重要行事——として始まったものだが、それが池田の指導の下で、手の込んだスペクタクルへと変身した。創価学会の職業別のグループは、実は学校の課外活動クラブ（日本の学校生活の重要な一部）をモデルに始まっている。[12] 創価学会の文化祭パフォーマンスは、今世紀に入ってから減ったものの、文化は相変わらず創価学会の活動で重要な位置を占めている。学会員たちは、学会の民主音楽協会（民音）が主催するコンサートを楽しむ。この協会は日本全国で何千もの音楽や踊りのパフォーマンスを上演し、信濃町の民音音楽博物館を管理している。地元座談会では、学会員たちは各地の文化センターを巡回する美術や写真の展覧会チケット購入を勧められ、毎年大量の支持者たちが、八王子にある創価学会の東京富士美術館をおとずれる。それ以外に、学会員たちはコンサート（主に西洋のクラシック音楽）と、男子部音楽隊および女子部鼓笛隊からのミュージシャンたちによるバンドを通じて文化に触れる。

文化活動を強化する場所が文化センター*である。そうしたセンターのほとんどは、どれもまったく同じような見た目と雰囲気を持つ。外観は薄い色のピンクとベージュがかったタイル張りになっていて、屋内はじゅうたんが敷かれて音が響かず、池田大作撮影の写真が額に入れて飾られ、それが素敵な時計や、田園風景（主に日本以外の風景）の絵と並んでいる。創価学会の屋内装飾は、二〇世紀半ばの裕福な家庭の美学を連想させる。池田大作の演説や著作で持ち上げられている、洗練された上品さを示す、人々を温かく迎え入れる空間だ。御本尊のある仏壇が置かれた畳敷きの仏間を除けば、平均的な創価学会施設は目につくような仏教的要素はおろか、伝統的な日本の要素すら持たず、池田がその指導を通じてずっと促進してきた、現代的で野心的な美学にもっと密接に対応したものとなっている。

## 創価学会の国民国家的な特徴

総じて創価学会の仕組みは何よりも、近代的国民国家の特徴に似ている。中でももっともはっきりしているのは、選挙活動と関連政党である公明党を通じた政府への影響だ。だが創価学会が国家のような制度組織や手法を、いかに包括的に再現しているか理解するには、公明党以外も見るべきだ。そうした仕組みとしては以下のようなものがある。

**創価学会の旗**　一九八八年以来、赤、黄、青の創価学会三色旗が学会の主要なシンボルとなっている。この旗は、一八八五年の五色の国際仏旗**から、左側の三本帯を再現したように見える。三

*「文化センター」(culture center) とは、「北海道文化会館」のように創価学会が道府県区の中心会館として建設・保有している施設をさす。固有名詞として「文化センター」と称しているのは、総本部の「創価文化センター」「民音文化センター」である。

**セイロン（現スリランカ）でデザインされ、一九五〇年に世界仏教徒連盟（ＷＦＢ）で正式に採択された。

本だけを抽出したことで、ヨーロッパ諸国の旗に似た三色パターンができた。学会員たちはこの旗を、三色または三色旗と呼ぶ。これは日本がフランスの旗を呼ぶときの名前でもある。一部の三色旗は、真ん中に様式化された八枚花弁の蓮の花をつけている。この蓮の花は一九七七年以来学会のシンボルで、伝統的な八葉蓮華を象徴するものだが、この仏教的なシンボルを省いた旗も多い。

**会の歌**　学会員たちは創価学会の歌を習い、集会でいつも歌う。学会員たちのお気に入り「威風堂々の歌」などの学会の歌は、この団体の永遠のテーマを強化するものが多い。正義の少数派が勝利まで頑張り続ける、自分より大きな使命の名の下に、自己犠牲を通じた個人の変化という超越的な栄光などだ。こうした歌は、ブラスバンドにあわせて合唱することで最大のパフォーマンスを発揮する軍歌風の行進曲になっていることが多い。

**創価学会の領土**　これは一二〇〇ヵ所以上の文化センターや、記念講堂などその他無数の施設が含まれる。東京都心の新宿区にある信濃町総本部を構成する建物は、世界でも有数の高価な不動産を、一平方キロメートル以上占有している。学会の建物は、外部は男子部から選ばれた、訓練を受けた特別部隊である「牙城会」が警備に当たっている。内部の警備は創価班が行い、訓練を受けた他部門の職員たちがこれを補う。とりわけ重要な場所、特に池田名誉会長と直接ゆかりのある場所は、給与を支給された専門の警備陣が警護する。[13]

**カレンダー**　学会本部はしばしば、四半期ごとに達成すべき新聞啓蒙などの目標を設定する。四半期は通常、企業や政府によって税務上使われる暦上の単位だ。創価学会は他にも、暦の一年を歴史上の重要な日付に基づいて整理している。一部の日付は、日蓮仏教一般の年中行事に対応している。たとえば日蓮が一二五三年に題目を初めて唱えて立宗宣言した日（四月二八日）、一二六〇年の『立正安国論』の発表日（七月一六日）などだ。今日の学会員たちは、池田大作の生涯における重要な日付、たとえば誕生日（一月二日）、第三代会長就任日（五月三日）、創価学会への改宗日（八月二四日）などのために最大級の集会を開く。二月は、一九五二年に池田がまだ若き指導者だった頃、東京の蒲田地区で多数を改宗させたのを記念して、広宣流布拡大月間とする。創価学会は実質的に新しい年中行事を作り上げたことになる。金融や政府からは四半期単位の暦を拝借し、学会員たちには池田の生涯でのできごとに関する記念日を中心に生活設計をするように促しているわけだ。

**経済**　創価学会は、「財務」と呼ばれる、学会員からの金銭寄付によって活発な内部経済を維持している。学会の代表たちは、創価学会は費用がかからない宗教で、改宗のためにお金を払う必要もなく、十分の一税のようなものもありません、と言いたがる。だが学会員たちが、しばしばお金やモノを組織に寄付しているのは事実だ。直接的な現金の寄付は御供養と呼ばれ、信濃町などの学会施設への巡礼で提供する。文化センターは、創価学会の美学に沿った時計、絵画など、学会員からの贈り物だらけだ。財務の期待に応えるべく、学会員たちは銀行振り込みでの寄付を、通常は一二月に奨励される。一二月は創価学会の暦で、年次の資金集め運動の月とされているからだ。学会員たちの話によると、寄付金が一万円以上でない限り、確定申告用の領収書は発行してもらえないとのこと。だから寄付はそれなりにまとまった金額でするようになる。財務と引き換えに、本部は大口寄付者にちょっとした贈り物をする。金銭的にはあまり価値のないものだが、常に池田大作が直接送った心からの感謝とされる。もっとも熱心な受け取り手にしてみれば、こうした返礼品は、仲間に見せびらかすべき聖遺物に相当するものとなる。財務の手法は、政府の課税モデルに準じた形となっているが、納税という概念を超えたものでもある。それはあらゆる信者を名誉会長と、情緒的および物質的に結びつける交換のサイクルを示唆するものだからだ。

**通貨**　創価学会の経済的な勢力圏は、チケットと呼ばれる通貨もどきにまで広がっている。チケットというのは、本部が発行する引換券で、三色旗をあしらった看板で示された信濃町商店振興会の加盟店ではこれを円の代わりに使える。チケットは主流経済でのお金とまったく同じというわけではないが、創価学会の影響圏の広がりを示す、目に見えるシンボルだし、宗教的な独立性から金融的な独立性へと広がっていることがうかがえる。

**財政**　一九五二年九月から宗教法人となった創価学会は、課税されない。創価学会の財政状況は不透明だ。政治的な影響力が強いし、国に登録しているのではなく、東京都に登録されているからだ。[*]東京都には、無数の宗教法人を見張る職員がほんの数名しかいない。創価学会の財政状況については、一般メディアが果てしない憶測を繰り広げている。二〇一六年六月に『週刊ダイヤモンド』が発表した控えめな推計では、創価学会の資産（学会所有の一四法人を含む）は一八〇億ドル弱、信濃町総本部や各道府県の中心会館の建物や不動産の価値はおよそ一六・四億ドルとしている。創価学会の資産推計は、不十分なままだ。学会の何千もの施設、所有株式やその他の投資、外国資産、池田大作の個人資産などを正確には推計できないからだ。ここでの分析でもっとも重要な点としては、創価学会の資産についての不正確な推計ですら、この集団が国家事業にも等しい、いやそれを上回るような機関を作り、活動を展開できるだけの能力を維持していることを示すということである。

**墓地**　創価学会は、巨大な霊園を一三ヵ所に保有している。これは全国を統括する一三方面のそれぞれに対応するものだ〔二〇二三年現在、一五ヵ所〕。こうした霊園は規模が異なるが、それぞれ何千ものまったく同じ墓石を持つ。他界した学会員の遺骨の上から、ラウドスピーカーが題目と勤行の唱和を流し続けている。それらの遺骨はすべての霊園で、牧口、戸田、池田の一家の墓を先頭にして、長い列を成す墓に埋葬されているのだ。こうした霊園は金銭的にも工学的にもすさまじいものだ。東京北部のある施設の職員は、二〇〇七年一〇月に、何千世帯もの墓や巨大な永代供養集合納骨堂を作るため山をつぶし、周辺の谷を埋め、アクセス道路を作るために、四億ドル相当を費やしたと語ってくれた。設計のアイデアを求めて、担当者はワシントンDCの郊外にあるアーリントン墓地を訪ねた。彼らに言わせると、学会員たちのために自分たちが作り出した均一の大理石製墓石に比べれば、アーリントンにある墓はケチだと思う、とのこと。このように創価学会は、信奉者を存命中のみならず死後もその組織に縛るため、潤沢な資金力を活用して

＊一九九五年の宗教法人法改正によって、創価学会は東京都が管轄する宗教法人ではなく、文部科学大臣所轄の宗教法人となった。

国家モデルをさらに改善しようとしている。

**正典文献**　創価学会は、現代のロマン小説に着想を得た長編小説を通じてその歴史を語る。信奉者はいまでも日蓮を学ぶ――日蓮の教えは池田大作の著作にしばしば登場する――が、創価学会はますます熱心に、独自の、実質的に正典に相当するものを創り出そうとしている。創価学会の正典の核となっているのは小説『人間革命』と、その続編『新・人間革命』だ。これは戸田城聖と池田大作の生涯と、彼らが国内外でどのようにこの組織を構築したかを小説にしたものだ。学会員たちは『人間革命』を学会の「正しい歴史」として扱い、それを仏意仏勅（仏陀の真の意図と真の教え）を伝える実質的な聖典とみなすよう教育される。

## 模倣国民国家というメタファー

創価学会は模倣国民国家として捉えられるのではないだろうか。つまり創価学会は、国民国家が事業として永続化させている制度、活動、イデオロギーを真似ることによって、己をわかりやすく魅力的な存在にしているのだ。国民国家の、権威を持つ制度や慣習――特に現代の標準化された教育に根差すもの――の模倣は、創価学会に集まった改宗者たちには説得力があった。特に第二次世界大戦後の数十年のあいだに入信した人々にそれが顕著だ。学会の国民国家模倣は、エミリオ・ジェンティーレが「政治の神聖化」と呼んだものを連想させる。これはつまり、現代の民主主義体制が宗教的な指示物から拝借することで、政治制度に聖なる性質をもたらそうとするというものだ。[14] 創価学会はジェンティーレの指摘の両極を入れ替える。それは国民国家の理想化されたビジョンをモデルにした宗教なのだ。創価学会がそのような路線で発展した大きな理由は、それが「学会」（研究会）として始まったからだ。創価学会が牧口と戸田の下で在家日蓮仏教組織に変身し、池田の下でその枠を超えて成長してもっと広範な組織ネットワークになった。だがそれでも、学校に基づく教育の理論が創価学会の中心的な実践に示唆を与え続けてきた。また全体としての組織も、現代の標準化教育方式に従う学会員たちに依存している。これは現代国家が、国民を育んで官僚組織の人材を集めるために、標準化した教育に依存しているのと同じだ。

私は以前に発表した論文で、創価学会を付随国家と呼んだ。つまり国の中の国ではないし、分離主義的な機関でもなく、学校、官僚制、経済、その他現代日本を作り上げる無数の正統な形態の付属的なネットワーク、ということだ。[15] 創価学会を現代国民国家の付随物ではなく模倣として位置づけると、学会員たちがその組織を何やら二級品と思っているのだという誤解を避けられる。[16] 模倣という理解は、創価学会の組織構築が、現代国家のあらゆる形態的な側面を再現していないことは認める。また分析の中でネーションとステートを絶えず区別し続ける必要もなくなる。実際、国民国家はここでは道しるべとなる比喩でしかなく、この二つの用語の定義はどうしてもある程度の曖昧さを伴うため、本書の検討ではネーションとステートは必然的に重なり合ってくる。

模倣国民国家という比喩を使えば、なぜ創価学会が現在のような姿となり、現在のように行動するのかが説明できるし、なぜこれほど多くの改宗者に響く宗教だったのかも説明がつく。三色旗を掲げた領土から、公職をお手本にした巨大官僚制を監督する創建の父に対する畏敬の念まで、国歌めいた歌と小説化した過去の正典化を通じた共有記憶で結びつく首脳部から、個別の学会員が選んだ道に至るまで、創価学会は世界史的な重要性を持つ使命への参加として構想されており、それが現代の国民国家の使命と共鳴するのだ。

いい機会なので、模倣国民国家の含意を見極めるために、ネーションとステートをめぐる論争に触れておこう。まず、マックス・ウェーバーによるネーションの定義から始める。それは「固有の「文化的」使命」として自己正当化されるものであり、その使命は「その集団の特異性を育む」ことによってのみ維持発展させることが可能な、他に代えがたい価値観に根差している。[17] この比喩の中心にある条件の上には難問がのしかかっている。エリック・ホブズボームは、ネーションの概念を取り巻く不確実性を強調する。というのも、ネーションは変動を続ける社会的存在として継続するものだからだ。それは政治、技術、社会変化の交差点にあらわれる流動的な現象であり、上から構築できるが、理解するには下からも分析するしかない。[18] ネーションのあいまいさは生産的な面も持つ。プラセンジット・ドゥアラは、現代のナショナル・アイデンティティに内在する解釈の流動性を示し、「ナショナリズムはネーションのナショナリズムであることはほとんどなく、ネーションのちがった代表がお互いに対立して交渉する場を示すものとなっている[19]」と指摘する。これは、各種のアクターが「国民国家とナショナリズムを、国家や社会組織が競争的になろうとするだけでなく、世界システムの周縁から中核へとのし上がる手段」(強調引用者[20])として扱えるようにする。創価学会を生産的に理解するには、エチエンヌ・バリバルが「国の形態」と呼ぶものを真似ることで社会の主流からの認知を得ようとする社会組織だと考えるべきだ。国の形態というのは、社会組織が正統性を求める上で、もっとも説得力を持つ手段なのである。[21]

概念的に言えば、ネーションは国家形成に先立つものだし、実は国民国家に限らない各種の表現も生み出せる。クレイグ・カルホーンが説明するように、ナショナリズムとは「現代世界に形を与える言説的な組織」[22]である。ネーションは客観的な実体として存在する以前に、言説として存在する。つまりコミュニティのために死をも辞さない擁護者たちに情熱を引き起こすような説明として存在する。そして国民国家は、いったん形成されたら、ティモシー・ミッチェルが指摘するように、物質的な力とイデオロギー的構築物の両方として存在する。というのも、国民国家は現実でもあり幻想でもあるからだ。ミッチェルは、学校、軍隊、公職、技術機関の中で育つ二次元的な影響をあらわすにあたり、ミシェル・フーコーの規律的権力という概念を援用する（そして同時に批判する）。一方には個人とその活動があり、反対側には国家構造がある。その国家構造は一見するとそれ自体としての力は持っていないようなのに、それがなぜか個人に先だって存在して彼らの生活の枠組みを提供しているかのように見える。ミッチェルはこう結論する。「実は、国民国家は現代という技術時代の最も重要な構造的結果とすら言える」[23]。

一八世紀末からまとまりのある存在として固まった国民国家は、比類無き権威を持つようにさえ見えるほど台頭した。『想像の共同体』でベネディクト・アンダーソンは社会的連帯の現代的な様式検討にあたり、「国民を構成すること（ネーションネス）とは、我々の時代の政治生活におけるもっとも普遍的で正統的な価値となっている」[24]と真っ先に述べる。彼の解釈によれば、当然のものとして使える参照の枠組みを革命家たちに提供してくれる文化システムとして、宗教は重要性を持ち続けるのだ。新聞と現代小説の普及により、聖なる言語が「印刷資本主義」の民衆語に道を譲ると、ナショナリズムが宗教に取って代わる。そしてこの新聞と小説という形式はどちらも創価学会の自分語りの中心にある。この便利な新語「ネーションネス（国民を構成するということ）」は、ナショナリズムの言説的な側面の理解に役立つ。ネーションネスは単なる行政的な枠組みであるだけではなく、表現されるべき性質なのだ。ネーションネスの「ネス」に注目すると、現代宗教はナショナリズムの表現かもしれないことが示唆される。創価学会は、ネーションネスのことさら成功した表現として捉えられる。権威を投影して忠誠心を引き起こすという国の構造の、模倣的な等価物を生産する存在なのだ。

　模倣国民国家という比喩にはもちろん、限界もある。創価学会を、ネーションまたはステートとして分析しようとする政治学者が、ネーションやステートの特徴を一つ一つ確認しようとしたら、足りないものが出てくるだろう。もっとも明らかな点は、創価学会が正式な国家を目指しているという証拠はないということである。クレイグ・カルホーンが提起した理想型のネーションは、独立性の明確な樹立を目指すか、「少なくとも独立への希望と、したがって他のネーションとの正式な対等性を、通常は自立した、一応は自己完結した国家という形で目指す」[25]ことが求められる。戦後史の初期に、創価学会は終末論的な日蓮仏教の目標を維持したが、これは国民を改宗させるという目標の政府承認を求めるものであった。だが一九七〇年以降、創価学会は国の支援が必要となる「国立戒壇（かいだん）」目標を放棄した（第二章参照）。そして、創価学会は日本の民主主義を神権政治で置きかえようとしているとの批判はあるが、創価学会が日本国から独立した地位を求めたり、その転覆を謀っていたりするという明確なしるしは一度も示されていない。自民党との連立政権において公明党が普通の政党としてふるまっていることで、隠れた神権政治という糾弾は否定されるし、学会員たちが市民や政府の役割に貢献しようとする継続的な努力を見ると、その支持者は既存システムを永続化させてその中で支持者を増やそうとしているのであって、それに取って代わろうとしているのではないことが示されている。[26]

宗教を模倣ネーションとして提示すると、国の仕組みと宗教の仕組みをいっしょくたに押し込めてしまうリスクも生じる。タラル・アサドの研究が実証するように、近代国家はイデオロギーや法的なプロセスを通じて宗教を取り締まり、それにより宗教を近代的世俗国家から分離させた。[27] 以下の章では、創価学会が形態的に国という仕組みと似ている説明として模倣ネーションという発想を提案しつつも、国民国家と宗教はたしかにちがう存在なのだという事実からは目を背けないようにしよう。結局、模倣国民国家という枠組みの重要な側面として、創価学会指導者たち自身は自分たちがネーションモデルに従っていると主張はしていない。擬似ネーションという比喩は、創価学会の構造的な特徴全容を説明するのに便利な形態論的手法だが、機能的な枠組みではない。学術的な分類であって自然に存在する区分ではないが、創価学会がカルホーンの提起するような国民国家の構成要素のそれぞれについて、実質的に等価な機能を備えていることを見れば、その文化的な有効性は裏づけられる。そうした構成要素としては、領土の境界（学会の敷地に相当）、分割不可能性（創価学会が強調する「師弟不二」に見られる）、文化（言語、共有の信念や価値観、慣習慣行の組み合わせ）、時間的な深み（過去と未来の世代を含む時間を通じて存在し、歴史を持つネーションという概念であり、創価学会の過去の正典化にも温存されている）、そして最後に、ある土地に対する特別な歴史的、あるいは聖なるものとすら言える関係（信濃町など池田大作ゆかりの地への信仰者たちの巡礼に見られる）などがある。[28]

また、創価学会は国家のように強制的な力を行使するという点も指摘しておこう。強制はしばしば暴力と同一視され、暴力はチャールズ・ティリーによる国家の概念、つまり比較的中央集権化された独自性を持つ組織であり、正当な暴力についてうまく統制権を持つという見方を思わせる。[29] ティリーはマックス・ウェーバーが、一九一九年に『職業としての政治』で、近代国家を「ある領土内で正当な物理的力の使用を独占すると主張する人間コミュニティ」[30]とうまく定義したところまでさかのぼっている。だが暴力は、レイモンド・ゲスが指摘するように、強制力や権力とは異なるものである。[31] 暴力的にふるまってもだれにも何かを強制しないこともあるし、また権力は、バートランド・ラッセルが定義したように「意図した効果の生産」という理解がもっとも適切だが、このプロセスに物理的な脅しはないかもしれない。[32]

創価学会の戦後の復活以来、物理的な紛争が燃え上がったことはあった。だが学会員たちの話を聞くと、主要な強制の手段となっているのは、物理的な暴力というよりも脅しであるらしい。ルイ・アルチュセールに倣って、学会の権威に対する服従は「相互呼応」という形で理解するのが最もよいだろう――つまり明示的および暗黙の権力機構の組み合わせを通じた介入で、人々の従属性を形成してその制度を永続化させようとする、覇権的な権威当局の「呼びかけに応答」しているのだ。ルイ・アルチュセールによれば、近代国家はその権威を一方では抑圧的な国家装置（ＲＳＡ）を通じて押しつけるが、これは政府、警察、法廷など強制力の明示的な力の実装だ。そしてもう一方では、イデオロギー的国家装置（ＩＳＡ）を通じて押しつける。これは国民の忠誠心や性向を形成する無数の力としてあらわれる。宗教、教育、通信、家族などだ。ＩＳＡはＲＳＡよりはるかに強く作用する。つまりＲＳＡが示す潜在的な実際の暴力は、国家に対する生涯にわたる献身を確固たるものとするにあたり、ＩＳＡの作用よりも効果が弱いのだ。包括的な各種ＩＳＡを通じて提示されるイデオロギーに従うことで、個人は教化される。イデオロギーを通じてリクルートされ、国の臣民に変化させられ、それが今度は臣民としての自己理解を創り出したシステムを永続化させるのだ。[33]

創価学会を、ＩＳＡとＲＳＡの双方の模倣的な再現として検討すると、国家装置の驚くほど完全な複製となっていることがわかる。学会員たちは、改宗したり学会員家庭で育ったりする中で創価学会の仕組みの呼びかけに応える――それは宗教的なＩＳＡよりはるかに大きい。その仏教および現代的な教育慣行は、組織拡大と基本単位としての家庭の利用を強調するもので、複数のＩＳＡを反映したものとなっているが、その指導者や領土の安全性の強調から見て、学会員たちは同時にＲＳＡの呼びかけも受けている。だからといって学会員たちが学会の呼びかけに決して抵抗しないということではない。以下の章の民族誌的なエピソードでは、参加の仕方や、そもそも創価学会に呼応しないことによって、学会イデオロギーを複雑にしている会員たちが登場する。それでも、創価学会への没頭により、会員たちは創価学会員としてのアイデンティティに基づいて自己認識するように仕向けられ、学会組織を永続化させようとするようになり、それがこんどはさらに学会の決めた従属性を創り出す。創価学会はまさに、アルチュセールの述べる歴史プロセスの完成形を示すとさえ言えるかもしれない。アルチュセールによると、前資本主義期の国家は宗教的ＩＳＡに支配されていたが、その後は学校ＩＳＡに置き換わったという。政治よりも教育のほうが現代国家を永続させるカギであり、「学校＝家族の対が、教会＝家族の対に置き換わった」[34]。創価学会は、学校＝家族と教会＝家族という対の合体という説得力のある事例かもしれない。それは暗黙のうちに、近代性は公認される社会的帰属形態として学校か宗教かという選択を強いられなくするため、必然的に宗教の凋落をもたらすという考え方を否定するものとなっている。

学会員は通常は創価学会の権威に従う。それはその内部にとどまることで生じる結果よりも、集団からの排除を恐れるからだ。彼らは自分の主観性を定義づけている実践や人々、組織からの排除を恐れる。創価学会の歴史には暴力的な出来事もある――第二章でこれは論じる――が、創価学会の権力はレトリックにより行使され、会員同士の繋がりの中での行為を通じて施行されるほうが多い。権威への抵抗は、か弱い個人が学会の相互支援コミュニティでの居場所から排除されるということになりかねない。たとえば二〇一五年以来、多くの学会員たちは、公明党の新しい安全保障関連法制支持に反対して公式に抗議を行った。そうした会員たちは、同会の支持者たちから仲間はずれにされたと報告している。彼らの自己理解を形成し、抗議活動のイデオロギー的原動力をもたらした組織から排除されたのだ[35]。本書は、創価学会の権威や評判をおびやかす行動のために、公式に、または実質的に排除された学会員の事例も提示する。この除名の脅しには本当に恐怖が伴う――自分の国からの追放と同じくらい深刻な恐怖だ。

二〇一三年に飯塚氏と私を車にのせて福島を案内してくれた男子部職員の赤橋氏は、創価学会が信奉者に及ぼす相互呼応的な力の好例となっている。赤橋は、東京にある学会の高校、創価学園を卒業した。福島第一原発から一〇キロメートル未満の地帯を封鎖するバリケードに向けて、遺棄された町を通り抜ける中で、赤橋は自分も飯塚と同じく、大学卒業直後に学会本部にリクルートされたのだと語った。彼の場合、配属はシステム部だった。これは信濃町にある創価学会本部内のＩＴ部門として活動する部局だ。二〇一二年四月、就職して一〇年たったとき、本部は赤橋を福島県いわき市に異動させ、二〇一一年三月の原子力災害による放射性物質の降下で荒廃した学会コミュニティを支援させた。東京を離れるにあたり、友人家族は「まるで私が戦争にでもでかけるかのように」感動的なお別れ会を開いてくれた、と彼は静かに笑った。また福島に発つ朝には、池田からの激励の個人メッセージを受け取った。健康に気をつけるようにと書かれていたという。赤橋に、独身三二歳として、危険なほど放射線量水準が高いことで知られる地域に住んでいるのをどう思っているのか、と尋ねてみた。「この異動が私の運命だったのですよ」と彼は即座に口を開いた。明らかにこの手の質問に答えるのには慣れているのだ。「ほんの小さな形であれ、復興に貢献するのがこの生涯における私の使命なんです」。赤橋の仏教者としての感情は、学会職員としての天職使命への滅私奉公宣言に取り込まれていた。学会組織はこうした殉教者的な指向を育み、自己永続化のために依存しているのだ。

## 模倣の高くつく魅惑

社会科学者たちは、組織がどうしてもお互いに似たような見かけや行動を示すようになる傾向を

「組織的同型性」と定義している。組織的同型性の最大のモデルは国民国家だ。新興の政体が国のパターンを模倣する傾向があまりに広まっているため、「新興国の行政組織について、その国民について何も知らなくても簡単に予測できてしまう」[36]。社会学者ポール・ディマジオとウォルター・パウエルは、明治時代（一八六八―一九一二）の日本国を「模倣的同型性」の見本としている。これは野心に動かされ、曖昧性を特徴とする組織行動の一種だ[37]。宗教集団は、この同型性傾向が圧倒的に強く、正統性の支配的モデルとして国民国家に従おうとするので、主要な政治科学者たちは「ナショナリスト的、宗教的な運動は、同型性に抵抗するよりもそれを強化しようとする」[38]とまとめている。ディマジオとパウエルが、近代日本国家を模倣的同型性の典型的なモデルとして選んだのは特筆に値する。創価学会は近代日本国家のユートピア版を提示するものではないだろうか。日本国家は、国際的なふるまいのルールに準拠する能力という面で、国際舞台で傑出している[39]。

　創価学会と、国民国家の同型性を持つ類似組織との詳細な比較は本書の範囲を超える。だが創価学会はこの点で決して唯一のものではなく、将来の検討のモデルとして使えるという点は重要だ。宗教――そしてもっと広くは自己アイデンティティを宗教に依存する集団――においての模倣的同型性がいかに広まっているかは、ほんの数例挙げれば明らかなはずだ。最近の例としてもっとも広く喧伝されているのは、どう考えても残虐な自称カリフ国、イラクおよびレバント地方のイスラム国（ＩＳＩＳ）あるいはアラビア語の略称ダーイシュだ。彼らは中東全域で、サラフィー派ジハード主義教義の残虐な実践を通じて領土を制圧した。この集団の恐ろしい成功の一部は、国家インフラを乗っ取って永続化させたおかげだとされる。それは給与制の兵員や公僕、慎重に管理された学校カリキュラム、積極的なメディア統制、司法機能、警察、徴税、果てはゴミ処理まで含まれる。何百万人もの人々に政府サービスを提供することは、それがいかに粗雑で暴力的に抑圧的なものだったとしても、比較的少数のＩＳＩＳ配下が、政府の崩壊した地域を掌握する能力を高めた。[40] 一方西サハラでは、それほど喧伝されていないサハラウィ派イスラム教少数派もまた国民国家モデルにヒントを得ているが、その手法はＩＳＩＳの残虐性とは好対照となっている。サハラウィ派難民たちはイスラム教アイデンティティを、世俗教育を重視し女性にも権利を与える理想や政府構造に適合するものにして、西側の援助機関から支援を得られるようにしている。人道機関などは、サハラウィ派コミュニティが数十年にわたって行ってきた、独立国承認活動に必要となる支援を提供し続けている。訪問者がサハラウィ派領土に入るには査証が必要で、彼らは省庁に相当するものも持っているし、国連にも代表を送っている。[41]

無数の新宗教は、国民国家の前例に沿って己を構造化している。たとえばアメリカでは、末日聖徒イエス・キリスト教会、あるいはモルモン教という呼び名のほうが有名だが、大管長の下で信者は年齢、性別、住所（ワード／支部、ステーク／教区または地方部、地区といった各種の区分）などの人口学的なデータにより分けられ、複雑な官僚制で管理されており、その相当部分は無給の管理者たちが受け持っている。主要な教会活動は十分の一税でまかなわれる。活動としては、若い信者による宣教サービス、教会教育システム（ブリガム・ヤング大学など）、放送や印刷メディア媒体、国家運営の核心にある標準教育重視を真似た訓練メカニズムなどがある。[42] サイエントロジー教会は、その波瀾まみれの歴史の初期には宗教というレッテルに抵抗した毀誉褒貶に満ちた宗教だが、そのトップは教会指導者で、それが「オーグ〔オーガニゼーション／組織〕」や役員を監督している。その名称は軍事的な用語に起因するもので、シー・オーグやコマンドベース（司令部）などと呼ばれる。サイエントロジーは信者の教育に近代的なコース型カリキュラムを使い、その運営は悪名高いほど徹底した情報収集に基づき、国家スパイ機関にも似た手口を使っている。[43] ネーション・オブ・イスラムは創価学会とほぼ同時期に創設された黒人ナショナリスト集団だが、ネーションの地位を通じて正統性への明確なアピールを行っているし、またそのスピンオフである小規模な組織、ネーション・オブ・ゴッズ・アンド・アースも同様だ。[44] ネーション・オブ・イスラムのモスクは〔ムハンマド・〕イスラム大学という学校を持ち、同団体は男性だけの制服民兵部隊フルート・オブ・イスラムを持っていて、それが明示されたパトカーでモスク領域を警備する――それぞれ学校、軍事部隊、性別に基づく職業となる、新宗教の典型的な特徴だ。

二〇世紀のアジアでも、中核的な国民国家構造を複製した新宗教の台頭が見られた。たとえば一九二〇年代半ばにベトナムで生まれたカオダイ教は、その創設者によって独立主権国を実現するための霊的な基盤として促進された。この宗教は、カトリック、道教、中国の様々な救世協会、ヴィクトル・ユゴーなどのフランスの心霊主義（ユゴーはカオダイ教の聖人に祭りあげられている）などの影響を受けている。その指導者たちはカリスマ的な霊媒として傑出しており、その一人ファム・コン・タック（一八九〇―一九五九）は現代国家構造を使ってカオダイ教を国家内国家として確立し、独自の学校、産業、軍隊を備えるに至った。一九四六年から一九五四年にかけてフランス植民地当局はファム率いるカオダイ当局に、タイニン省の中で徴税して兵員を維持する権限を与えた。HÔ・ファップ

（文字どおりに言えば、法と正義の守護者）の異名を取りしばしばカオダイ法王と呼ばれるファムは、一九五四年にベトナム使節団に参加してジュネーブ会議に出席し、国土分割に反対する訴えを行った。[45]

一九四九年以後の台湾でも新宗教運動が台頭し、一部は国のサービスを再現し、さらに自ら構築するに至った。中でももっとも有力なのは修道僧系の仏教宗派で、仏教的な救世を最先端医療と社会福祉に向ける現代教育を中心としている。一九六七年に創設された僧院宗派である仏光山は、無料の医療、環境保護、教育を仏光大学（二〇〇〇年創立）と仏光山仏陀紀念館（二〇一一年開設）を通じて提供している。[46]慈済（仏教慈済慈善事業基金会）は尼僧の釈証厳が一九六六年に創設した。国際災害救助や台湾国内の医療サービスの提供者としてもっとも有名だ。この宗教の大学と関連した慈済医院は、台湾の医療システムに組み込まれ、それ以外の慈済基金会は、仏教教育と科学事業を監督する会長、理事長、CEO〔最高経営責任者〕、副CEOを擁している。[47]

創価学会以外の日本の新宗教も、国民国家的な側面を持つ。創価学会は日蓮仏教系の新宗教の系列で、この系列は大なり小なり近代的な官僚組織を核としている。この系譜の発端は本門佛立宗（ほんもんぶつりゅうしゅう）（もともとは本門佛立講）で、これは一八五七年に宗門改革者である長松日扇（ながまつにっせん）が開いたものだ。同じ系列の宗教としては霊友会、国柱会、立正佼成会、創価学会、さらに日蓮正宗系の在家組織である富士大石寺顕正会がある。このいずれも、時代こそちがえ、末寺中心の伝統的な仕組みではなく近代的な市民組織に基づく仕組みを通じて信者を動員してきた。日蓮仏教系の新宗教は、「本部―支部」というモデルに基づくピラミッド型階層構造を使い、複雑な官僚組織を監督する構造になっている。[48]この種の国民国家モデルは、日本の仏教系新宗教に限られたものではない。戦前には神道系の大本教（おおもときょう）が、日本国に似せた形で組織を構築して大きな成功を収めた。独自の新聞や映画スタジオなどの近代メディアの巧みな利用――さらに芸術、音楽などの文化形態や、戦時日本の教育、官僚組織、軍事教練を真似ることで改宗者を惹きつけたのだった。大本教の旧習を打破するような指導者出口王仁三郎は、白馬にまたがって教団幹部を謁見したために社会的な怒りを買った。それは天皇の特権の衝撃的な盗用だと思われたからだ。出口の下で大本教は絶えず日本皇室崇拝を促したが、日本政府には脅威とみられた。大本教は一九二一年に政府の弾圧の標的となり、一九三五年に出口が不敬罪で投獄され、警察によって教団は壊滅状態にされた。警察は、本部を跡形もなく破壊するように命じられていたのだった。[49]

この暴力的な仕打ちは、大本教がもたらしそうなどんな脅威に比べても、まったく不釣り合いなものだった。少なくとも東アジアの文脈では、国家は宗教的ライバルと見なした相手を極端なほど暴力的な形で殲滅する傾向がある。ドゥアラは中華民国時代や満州国時代に各種救世協会が極度に熾烈な糾弾を受けた様子を挙げ、中華人民共和国で現在も続く法輪功への政府による弾圧とあわせて、中国でも日本のように、国家権威に対する超越的、現世的な代替物を提供する集団が、徹底的に厳しく叩き潰すべき存在と見なされるのだと示唆している。[50] 日本は一九九五年三月に東京の地下鉄でオウム真理教がサリンガス攻撃をしかけたときにも、似たような反応を見せた。オウム真理教はこうした攻撃を、事前に用意した影の政府が統べる、新世界秩序をもたらす手段と考えていた。その影の政府は省庁や大臣をひととおりそろえ、その導師たる麻原彰晃がトップに立つものだった。オウム真理教信者の逮捕は、オウム新法とも言われる「無差別大量殺人行為を行った団体の規制に関する法律」の成立につながったが、これはオウム真理教の統制に必要なものをはるかに超えるところまで政府の監督権を拡大するものだった。[51] 反オウム法制は実は、政治的宗教的に創価学会に反対する勢力の広範な連合によって促進されたもので、オウム真理教を利用して自分たちへの実存的脅威と見なした現象に対し、共通の大義のもとに反創価学会活動家たちを結束させようとするものだった。[52]

ルネ・ジラールは、模倣したがる人間の性質が競争につながるのだと指摘する。人は、同じ対象への欲望を真似ようとするからだ。同じ対象を求める主体は、暴力を引き起こす。暴力とは「複数のパートナーたちが、相手が望んだ対象を獲得するのを阻止するため、物理的その他の手法を使うプロセス」だ。[53] 模倣は制度の複製にも拡大されるし、模倣的な欲望を使うと、なぜ創価学会を構成するこれほど多くの各種組織が近代の国民国家に似ているのかも説明できる。社会の周縁から中心に移行したいという欲望のため、学会指導者たちは自分たちの組織を国の組織にあわせて作ろうとしたのだった。そうした国家組織は、自分たちこそ正統性を持つ唯一の存在だとしている。だから模倣は、なぜ国家当局が創価学会を危険なライバル、覇権的な国家権力への潜在的な代替物として見なし、徹底して闘うべき相手と考えるかを説明してくれる。

創価学会は、ジラールが絶えず「スケープゴート（身代りの山羊）・メカニズム」と呼ぶものの中での標的となってきた。このメカニズムでは、模倣的なライバル関係は、社会秩序回復のために供犠となる身代わりの山羊が選ばれることで停止される。究極的には、模倣は危険を引き寄せる。強力な制度機関を模倣すると、身代わりの山羊にされかねない。つまり聖別されたオリジナルに危険なほど接近したことで、一斉に侮蔑される対象となりかねない。ホミ・バーバは野心を抱く者が権力保有者を模倣するときに生じる緊張関係について述べる。植民地の従属者たちが、入植者たちから受けついだ慣習に従って自らを再形成するときに使う戦略を論じるにあたり、バーバは模倣的な手法や制度が正統なものであると同時に、聖別された形態の非正統な盗用として存在するのだと指摘する。[54]模倣者は永遠に、「不気味の谷」の崖っぷちに立たされることになり、「ほとんど同じだが完全ではない」と見られる危険を冒すことになり、したがって、まったく異質なものと受け取られる敵対勢力よりも、もっと身近な脅威として見なされかねない。[55]

似たものの排除は、現代日本の宗教史において繰り返されている。一九世紀日本で宗教という分類が固まるにつれて、正統性の概念が形成されていった様子をめぐる議論で、ジェイソン・アナンダ・ジョセフソン＝ストームは正統なオリジナルと見なされているものに対して、それを脅かすほど似ているとみられる現象に対する反発を「排外的類似性」として分類している。ほとんど同じだが完全ではないものは、そのちがいではなく、類似性のために拒絶されるのだという。ジョセフソン＝ストームが述べるように、宗教が合法的な概念分類として確立する以前は、新来のキリスト教は、警戒心の強い日本の土着主義者たちによって異端の邪教というレッテルを貼られた。彼らはこの中身は妙に似ているのにまちがいなく外国のものである信仰を、仏教の歪曲版だと見なし、日本が一体となってそれを排除すべきだと考えたのだった。[56]

創価学会が戦後の急成長を遂げるにつれて、似たような排外的類似性のプロセスが展開した。この敵対性は、創価学会が国の政治に接近していると思われたときの世間の反応で明らかだ。「朝日新聞」は、一九五六年に学会候補者が参議院議員に当選したとき「〝まさか〟が実現」と言い切った。[57]日本の報道では、創価学会について辛辣に、池田王国や創価王国と表現する傾向が根強いこともこれを雄弁に物語る。こうした用語は、創価学会を国家権力の駆けだしのまがいものとして一蹴するものだ。創価学会をジャーナリストが創価王国として描く代表的な例は、ジャーナリストである溝口敦の一九八三年の著書『池田大作　創価王国の野望』にもっとも明らかに見られる。この本は、広宣流布を学会による日本政府、経済、メディア乗っ取りの第一弾だと述べている。創価王国という表現は、『週刊ダイヤモンド』の二〇〇四年と二〇一六年の二つの特集にも大量に見られ、また池田王国という表現は、創価学会の蔑称として他の一般誌にも登場する。[58]池田が日本の王様になりたがっているという嘲笑的な記述は、インターネットのコメントにも大量に登場する。これは人気ｗｅｂサイト「2ちゃんねる」の創価学会議論に頻出する用語の言説分析で明らかになったことだ。この調査は二〇〇〇年代半ばのもので、「王者」が「日本」「カルト」「創価学会員」に次いで第四位となり、「宗教」や「信者」よりも多い。[59]

反学会感情の具体的な用語を見ると、学会が引き起こしている恐怖は、国民国家における対応物に近い制度組織の構築が成功したときに生じる独特なものらしい。だが創価学会は何十年にもわたる強引な勧誘、競合宗教への罵倒と、その信者に対する集中的な改宗勧誘、議論の分かれる選挙活動、学会員たちの池田大作への極端な献身ぶりでも悪評を買っている。こうした手法のため、創価学会は日本の中でもきわめて明確に分離したマイノリティ集団となった。これは現代世界におけるマイノリティ分析から洞察が得られそうだ。創価学会への否定的な反応は、アルジュン・アパドゥライが「少数の恐怖」と呼ぶもの――マイノリティ集団は覇権的な国の多数派に対し、国全体を覆い尽くしたいという近代国民国家の野心がまだ実現しきっていないという証拠を絶えずつきつけているというもの――を示している。アパドゥライはフロイトの「微少な差異のナルシシズム」を持ち出して、ほんの小さなマイノリティですら、国の多数派から大量の暴力を引き起こすというパラドックスめいた能力を説明する。マイノリティは存在するだけで、ナショナリズムが持つ覇権的純粋性という暗黙の目標を妨害しているのだ。彼らが存在することで、多数派も自分たちがいつの日かマイノリティの地位に転落しかねないことを思い知らされる。そうなったら、現在のマイノリティが、ナショナリズムに内在する大量虐殺的な衝動を行使して、今日の多数派を一掃しかねない。これは自分たちの存続にかかわる恐怖となるのだ。アパドゥライの分析に従えば、創価学会の近代国民国家模倣には、ややこしいアイロニーが明らかに見られる。創価学会など、近代ネーションからヒントを得ている各種団体は、実はそのインスピレーション源たるネーションの根本的な破綻を体現しているのだ。彼らこそまさに、近代国民国家が並ぶもののない全体性をいつまでも実現できずにいる理由なのだから。[60]

模倣対象である決して完成しない日本という国家プロジェクトと同様に、創価学会は絶えず学会員たちのイニシアチブを組織的な目標に取り込むことで、学会員たちの生活の隅々に浸透しようとする。創価学会はすべてを取り込もうとするナショナリズムの吸収機能を模倣するので、創価学会自体が国家に近づいてしまい、このため国家から独立した市民社会が可能なのか怪しく思えてきてしまうのだ。国の行政機能があらゆる面に浸透する様子を、創価学会も複製している。[61]全体として創価学会は、ロバート・ペッカネンが日本の事例を説明するために提案する「二重市民社会」を真似ている。無数の小さい地元集団、たとえば町内会などと、少数の巨大で専門化した独立組織があるというのだ。[62] ペッカネンは、近代日本国家が小規模事業に市民の注意を向けさせ、それにより政策立案を左右できる巨大な独立組織の発展が阻害された点を指摘する。このことは多くの町内会など小規模で非専門的な自発的組織と、比較的少数の大規模な日本ＮＧＯを生み出した。終戦直後の日本市民社会は、彼が「氷河期」と総括したものを経験した。一九七〇年代から、国全体が経済発展に向かうことで、市民参加からの撤退が起きたのだ。日本でＮＧＯ、非営利組織などのボランティア集団を通じて市民参加の復活が見られたのはやっと一九九〇年代になってからだった。

創価学会の発展はこの市民参加のパターンとそっくりだ。本書の民族誌調査は、地元のつながりの優位性を裏づけている。つまり学会の強みは地元レベルにあり、学会の本部運営の大半は、無給で専門職ではないボランティアで構成されているのだ。学会員たちは、ロビン・ルブランの用語を使うと「自転車市民」に似ている。ほとんどの学会員たちは、エリートからはほぼ見えない世界に暮らしており、その社会資本と政治力は、日常の対面的な人間関係に依存している。[63] 学会員たちが自分の社会的な帰属の形を理解し、創価学会を理解するのは、その日常活動を通じてだ。一九七〇年代以降の日本が内向きになったのと同様に、創価学会も学会内部で生まれた世代の育成に目を向けるようになり、学会員たちに外向きのボランティア活動を促すようになったのは、神戸を襲った一九九五年一月の阪神・淡路大震災の後と、さらに二〇一一年三月の東日本大震災の後のことだった。[64] 創価学会での生活が生み出す地元への配慮は、相補的な市民参加の傾向をもたらす。本書に登場する学会員の多くは、仕事と学会活動以外の限られた時間を町内会などの各種のボランティアに充てるし、学会員の中には公務員も多い。町内会の仕事は、創価学会内の公式な仕事に驚くほど似ている。学会員たちが創価学会内で育む態度は、市民参加にも活かされる——その一部は、学会に対する善意を生み出す手段としてだが、学会の生活が日本の市民生活をモデルとしているせいも大きいのかもしれない。

認識すべき重要な点として、創価学会が模倣対象としている市民生活と国民国家は、今日の日本ではない。創価学会は、理想化された過去からインスピレーションを得ている。日本が世界列強として台頭した最初の数十年を、選択的かつ楽観的に想像したものをお手本にしているのだ。このビジョンに忠実であり続けるためには、日本が近代国家として台頭するときにもてはやされた、社会的責務の温存が必要だ。女性は女子部や婦人部におけるポストに追いやられ、家庭を守る妻や母親として称揚される。その家庭という拠点から、力強い男たちが行進して学会のために闘う。学会の集会、特に大規模な公式集会は、二〇世紀半ばへの逆戻りのように感じられる。そこでは男性たちがYシャツと黒っぽいネクタイ姿で並び、パステルカラーのスカートスーツを着て髪を完全に整えた女性たちとは隔てられている。その行動と外見は、学会の三人の偉大な指導者が推進した理想への忠誠を通じて保たれているエートスを物語っている——学会本部の代表はあらゆる学会活動に出席しているため、そうした忠誠心は否(いや)が応でも生まれるのだ。[65]

創価学会の創設者たちは、その師である牧口常三郎を殉死させた抑圧的な仕組みを受け入れた。戸田城聖を投獄し、池田大作から正規の教育を奪い、愛する者たちを戦死に追いやった拡張主義的な日本の国民国家を、自分のものにしたのだ。日本国家が持っていた、天皇中心の日本ナショナリズムに対する偏狭なこだわりは排除したが、大日本帝国の権力獲得と権力行使の能力は保持した。創価学会の模倣国民国家は、まさに彼らを被害者の地位に追いやった存在そのものをユートピア化したものなのだ。

## 本書の扱う範囲

日本におけるこれまでの創価学会研究は、政治・宗教的な反対者による熾烈な批判と、学会本部自身が作ったり大量に情報提供したりして作られた偉人伝との両極端に分かれていた。それらに比べると数は少ないが、この集団についてのバランスの取れた学術研究は、創価学会の特徴を列挙して、その教義や運営構造の変化を記述している。本書を通して、私はこうした文献の最高のものに依拠している。創価学会が示す歴史的に重要な社会形態との形態上の各種類似性を指摘したのは、私だけではない。二〇〇八年に島田裕巳は、『民族化する創価学会　ユダヤ人の来た道をたどる人々』という挑発的な題名の一般書を発表した。島田は創価学会とユダヤ教の類似点をほとんど説明しないし、民族よりも「もっと適切なことばが存在することであろう」と自ら示唆している。[66] 彼は『創価学会　もうひとつのニッポン』で似たような挑発を行っているが、この本は矢野絢也（やのじゅんや）という、不満を抱く元公明党の政治家で有力な学会員〔二〇〇八年退会〕との共著になっている。[67] 近代国民国家の中でなぜ新宗教が生まれたのかを説明するにあたり、一部の有力な学者はそのユートピア的な性質に注目した。西山茂は、現世の腐敗を一掃して理想の秩序をもたらそうという新宗教のユートピア的ビジョンが、創価学会の戦後の魅力に貢献した特色だと指摘する。[68] 塚田穂高は西山の研究を発展させ、戦後日本で活発な宗教がどのように国家意識を示し、それが政治活動を動機づけたのかという広範な検討の一部として、創価学会のユートピア的な性質を検討している。[69] 塚田はネーション、社会、連帯の意識は宗教、政治、社会動員とつながっていると述べる。そして宗教運動で突出しているユートピア主義に注目することで、ナショナリズムを評価するための有効な指標が得られると指摘する。ここには、創価学会の戦後初期の発展を動かした国民意識も含まれる。[70]

近年でもっとも優れた創価学会分析は、創価大学で受けた社会学の訓練を、自分の宗教の戦後における成功に関する驚くほど冷静な議論に活用している、創価学会員の浅山太一によるものだ。浅山は創価学会が第二次世界大戦後から一九七〇年代初頭までに大量の改宗者を惹きつけた理由は、企業に似せた発展のせいだと述べた。彼は、創価学会が日本のもっとも成功した会社であって、それが新興宗教の形を取ったのだとまで主張している。創価学会は、一九五〇年には信者数千人だったのが、二〇年後には数百万人にも拡大した。これは日本の経済的奇蹟の原動力となった企業の拡大と同じ手法による。拡張主義的な本部／支部の管理運営組織を採用し、従業員のニーズすべてが満たされるようにしたのだ。浅山は、創価学会の台頭と日本の経済成長を説得力のある形で並置し、ちょうど一九七三年オイルショック以後に日本経済が停滞したとき、創価学会の爆発的な戦後成長を支えた地方からの移住者の流れも止まったのだ、と指摘する。[71]

こうした研究は、一部の例外を除き、ほとんどすべて文献分析に頼っており、フィールドワークは最小限か、まったくない。このためどれも、なぜ創価学会が自分を構成する各種組織を作り出したのか、なぜ人々が改宗してとどまるのか、学会員たちの日常生活はどんなものかといった疑問に答えられない。私は、創価学会は仏教と近代教育という二つの遺産のおかげで、近代の標準教育の慣習に基づいた宗教組織を構築できたのだと主張する。標準教育的な仕組みは、参加者に社会的正当性を約束する。だから創価学会は教育中心の構造を模倣し、それを元に学会員たちに、戦後日本の他の宗教団体がとても太刀打ちできないほど様々な教育的、政治的、経済的、宗教的な組織を提供した。創価学会の学会としてのアイデンティティは、在家日蓮仏教の妥協なき使命の魅力や、啓発的でカリスマ的なリーダーシップと組み合わさって改宗者を惹きつけ、従来の宗教的な規模を遥かに超える組織的な存在となった。このために彼らは自分たちの宗教を国民国家そのものにあわせて作り上げた。

実際、創価学会は宗教というレッテルに含まれるものの検討を迫る。私はこの研究が、類似組織に関する将来研究にとってのリソースとなると考えており、創価学会の歴史的発展の細部と、その普通の信者たちの生活は、世界中で作用している類似の組織構築プロセスの理解にも役立つはずだと考える。だが、比較研究の前に、まず創価学会の実際の活動についての研究が必要だ。私は、創価学会がこのように発展した理由の説明がもっとも赤裸々にあらわれるのは、学会員の日常生活だと考える。地元レベルでの信者たちの日常的なつきあいに注目すると、一枚岩組織としての創価学会というイメージは崩れてくる。ヴィーナ・ダスとデボラ・プールが裏づけているように、現代の国家を理解するにはその周縁を見るべきだ。そして多くの行政機能がもっとも上手くあらわれるのは、国家機能とその国民との間の小規模なやりとりにおいてなのだ。[72] ディディエ・ファシンが国家のレーゾンデートルと呼ぶものは、ミクロ政治的なやりとりの観察を通じてもっとも有効に理解される。組織を構成する人々の物語が、その組織について語ってくれるのだ。[73] ローレン・バーラントは、「存続が日常の親密な領域において行われる個人的行為やアイデンティティに依存する」まとまりのある核としての「親密な公共圏」を強調する。それに従うなら創価学会も参加者たちによって、仏教と人道主義という双子の野心への献身の、日常生活における実施に依存した、まとまりのある枠組みとして理想化されている。[74] 学会員たちが正典として理解するように奨励されている小説『人間革命』を見ると、創価学会における親密なものと組織的なものとの同一視が確認される。同書の「はじめに」には、創価学会でもっとも引用される文とすら言えるものが登場する。「一人の人間における偉大な人間革命は、やがて一国の宿命の転換をも成し遂げ、さらに全人類の宿命の転換をも可能にする」[75]。

日常が創価学会の全体構造にどう関わるかを探究するため、本書の各章は民族誌調査からのエピソードで始まる。そして本書のあらゆる部分で、民族誌調査のエピソードは、情緒的な絆が学会組織を構築している様子を示している。第二章「知的協会から宗教へ」は、創価学会の模倣的な発展をたどるため、小さな教育改革協会という起源から、巨大宗教へとふくれあがった様子を概観する。第三章「創価学会のドラマチックな物語」では、創価学会メディアとそれに伴う実践が、日蓮仏教の殉教主義と、現代のロマン主義ヒロイズムを混ぜ合わせ、日本の教育カリキュラムのお題目に頼る劇的な物語（ナラティブ）に仕立てている様子を示す。第四章「正典への参加」は、学会の劇的な物語（ナラティブ）についての検討を続けるが、ある永遠の問題に対する一つの回答を示唆する。その問題とは、新宗教の何が新しいのか、というものだ。このために、創価学会の新正典に相当するものの特徴をまとめよう。いまだに展開中の正典の中に、自分個人が登場するという約束は、新宗教が古い組織よりも改宗者にとって魅力的に思えそうな理由の一つだ。第五章「若者の育成」は、創価学会の若者訓練システムの歴史的、民族誌的な研究を提示し、その教え方の世代的な変化が、日本の近代国民国家内部の教育的なシフトを反映している様子を検討する。最後に第六章「良妻賢母と改宗の歩兵たち」は、創価学会が日本国家による専業主婦支援を再現している様子を見る。専業主婦は近代ネーションを構築する世帯の中心となる存在だ。この章は、妻、母親、家庭の守り手という創価学会の理想と、学会本部による婦人部への、家の外での活動を増やせという要求とのあいだの緊張関係を強調し、創価学会の家庭が崩壊すると何が起こるかを説明する。短い「あとがき」では、新世代の学会員にアピールしようとする中で創価学会が直面するジレンマを論じる。組織のいまや伝統的となった大衆参加的な目標では、新世代の学会員たちをうまく取り込めないのだ。そしてそこから、創価学会の将来発展の可能性について示唆を行う。

第二章

# 知的協会から宗教へ

## ——創価学会の歴史

長年にわたる池田大作の指導下で、創価学会はその日蓮仏教と人道主義という二つの遺産への注目を、池田自身への注目に融合させようとする抜きがたい傾向を強化させていった。学会の総本部を訪れればこの合体は明らかになる。

二〇一三年一一月八日、一九三〇年の創価学会創立記念日を期して、学会は広宣流布大誓堂の落成式を行った。この巨大な会堂は東京都心の信濃町にある学会総本部を構成する、七〇棟以上の大小の建物のどれよりも高くそびえ立っている。道をはさんだ向かいには、創価文化センターという別の新施設がある。この二つの主要施設の名称は、創価学会の創建の基礎となる仏教と人道主義の二側面をあらわしている。どちらの建物も、池田名誉会長ただ一人に捧げられている。

訪問者は、創価文化センターの最上階からグループに分かれてツアーを開始する。そこで彼らは、祀られた御本尊の前で南無妙法蓮華経を唱え、場合によっては勤行をひととおり行う。このように準備を終えたら、エスカレーターを下りて展示室に入る。そこでは文化が池田大作の人生物語として理解されるべきだということがはっきり示されている。展示品の題名は「変革への挑戦」「師とともに」といったもので、創価学会の華々しい隆盛を、忠実な自己犠牲という池田の自伝的なモデルに即して語るナレーションが流れる。来訪者は、一九四七年八月に創価学会第二代会長戸田城聖との運命的な出会いを経て池田が創価学会に改宗した話を改めて紹介される。池田の主要著作の手書き原稿を眺め、特に連載小説『人間革命』の手書き原稿を目にすることになる。池田の手になる一連の詩が、彼に手紙を書く個別の信者への彼の配慮を実証している。両親の死後、彼に手紙を書いた少女のためにしたためた和歌で彼は「なくなられた父君にかわり私が面倒を見る」と約束している。学会員は、池田が身につけていたアイテム、たとえば学会施設すべてに飾られている何百もの写真の最初のものを撮影したカメラなどに、ほとんど触れそうなところまで接近できる。若き日々に池田がベートーベンを聞くのに使ったレコードプレーヤーもある。熟年の池田が有力な世界指導者と対談している写真も見られる。

学会員たちはこうした展示から、正義会館という四〇〇〇人収容のホールに進む。そこでは池田に関する啓発的なドキュメンタリーが上映される。二〇一五年六月に私が訪問したときには、「世界布教の道　SGI会長池田の世界旅行」というビデオで、海外での池田の伝道活動の様子が上映されていた。最初の数分は、一九六〇年代初頭の、第三代創価学会会長となった直後の池田の世界旅行を示す。池田が指導者として成熟してきたのは明らかだ。一九六〇年の彼はカメラに向かって落ち着かない様子で顔をしかめてみせ、手をポケットにつっこんで、ベルリンのブランデンブルク門の前で背中を丸めている。一九七〇年代になると、その風体ははるかに国士然となり、イギリスに歴史学者アーノルド・J・トインビーを訪れ、北京で周恩来と面会している。一九八〇年代の映像に見られる池田は、崇拝される国際人という役割が完全に板についている。微笑みつつ彼は群集の中に入って、涙ぐむ信者たちを抱擁する。一九八三年のオランダ訪問では、ピアノを弾いてみせて来客たちを大喜びさせる。一九八四年にはテキサスでの大集会に先立つ訪問でカウボーイ帽をかぶってみせる。一九九三年には、創価学会インタナショナルに加盟する五〇ヵ国目となったのを祝うチリでの集会を祝福する。「みんな家族です」と彼は強調する。来訪者たちは映画に続いて、池田の伝記を二一世紀につなげるインタラクティブなオーディオビジュアル展示で、文化センターでのひと時を過ごすことができる。小型スクリーンでは世界中の学会員のビデオ証言が流れ、池田の弟子としての人生について情熱的に語る。

総本部の最大の見ものへの入場券を持っていれば——通常は国内学会員には年に一度しか発行されない——通りを渡って大誓堂に向かうことになる。創価文化センターが、文化と池田の生涯を同じものだとしているように、大誓堂は日蓮仏教徒の目標である広宣流布、つまり「(法華経を)広く宣べ伝える」を換骨奪胎して、池田大作を中心とする誓いに変える。大誓堂の巨大な鋼鉄製ドアが滑って閉じると、東京の都市の雑音は消える。労働者たちは信濃町の岩盤の深さ二二メートルまで柱を沈め、浮き基礎を設置したので、この建物は巨大地震にも耐えられる。東京を巨大地震が襲っても、その瓦礫の中で大誓堂はそびえ立ち続ける。訪問に同行した飯塚氏によれば、大誓堂の地下には食料や水があり、災害時には何百人もの避難者に供給できるのだという。七階建てで、これは「南無妙法蓮華経」の聖なる七文字に対応している。その北壁と南壁には八本の柱が並ぶが、これは法華経第二八からの八文字の引用「当起遠迎　当如敬仏」に対応するものだ。この後者は日蓮が引用し、その後池田が引用して、教えを受け容れる者たちを歓迎するのに使われた。「立ち上がって遠くから(彼らを)迎え、仏を敬うように(彼らを)敬え」という意味だ。[1]

訪問者たちは、大誓堂のほとんど何もない一階正面から出発する。石畳にたくさん折りたたみ椅子が並び、その前に中国の仏教石碑を思わせる巨大な石碑が並ぶ。その一体には、広宣流布についての戸田城聖の歌が刻まれ、別の一体には池田の「人間革命の歌」が刻まれている。これは学会員たちがしばしば集会で歌うものだ。近くの壁には、「広宣流布」という文字が、池田大作の特徴的な毛筆で描かれ、その下には、きわめて格式張った日本語で以下のメッセージが書かれている。

広宣流布　誓願の碑

一閻浮提広宣流布は日蓮大聖人の御遺命なり。[2]

創価学会は広宣流布を実現しゆく唯一の正統たる教団なり。

一九三〇年十一月十八日――

宿縁深厚なる師弟によりて創価学会は誕生せり。

先師　牧口常三郎初代会長は戦時中、生命尊厳の仏法を弘め、軍部政府に投獄せられ殉教なされたり。

生きて牢獄を出た恩師　戸田城聖第二代会長は、地上から悲惨の二字をなくさんと生涯を捧げらる。

師の不惜身命の精神を継ぎ、第三代会長として我は立ちたり。共戦の同志と共に妙法という幸福の種を蒔きし勇猛精進の歴史よ。世界一九二箇国・地域に平和と文化と教育の花は爛漫と咲き薫る。

二〇一三年十一月十八日――

先師の魂魄を留め、恩師が広宣流布の指揮を執りたるここ原点の地・信濃町に、第三代の発願し命名せる「広宣流布大誓堂」は建立されたり。

須弥壇(しゅみだん)には「大法弘通慈折広宣流布大願成就」[3]と認(したた)めらる創価学会常住の御本尊を御安置奉る。

我ら民衆が世界の立正安国を深く祈念し、[4]いかなる三障四魔[5]も恐るることなく、自他共の人間革命の勝利へ出発せる師弟誓願の大殿堂なり。

報恩抄に宣(のたま)わく「日蓮が慈悲曠大ならば南無妙法蓮華経は万年の外(ほか)・未来までもながるべし」[6]。

広宣流布は、世界の平和と社会の繁栄を開きゆく大道なり。全人類を救わんとする、我らの久遠の大誓願なり。今、地涌(じゆ)の菩薩は陸続と躍り出て、法華経の人間主義の大光は五大州を照らす。[7]

日蓮大聖人に直結し創価三代に連なる宝友が異体同心の団結で、末法万年にわたる「広宣流布」即「世界平和」の潮流をいよいよ高めゆかんことを、ここに強く念願するものなり。

先師・恩師への報恩を込めて

創価学会第三代会長

池田大作[8]

来訪者を大礼拝室まで運ぶエレベーターの近くにある唯一の装飾は、創価学会旗の照明つき写真だ。一部の来訪者は三代会長記念会議場だけを擁するフロアに集まる。飯塚の話では、国連をモデルにした場所だという。同時通訳のブースに取り囲まれた大きな机と、マイクの並ぶ何列ものデスクの横三面には、学会の創設会長三人の巨大な肖像画がかかっている。この施設は創価学会インタナショナルの重要な会議に使われ、創価学会が国際関係の仲裁者だという感覚を引き起こすように設計されているのは明らかだ。

この一階上にあるのが主要な施設だ。一四〇〇席を持つ大礼拝室で、快適な劇場式の椅子が巧みに並べられて、部屋の正面にある巨大な黄金の仏壇が全員に見えるようになっている。仏壇の基壇は、日本の四七都道府県と、ＳＧＩの一九二ヵ国・地域から集めた石で作られている。ここでは一日二回、特別な勤行が行われている。学会員たちの話では、唱和に先立って、池田が戸田の下で改宗した話をあらためて説くビデオが流れ、創価学会が日蓮の教えを正しく受け伝えているのだというアナウンスが行われるそうだ。池田大作の深く強力な声が、参加者たちを導いて勤行が始まり、池田がまさにその場にいるような臨場感を、学会の中心で行われる仏教儀式に情緒的に重ねあわせる。

仏壇には広宣流布の御本尊が納められ、これは二〇一三年一一月五日にここにうやうやしく安置された。二〇一四年一一月七日、創価学会は会則を改定して、学会員たちが拝むべきなのは、この御本尊であって、日蓮正宗の総本山大石寺にある大御本尊ではないと定めた。この会則が説明するとおり、この新たに祀られた御本尊は、全世界の池田門下に未来にわたる世界広宣流布の誓願の範を示すものだ。[9] この会則前文によると、創価学会の信濃町総本部は、日蓮世界宗創価学会を二三世紀へと広めるという使命を世界の弟子に託したのだそうだ。[10]

創価学会総本部では、池田は賞賛され、死を超えた高き存在にされ、未来へと投影されている。創価文化センターは、彼の生涯を振り返り、大誓堂は支持者たちの忠誠を引き起こす生きた存在として彼を永続化させる。第三代創価学会会長としての二〇一三年宣言は時をあいまいにさせ、古参学会員たちを、池田が学会の日常業務を仕切っていた頃に連れ戻す。こうした立派な施設での池田の不滅化は、創価学会の慎ましい出自と比べると、なおさら驚くべきものに思える。

## 学会の教育学的起源

創価学会は、実のところ三回にわたり創設されている。その創設は、最初の三人の会長それぞれの下で起きた。牧口常三郎（一八七一―一九四四）、戸田城聖（一九〇〇―一九五八）、池田大作（一九二八―二〇二三）だ。三人はそれぞれ、その生涯の時代精神を反映した制度改革を実施している。創価学会の歴史を、会長たちの伝記物語に還元してしまうのは危険だ。この組織は、この三人の生涯の話でまとめるにはあまりに複雑すぎるからだ。それでも、三人の伝記は学会員たちがお互いに真似るよう奨励し合う理想型となっており、創価学会の集合的な性質は、こうした表象で示された路線に沿って形成される傾向にある。各創設者の伝記イメージはまた、学会の日本国民国家模倣を反映している。牧口率いる学会は教育とその帝国日本にとっての意義を重視した。戸田の下の学会は、戦時日本の軍国主義動員と超越的使命への絶対献身を再現した。池田の下では、それは過激な拡張から平和、文化、教育へという日本の戦後シフトを体現するものとなった――これがいまや学会の三本柱だ。

学会の開祖は、様々な出来事のめぐりあわせで在家仏教に向かったが、そうでなければ興味深いながらも周縁的な日本の知識人にとどまっていただろう。妥協なき信仰心のおかげで、牧口は現代日本最大の宗教組織の意外な開祖として名を馳せている。彼は一八七一年第六の月の六日目に、柏崎県（現新潟県）の荒浜村という漁村で渡辺長松とイネの長男として生まれた。[11] 六歳の時に父親が家族を見捨てたため、母方の親戚牧口家の養子となった。一八八九年に牧口は、北海道尋常師範学校（現北海道教育大学）に三年生として入学を認める試験に合格。一八九三年一月には、出生名長七を常三郎に変え、同年三月には尋常小学校の教師となった。[12] 一九〇一年四月には北海道での教職を辞し、妻クマと子供をつれて上京した。

二〇世紀初頭の日本における、理想に燃えた多くの若者同様、牧口が東京に惹かれたのは、一つには日本が近代帝国主義的国民国家に変化する中で生じた、知的取り組みの魅力のためでもあった。一九〇三年一〇月には、最初の著作『人生地理学』を発表、一九一一年までに八版を重ねた。この本で牧口は東京の学者エリートネットワークの注目を惹いた。『武士道』で名声を博したばかりのキリスト教知識人新渡戸稲造は、牧口に激励の手紙を送った。一九一一年五月頃には、東京の知識人層との交流のおかげで牧口は「郷土会」に参加。これは地方日本文化研究を行う研究会で、会員には新渡戸以外に有名な日本の民俗学者柳田國男もいる。一九一二年に牧口は『郷土科研究』を発刊し、郷土文化の重要性と、国家がその国民の生活に果たす理想的役割についての広範な理論を述べた。その元となったのは、農商務省山林局の委託で柳田國男の監督下に行われた多年次にわたる研究だった。[13] 牧口はこの刊行物の中で、教育は国家に奉仕すべきだと主張している。* 晩年の彼はこの理想に強いこだわりを見せ、国の迫害を受けてもそれをまげることはなかった。

国の知識人層の最高位に所属したいという渇望は、戦後の学会世代を動かす動機となるものだが、それはこの戦前の創設者の野心にもはっきり見て取れる。最先端の学者と研究はしたものの、牧口はこのエリート集団に最後まで完全には受け容れられなかった。エリート大学の卒業生でもないし個人所得もなく、日中は研究に没頭するかわりに公立学校に雇われていた。それらの学校はあまりに貧しく、教室で彼は、家族の食べ物を生徒たちに分け与えることさえあった。牧口は、慎ましい学校教師というアイデンティティを捨てられなかった。二〇世紀最初の数年には編集者として家族を養おうとしたこともあったが、あまりに借金漬けだったため、教職に戻らざるを得なかった。

一九〇九年からは、東京各地の小学校で、まずは教頭、次いで校長を歴任する。在職中はずっと日本の教育制度に対する不満から、同僚教師や文部省当局と衝突し続けた。彼は学校を、国の社会問題の縮図だと見なしており、それを合理主義とプラグマティズム[14]により改善しようとしていた。その結果、もめごとに陥っては東京各地の学校を転々とし、やがて麻布（東京都港区）にある新堀小学校の校長に任命された。この学校は一年以内に閉鎖が決まっており、教師としての牧口のキャリアを終わらせようとする文部省当局の作戦だった。引退後に、牧口は『創価教育学体系』という論集の第一巻を一九三〇年一一月一八日に刊行した[15]。その出版者は創価教育学会となっており、創価学会はこの団体の名称が戦前に初めて登場した日を公式な創立の日と定めている。このため宗教としての創価学会は、学術書の刊行を出発点として祝っている——この本は宗教にほとんど触れていないのだが。

一九三一年に出た第二巻には「価値論」という論文が収録されている。これは教育哲学に関する牧口の決定版として創価学会が重視しているものだ。「価値論」で牧口は、カント的な真・善・美の価値観を、美・利・善で置きかえる新たな三角形を提案している。牧口によれば、真は絶対ではない。それは個人と環境との関係においてのみ発見できる。人が価値観を育むのは、世界での体験、つまり感覚的な喜び（美）、自分の人生をよくする便益（利）、社会発展に意図的に貢献する個人の行い（善）だ。牧口は、美、利、善の性質を正しく見極めるために、学童は二種類の知覚を区別できなければいけない、という。認識と評価だ。そしてこの見極めこそ教育の主な力点であるべきだという。

牧口の見立てでは、宗教は絶対的真理の教条的な追求であってはならず、美・善・利への貢献能力を評価してから実践されるべきものだった。一九三〇年に牧口が教育改革についての論考をまとめたときには、宗教ではなく哲学的探究が念頭にあった。だが一九二八年に、白金小学校の校長だった彼は、同じく校長で東京池袋の日蓮正宗常在寺に所属する法華講「大石講」の三谷素啓（みたにそけい）に紹介され、日蓮正宗に改宗した。[16]島田裕巳によれば、他のほとんどの教祖の著作とはちがい、牧口常三郎の著作にははっきりした改宗告白がない。「神戸新聞」の一九五八年の聞き書きにおいて、柳田國男は日蓮正宗への改宗時に牧口がどんな状況だったかを回想している。牧口は子供を数人病気で失い、妻との家庭生活でも衝突が絶えなかったという。柳田によれば「貧苦と病苦とこの二つが原因となって信仰に入ったのかと思う。以前は決して宗教人ではなかった[17]」。だが日蓮正宗は、牧口の様々な信仰遍歴の

＊この記述については疑問が残る。牧口の教育思想は、個人を重視し、当時の国家主義教育に反対の立場から展開していた。であるからこそ、この次の文で述べられるように、その後の人生における迫害が絶えなかったのである。

中で終着点となったようだ。荒浜村の生家は禅宗系で、養子となった牧口家は日蓮宗（日蓮系の中で最大の宗派）だった。北海道での学生時代、牧口の親友や教師の数名はプロテスタントだったし、札幌で若い学生だった頃には、内村鑑三（一八六一―一九三〇）の著作に親しんだ。彼は日本でもっとも重要なキリスト教思想家の一人だ。牧口が『人生地理学』を書いたのも、内村の『地人論』に影響を受けてのことだったとされる。[18]上京後、彼は新渡戸稲造を含めキリスト教徒との親交は続けたが、改宗はしなかった。[19]

牧口にとっての鍵となる宗教的な影響は一九一六年に、東京で田中智学（一八六一―一九三九）の講演に通ったときに起きたのかもしれない。田中は超国粋主義的な日蓮主義組織、国柱会の創設者だ。牧口は国柱会には参加しなかったし、その哲学にも信仰にも国柱会の影響は見られない。牧口の著作には、日蓮仏教の教義を読み替えて、仏法と国体を同一視しようという田中のこだわりは見られない。国体というのは、日本国と天皇個人とを同一視する概念だ。[20]それでも、国柱会での体験が、日蓮仏教への牧口の関心をかきたて、学会を日蓮仏教の在家集団へと変貌させたやり方に影響を与えたと考えたくもなる。戦後の創価学会は、国柱会が磨きをかけた手口の多くを採用している。たとえば最新技術を活用した講演（田中は幻灯機、音楽、スライド映写機などが好きだった）、日常語での印刷物の大量発行、政治への積極的な関心、礼拝の対象を本尊に統一しようとするキャンペーン、男子、女子などの性別や年齢別部門を持つ組織構造、全国本部が分割された地域支部を監督するという企業のような階層構造などだ。[21]

牧口率いる創価教育学会は、こうした組織的な特徴をいくつか導入し、日本が全面戦争に向けて動員されると学会も拡大した。日本は一九三一年に満州を侵略し、その後は中国を蹂躙（じゅうりん）してアメリカとの戦争にますます近づいた。国内では、あらゆる市民は大日本帝国拡大のためのリソース扱いされた。同時期に創価教育学会は、教育改革から独自の目標をもつ運動へと変身した。その会員たちは日蓮仏教の実践にますます専念するようになった。たとえば折伏などの強引な改宗戦術もそれに含まれる。学会が折伏を始める前は、会員数は五〇〇人に満たなかった。一九四一年に会員たちが布教活動を始めてから、学会はたった二年で登録支持者数五〇〇〇人に拡大した。

一九三六年から牧口は、日蓮正宗の総本山大石寺で毎年夏期講習会を開くようになった。初年度の出席者はたった九人だったが、一九四一年夏には、この夏期講習会は一週間続き、一八〇人以上が聴講した。創価教育学会が公式に初めて集まったのは一九三七年一月二七日、東京の麻布にある料亭菊水亭で、ほんの六〇人ほどが学会創設を祝った。第二回の総会は一九四〇年に九段下の軍人会館で行われ、その頃には創価教育学会は総員三〇〇人から四〇〇人とされた。一九四一年七月二〇日、学会は機関誌『価値創造』を創刊したが、これは新規の購読者を獲得する一方で、日本のますます抑圧的になる政治体制からも目をつけられる結果となった。この頃には日本の特別高等警察は、宗教組織弾圧に乗り出していた。一九二五年の治安維持法をたてに、政府当局があらゆる組織の日常業務に介入できるようになっていたのだ。宗教団体はどの系列のものだろうと、伊勢神宮の神札を祀るよう義務づけられた。伊勢神宮は太陽の女神で天皇の祖先として崇拝される天照大神を奉じる神社だ。天照大神の儀式的な崇拝は、あらゆる帝国臣民の義務とされ、従わなければ秩序紊乱（びんらん）とされた。

創価教育学会の指導者たちは、頑固に従わなかった。一九四三年一月から、特別高等警察の憲兵が学会の座談会を捜査し、日本政府の検閲官がしばしば中止を言い渡した。政府圧力に対して、同年四月に日蓮正宗の僧と在家信者が大石寺に集まり、多数派の宗派日蓮宗との合同に関する提案について議論した。日本政府はすでに、国内の仏教宗派に対して一九四一年三月末までに自発的に合同するように命じていたのだ。[22] 日蓮正宗の合同を進めるべきだという提案に対し、一九四三年五月二日、七二歳の牧口は、東京の創価教育学会会員七〇〇人ほどに向かって演説を行った。彼は合同を拒否し、偽の教えを受け容れたとして政府を諌めた（「国家諌暁（こっかかんぎょう）」）。この国家諌暁は、一二六〇年に鎌倉幕府の最高権力者である北条時頼に向けて日蓮が『立正安国論』を提出したのを再現している。一三世紀以来、日蓮信者たちはこのやり方を真似たが、これは通常、批判の手紙を天皇や地域の権威に提出するという形のものだった。牧口は、誤った宗教（邪宗）を禁止して正しい教えを広めるよう政府に呼びかけろ、と会員たちに命じた。[23] 日蓮が確立した国家諌暁の手法を踏襲し、牧口は国策に対する自分の批判を、救国のための妥協なき擁護として位置づけた。

一九四三年六月に日蓮正宗の管長らは牧口を大石寺に呼びつけ、国家諌暁を控え、学会員たちに伊勢神宮の神札を受け取るようすすめてはどうかと説得を試みた。牧口は日蓮正宗の僧たちに反駁し、これは救国の問題なのだと述べた。一九四三年六月五日、学会幹部二人が治安維持法違反で逮捕された。七月六日には東京の南方に位置する下田で、ある創価教育学会員の父親を改宗させようとしていた牧口も逮捕された。同日の早朝、日本中の警察は学会幹部二一人全員を自宅で検挙した。創価教育学会は、当時会員数五〇〇〇人ほどだったが、解体させられた。

八月に牧口は巣鴨の東京拘置所に移送され、他の多くの囚人とともに、汚いシラミだらけの監獄に押し込められ、特高警察に尋問され続けた。[24] 八月三一日に三男の洋三が中国で戦死したという報せを受けて、すでに病気だった彼は完全に生きる気力を失ったようだ。息子の死を報されてから、彼は食事も治療も拒否した。一九四四年一一月一七日にはやっと拘置所の病監に移るのに合意したものの、治療は拒絶し続けた。その翌日、『創価教育学体系』刊行後ちょうど一四年目のその日に、牧口常三郎は栄養失調で死亡した。

牧口は生涯にわたり、二つのイデオロギー的伝統に身を捧げた。近代的人道主義と日蓮仏教だ。この二つが最終的に織り合わされて創価学会となる。教育面でも在家仏教の面でも、牧口は自分の使命を世界の中で日本の地位を高めることだと捉え、日本の戦時支配に抵抗はしたものの、日本国民の正しい涵養を何よりも重視し続けた。日蓮仏教が説く絶対主義的な理想への献身を、適切な学校教育を通じて教えるという融合した原理は、戦後の創価学会形成の道筋を整えることとなった。

## 弟子の道——戸田城聖

戸田城聖は戦後の創価学会を築いた人物だ。[25] 一九〇〇年二月一一日に、石川県塩屋村（現加賀市）の貧しい漁師の一一人目の子供として生まれた。四歳のときに北海道の厚田に転居し、一四歳になると札幌の卸売り業者の元へ働きに出た。牧口と同様、彼も学業を通じた出世の可能性に気がついた。そこで働きながら尋常小学校教員試験の勉強を続け、一九一七年には小学校教師の資格を得た。一九二〇年三月初頭、戸田は上京。大正時代の東京はすでに政治的にも、経済的な機会の面でも、知的探究においても、押しも押されもせぬアジアの首都だった。当時の戸田の著作を見ると、彼は立身出世を目指していた。これは明治日本で最初に確立された理想で、上京した大正時代の野心家たちの多くが抱いていた夢だ。[26] 一九二〇年四月一日の日記で、戸田は修養を通じて実現したい目標の一覧を挙げている。

修養。1、勉学せしか。1、父母の幸福を祈りしか。1、世界民族、日本民族の我なりと思い、小なる自己の欲望を抑へしか。1、大度量たりしか。1、時間を空費せざりしか。1、誠なりしか。[27]

この頃、戸田は名前を甚一から城外に変えており、その大望がうかがえる。北海道出身の勤労学生たちとも親しくなり、一九二〇年八月半ばには北海道の同郷者からの紹介状を持って牧口常三郎宅を訪ねた。牧口はこの進取の気性を持つ若者に感銘を受け、自分の小学校教員として戸田を雇った。教鞭を執りつつも、彼は高等学校の入試を目指し、開成中学夜間部に通った。そこでの同級生の一人が細井精道、後の日蓮正宗第六六世法主細井（ほそい）日達（にったつ）だ。戸田と細井の戦前における親密な関係のおかげで、戦後に創価学会が日蓮正宗の下で在家運動として発展するための協力関係が生まれた。また戸田の弟子たちが、戸田の死後も日達に示した強い忠誠心もこれで説明できる。

生涯のはやい時期から戸田は起業家精神を示した。一九二二年一二月には教職を辞し、一年後には自分の塾「時習学館」を開いた。これは牧口の創価教育を実践しようとするものだった。この塾と同時期に彼は中央大学経済学部に入学し、一九三一年には同大学予科から経済学の学位を得て卒業している。戸田はまた中学受験用の学習参考書を出して成功している。その一冊『〔推理式〕指導算術』は一九三〇年五月に発売され、一〇〇万部を売り上げた。この成功で彼は金持ちになり、その資金を新事業に注ぎこんだ。一九三〇年代末になると、戸田の事業は融資、醬油工場、証券会社も含むものになっていた。一九四三年には、戸田は一七社を経営していた。

豊かになっても戸田は牧口に忠実であり続けた。牧口が三谷素啓により日蓮正宗に改宗したとき、三谷は戸田も改宗させた。戸田は『創価教育学体系』の出版費用を出し、彼の会社が『価値創造』などの学会誌の資金をまかない、一九三七年一月に創価教育学会が発足したときには、牧口会長の下で理事長の地位に就いた。戸田は、牧口とともに日蓮正宗の教えを捨てろという日本国家の圧力に屈しなかったことで、その忠誠ぶりを実証した。一九四三年には検挙され、東京拘置所に勾留されて、ほとんど独房で過ごした。獄中で戸田は何冊か本を読めたが、その中には日蓮宗発行の法華経があった。彼はそれを同年の末から読みはじめ、翌一九四四年元日には本気で南無妙法蓮華経と唱えはじめた。題目を一日一万回唱えるという目標を自らに課し、法華経と日蓮の著作を一日に決まった量だけ読み進めるようにした。一九四四年三月初めには二〇〇万回を超える唱題を成し遂げ、法華経も四回通読した。無量義経を読んでいるときに、突然、戸田はすべてが普遍的な生命と共通の縁起の糸でつながっているのだと悟った。この生命力は因果の網の中で不変であり、永遠の仏陀そのものと同じ無限の解放の源を提供してくれる。釈放後に戸田は生命論を説きはじめ、仏陀を永遠の生命力とする彼の解釈は、今日も創価学会の教義の一部となっている。[28]

一九四四年一一月に戸田は別のビジョンを得た。自分が霊鷲山で無数の「地涌の菩薩」とともに「虚空会」に参加し、そこで釈迦牟尼が法華経を説いているというものだ。戸田にとって、このビジョンは仏陀を永遠の生命とする悟りを裏づけるものだった。この神秘体験を経験したのが、牧口常三郎の死の瞬間だったということを知ったのは、一九四五年一月八日になってからだった。戸田の自伝小説『人間革命』は、この霊鷲山で大衆に交じって登場するという悟りで終わっている。ここで戸田は——夢としてではなく、その目でしっかりと——日蓮が地涌の菩薩の指導者である上行菩薩として現れていて、世界で崇敬される大覚釈迦牟尼から仏法を直接授かったことを見て取った。半年後に拘置所を出た戸田は、牧口の思い出に対する責務と、その幻視(ビジョン)により裏づけられた、日蓮、原初の仏陀、そして永遠の仏法と直接連なる使命感に動かされるようになっていたのだった。

## 動員のツール——教義の訓練、幹部の鼓舞、選挙政治

創価学会による日本国民国家の模倣が本格的に始まったのは、戸田の指導の下でのことだった。彼は戦後の学会を、広範な組織のネットワークとして構築したが、それは彼を投獄して師匠を殉死させた、まさにその政府構造からヒントを得たものだった。戸田による創価学会構築は、奇妙な勝利として見ることができる——日本の戦時体制国家を拒絶するために、その機能を換骨奪胎して終末論的な

日蓮仏教の目標に振り向けたというわけだ。

戸田は一九四五年七月三日に保釈された。日本が連合国に降伏した八月一五日のほんのひと月ほど前だ。栄養失調で身体が弱っていた戸田は、それでも宗教的使命に打ち込んだ。だが真っ先に行ったのは、日蓮仏教の布教のための物質的な基盤を作ることだった。手始めに、戸田は八月二三日付「朝日新聞」一面に唯一の広告を打った。これは終戦後初めて発行された新聞だった。その広告は彼の新会社日本正学館を発表するものだ。これは通信教育の会社で、購読者は中学校教育三年分を郵便の講義で終えることができる。[29]ものの数日で、戸田の新会社は一日一万円の新規購読料を獲得するようになった。戸田城聖の伝記で日隈威徳（ひぐまたけのり）は、多くの一般的な日本人にとって、太平洋戦争での敗北は、自分たちを育んでくれる学校の胸の中への帰還を意味するものだったと言う。教室から無理矢理引きずりだされて戦場や工場に送られた日本の男女は、市民生活に戻ったとき、戦争で奪われた標準教育を通じた自己涵養の機会を、熱心に取り戻そうとしたのだ。[30]戸田の新会社は確かにこのニーズに訴えかけるものだった。

彼が再建した創価学会も、そうした人々にとって魅力的だった。かつての創価教育学会の会員たちの中には、戸田の釈放を聞きつけ新会社の事務所に訪ねてくる者も次第にあらわれた。拘置所でのビジョンに啓発されて、戸田は学会を再編した。一九四六年元日、戸田は大石寺で法華経の連続講義の第一回を開いた。この頃、戸田は再び改名し、まずは城正、次いで一九五一年四月には城聖にした。戸田はまた、学会の名前も変えた。一九四六年三月、組織は創価教育学会から創価学会となった。五月一日に戸田は集まった学会員たちによって、新組織の理事長に指名された。戸田は団体の名称から

「教育」を外したが、学会は維持した。学校型の教育学がこの団体の核には残っていたのだった。

一九四五年秋になると、戸田の事業は終戦直後の経済混乱で動揺した。急激なインフレで原材料費が上がり、戸田の負債はすぐに数百万円もの規模となり、利潤を食い潰した。事業が停滞するにつれ、戸田はますます学会活動に集中するようになった。一九四六年五月から、創価学会は新しく支部となった学会員宅で座談会を開くようになった。一九四九年一〇月には、戸田は日本正学館を畳まざるを得なくなった。他の事業も間もなく倒産した。一九五〇年一一月一二日、牧口常三郎の他界を悼むための創価学会の集会で、戸田は事業の失敗を理由に学会理事長を辞任した。彼は事業の失敗を、日蓮の教えを広めるという拘置所での誓いに十分身を入れなかった罰なのだと考えたのだ。

戸田の事業終焉は創価学会の真の離陸をもたらした。一九五一年五月三日、戸田は東京の日蓮正宗常泉寺で、第二代会長の任命を受けるために学会員一五〇〇人ほどの前に立っていた。就任演説で、戸田は学会員たちに、自分が死ぬ前に七五万世帯を改宗させると宣言した。「もし私のこの願いが、生きている間に達成できなかったならば、私の葬式は出して下さるな。遺骸は品川の沖に投げ捨てなさい」[31]。この目標を皮切りに、折伏大行進が始まった。一九五一年五月、創価学会にはおよそ五〇〇〇人の学会員がいた。この野心的な改宗キャンペーンを実現するため、戸田率いる創価学会はいくつか重要な活動を実践した。たとえば素早く教学研修材料を出版する、若者の強力な信者層を惹きつけて動員する、改宗の見込みがありそうな人々に対しては、創価学会に入ることが現世的な目標を実現する現実的な方法になるのだ、ということを特に選挙政治分野について強調してみせる、といったことだ。こうした動員ツールは、戸田の成長期に存在した国家構造と対応している。標準化された教育カリキュラム、規律のとれた青年幹部、個人的な目標を組織としての政治的な狙いと融合させる、といったものだ。戸田の鋭いレトリックと、己を犠牲にする意志は、現代の基準からすれば極端に思えるかもしれない。だがその表現と戸田の指導の下での学会の軍隊めいた手法は、戦時日本国家の中で成人した改宗者たちにとって、正統な権威のしるしとしてお馴染みのものだった。

一九五一年五月、戸田は創価学会の教学指導員たちに、学会員のために読みやすいマニュアルを作るように呼びかけた。そうして手早くまとめられたのが『折伏教典』という本で、初版は一九五一年一一月一八日である。『折伏教典』は一九年にわたり、日蓮仏教の主要概念と戸田や牧口の哲学を、明確で口語的な日本語で説明した、もっともわかりやすいツールであり続けた。この本は悪名高かったが、それは会員たちが「邪宗」に対して使うべき議論をまとめ、末法の悪から日本国を救うために他の宗教を潰すようそそのかしている部分があったからである。

折伏大行進の始まりで刊行されたもう一つの重要な学会マニュアルは、日蓮の全著作をおさめた一冊の本だった。『新編日蓮大聖人御書全集』（以下、『御書』）で、一九五二年四月二八日に刊行された。この刊行日は、日蓮が建長五年（一二五三年）第四の月二八日に行ったとされる立宗宣言を記念するよう選ばれている。[32]『御書』以前は、学会員たちはライバルの宗派が刊行した日蓮著作集を使わざるを得なかった。この莫大な量の難しい資料をまとめるにあたり、戸田は日蓮正宗の第五九世法主堀日亨（ほりにちこう）に訴え出た。彼は高名な日蓮仏教の学者だった。戸田は八五歳の堀を説得し、引退から復帰して、教学部の若い学会員二〇名を率いて、日蓮正宗の系譜にふさわしい日蓮著作集をまとめるよう依頼した。一九五二年の『御書』はいまも学会のもっとも重要な仏教経典書だ。

新しい学会出版物を道具として携えた学会員たちは、あちこちに散って家族、友人、ご近所、果てはたまたま道で出会っただけのまったく知らない人を改宗させようとした。折伏大行進時代における創価学会成長の主要な前衛部隊は青年部だった。学会の男子部と女子部は、広宣流布を実現するための主要な責任を負わされた。この時点で広宣流布とは、あらゆる人々を創価学会に改宗させることだと理解されていた。この目標に最大級の献身をさせるべく、戸田は各部を軍隊のように組織した。一九五一年七月一一日、彼は若者たちを四部隊に分けた。その後、日本中の若い学会員たちは部隊に分けられた。それを率いるのは部隊長で、それぞれが東京の学会本部と大石寺で行われる荘厳な儀式で、鉄の竿につけられた部隊旗を渡された。

強引な布教は驚くべき成長をもたらした。一九五二年になると会員数は四倍以上の二万二三二四世帯となった。一九五五年にはこの団体は三〇万世帯以上を誇り、創価学会は一九五七年末を待たずに七五万世帯という戸田の目標を達成した。この時代に参加した人々の大半は、都市部の貧困層で、日本の急拡大する都市部に流れ込んだ何百万人もの人々だった。[33] だが創価学会は、改宗者を増やすにつれ反発も受けた。学会員たちは戸別訪問をして布教を行ったが、古参信者たちは住民に水をかけられたり石を投げられたりして追い払われたものだと語る。当時の学会はあまり施設を持っていなかったので、ほとんどの集会は学会員の自宅で行われた。地元指導者たちは、「創価学会座談会」と墨書きされた提灯を玄関にぶら下げて、座談会を報せるのだった。今日の座談会はかなりおとなしいものだが、折伏大行進の時代には、声高な集会が夜を徹して行われ、その大音量の唱題行で近所の怒りを買ったし、また訪問者があればその場で入信を迫られた。学会員が増えてきたので、創価学会は日蓮正宗の寺の新設に資金を提供し、そこで僧侶たちは、新規の改宗者たちに御本尊を授与するという御授戒の儀式にいそしんだ。会員たちはまた、謗法払いという手口で紛争を引き起こした。これは改宗者たちに、創価学会以外の宗教に関連したものを家から一掃させる手法だった。戸田時代には、新規改宗者たちは神道のお守り、仏壇、キリスト教の聖書、ライバルの日蓮仏教各派の出した曼荼羅を燃やさねばならなかった[34]。

学会員、特に青年部による強引な布教活動のせいで、日本のメディアでは創価学会のヤクザまがいの手口を取りあげる記事が増えた。マスコミによる批判は一九五二年の小笠原事件または狸祭り事件と呼ばれる出来事をきっかけに増えた。一九五二年四月二七日、日蓮の立宗宣言七百年慶讃大法要に、戸田は四〇〇〇人を引き連れて大石寺に参拝した。その際、僧侶小笠原慈聞に対し、牧口の戦時中の投獄における役割について問いただした。小笠原は日蓮正宗の中で日蓮宗との合同を支持していた一人で、戸田は小笠原をはじめとする大石寺の僧侶たちが、自分の投獄と牧口の死に責任があると感じていた。戸田はすでに七〇歳を超えていた小笠原に戦時中の行動について謝罪せよと迫った。小笠原が拒否すると、青年部員たちは彼を捕らえ、「狸坊主」と書いた看板を首にかけた。狸は日本の民話では、化けて人を騙す動物として描かれている。学会員たちは小笠原を大石寺の牧口の墓まで連れ出し、謝罪文に無理矢理署名させた。後に戸田は、「聖教新聞」に自分の行動について正式な謝罪文を発表し、数年後に小笠原も懺悔している。小笠原を襲った青年部員を率いていたのが、当時、男子部参謀だった池田大作である。池田は後に、この一件のおかげで小笠原は懺悔し、幸福な死を迎えられたのだから、あれは親切心から出た行動だったのだ、と述べている[35]。

折伏大行進開始から三年もたたないうちに、学会の青年部はふくれあがり、一九五四年一〇月の式典では青年部員一万人以上が大石寺にやってきた。戸田は集まった部員たちを白馬にまたがって謁見し、その横で青年部は「同志の歌」という新しい歌を歌い、女子部は「憂国の華」を歌った。戸田は戦中の天皇の儀式を真似つつ、青年部に、競合宗教を敵と見なして、それを殲滅せよと青年部を煽った。[36] ここで創価学会は、国民国家モデルと宗教使命の融合をきわめて明確に示している。

折伏大行進の成功で、学会は七〇〇年前に日蓮が掲げた目標を実現できると考えるようになった。それは戒壇だ。日蓮の教えの核心にある三大秘法の最後の一つとなる。三大秘法とは、「本門の題目」、つまり法華経の題名である南無妙法蓮華経、「本門の本尊」、つまり日蓮が信者のために考案した、題目を中心にした書による曼荼羅、そして「霊山浄土に似たらん最勝の地」に建てられるべきとされる「本門の戒壇」である。[37] 日蓮にとって、「本門の戒壇」は国家が造った従来の戒壇を超えるもので、「三国」——インド、中国、日本——ひいては全世界のあらゆる人々の霊的中心となり、広宣流布の達成を示すものだった。[38] 三大秘法の初めの二つは日蓮自身が実現したが、戒壇の建立は、全国民が法華経を受け容れた未来になされるものとされていた。日蓮正宗の解釈では、真の崇拝すべき対象は大石寺に納められた大御本尊だ。そしていつの日か、戒壇もそこに造られ、大御本尊がそこに祀られるという。

戸田は「本門の戒壇」を、国立戒壇*という言葉で語っている。これは田中智学の教えから彼が拝借した考えだ。[39] 国立戒壇の建立には政府の支持が必要で、この支持を得るために創価学会は政治に手を伸ばした。当初から学会の政治活動は、教義上の目的実現のためのものだったのだ。池田大作の著作によると、一九四八年には、戸田は創価学会の政治的な取り組みなくして広宣流布は不可能だと主張していた。[40] その翌々年、戸田は学会の教学研究誌『大白蓮華』一九五〇年三月号の王仏冥合（おうぶつみょうごう）（政治と仏教の調和のとれた融合）思想について手短に説明した論説記事で、初めて選挙戦について触れている。[41] 一九五二年一月には、戸田は創価学会が選挙に参加しなくてはならないと学会員に語っていた。一九五四年元日、「聖教新聞」は「国立戒壇建立の日まで」という社説を掲載したが、そこでは全学会員に対し、この一年を日本の全国民の完全な改宗に向けた準備の年と考えるように促している。この達成は今後四半世紀かかるものであり、衆議院の多数派により戒壇建立が可決することで成就するのだ、という。[42] 一九五六年八月一日から、戸田は「王仏冥合論」を『大白蓮華』に連載した。この論説で戸田は、創価学会が「われらが政治に関心をもつゆえんは、三大秘法の南無妙法蓮華経の広宣流布にある。すなわち、国立戒壇（本門の戒壇）の建立だけが目的なのである」と書いている。[43]

一九五五年四月、創価学会は東京区部と地方市議会議員選挙に候補者五四人を擁立し、五二人が当選した。一九五六年七月に創価学会は、東京と大阪の参議院の選挙に、学会幹部六人を無所属で送り

＊国立戒壇という言葉を田中智学から拝借したという捉え方には異論がある。国立戒壇建立という目標は、実は日蓮正宗の堀日亨が一九二二（大正一一）年に著した『日蓮正宗綱要』の中で天皇の勅命による国立戒壇と記して以来、日蓮正宗の正式の教義となり、宗門の悲願とされていた。従って、戸田の国立戒壇という主張は、むしろ日蓮正宗に由来すると言える。宗門の長年の悲願を戸田は自分の手で達成しようとしたのである（中野毅「自公連立政権と創価学会」、島薗進編『政治と宗教』岩波新書、二〇二三年、九八—一〇〇頁参照）。

こみ、選挙活動を行った。そのうち三人が当選している。[44]この学会の政治活動参入と同時に、学会の組織構造も改革された。一九五五年まで学会は「タテ線」の組織構造を持っていた。これはつまり、学会員がだれかを創価学会に改宗させたら、その人物は監督役となり、集会に参加して新規信者の折伏活動を監督するということだ。これは学会が、当初の都市基盤よりも広く拡大したときにはうまくいった。学会員たちが、地理的な分断を超えてネットワークを作り維持するよう促したからだ。だが、創価学会が大量の改宗者を集めはじめると、このタテ線構造には無理が生じるようになった。地方の学会員たちは、自分の近所にいる信者たちよりも、遠くの改宗者たちのほうをよく知っているくらいだ、と文句を言いはじめた。このため、選挙区ごとに信者を動員する必要性ともあいまって、組織構造を垂直から水平（ヨコ線）方式に切り替えることになった。*

　選挙での成功と、王仏冥合についての戸田の主張とが組み合わさって、創価学会が一九四七年の憲法で謳われた厳しい政教分離の原則を踏み外したという一般的な見方がますます強まった。一九四七年の日本国憲法第二〇条は「いかなる宗教団体も、国から特権を受け、又は政治上の権力を行使してはならない」「国及びその機関は、宗教教育その他いかなる宗教的活動もしてはならない」と定めている。また第八九条には「公金その他の公の財産は、宗教上の組織若しくは団体の使用、便益若しくは維持のため、又は公の支配に属しない慈善、教育若しくは博愛の事業に対し、これを支出し、又はその利用に供してはならない」と定められている。こうした憲法上の論点は、創価学会にとっては問題だった。学会支援の政治家たちは、第二〇条が定める政教分離を脅かすとみられたし、国家出資の戒壇を建立しようという学会の野心は、第八九条に違反しているようだ。[45]創価学会の政治参加における最初の数年では、学会員たちが布教に使う手口が選挙活動にも持ち込まれることになった。彼らは、選挙活動が広宣流布の実現に直接貢献するものだと思いこんで動いていたからだ。一九五六年六月、戸別訪問で学会候補者への投票依頼をしたことで、数人が逮捕された。これは日本の選挙法で禁止されている活動なのだ。そして一九五七年六月と七月には、大阪の参議院議員補選に立候補していた中尾辰義（なかおたつよし）の選挙活動で、創価学会員四五人が大阪地検に公職選挙法違反で起訴された。大阪地検は起訴した人々からの自白を元に、創価学会理事長の小泉隆と、当時青年部参謀室長だった池田大作を逮捕した。いまや組織内では大阪事件として知られるこの一件での池田大作の裁判をめぐる苦労をもって、創価学会は池田大作こそ戸田城聖の正統な後継であり、さらに日蓮の教えの直系継承者とした（第三章参照）。

折伏と選挙戦の組み合わせで得られた利益ははっきりしている。これで創価学会は戸田が他界した一九五八年の末には信者一〇五万世帯となり、有力な政治勢力としても確立したからである。一九五七年一月から戸田城聖は肝臓疾患が重篤となり、一九五八年四月二日、日本大学病院において享年五八で他界した。その葬儀は東京の青山で四月二〇日に執り行われた。彼を乗せた霊柩車が通過する

＊タテ線（支部—地区—班—組）からヨコ線（正式名称はブロック制。総ブロック—大ブロック—ブロック）への完全な切り替えは、一九七〇年五月三日に正式に発表された。それ以前は選挙のたびごとに、短期間、ブロック制に切り替えて選挙支援活動を行った。一九五五年五月に東京都内で実施したのが最初であり、全体が一気にヨコ線（ブロック制）になったわけではない。

と、学会員二五万人以上が街頭に並んで指導者を追悼した。国の指導者も、戸田に哀悼の意を述べる必要を認め、当時の岸信介首相と松永東文部大臣は、青山葬儀所を訪れて焼香した。

## 拡大指令——第三代会長池田大作率いる創価学会

戸田は、創価学会がどうやって後継者を選ぶべきか、はっきりした指示を残さなかった。「三代会長は、青年部に渡す。牧口門下には渡しません」と戸田は一九五二年二月一七日の青年部会合で宣言している。[46] 後継者候補を育てるため、戸田は青年部の弟子たちの一部を参謀に指名した。このうち石田次男は教育担当、池田大作は情報担当となった。一九五三年一月、池田は幹部会の教育担当に昇格した。創価学会史は池田時代に完全に修正されて、池田こそが戸田の唯一で正統な後継者だという物語が作られた。池田が第三代創価学会会長に就任するまでになぜ二年の間が空いたのか、なぜ戸田が、池田を後継者に指名する声明を残さなかったのかについての説明は、創価学会の情報にはない。戸田が病に倒れると、青年部の指導者四人と学会理事数名が病床に彼を訪ね、会長の後継者問題について尋ねた。「それはおまえたちで決めよ」と戸田は答えた。[47] 日隈威徳によれば、一九五八年の戸田死去の直後に、池田と石田との間で権力闘争のようなものが展開したらしい。* そこから池田は自分の組織内で権限を掌握して、一九六〇年五月三日に創価学会第三代会長となった。[48]

池田大作は、戦後に創価学会の拡大を推進した世代の典型だ。知的でやる気はあったのに、貧困と病気に足を引っ張られ、勉強したかったのに戦争と階級的な格差によって教育機会は奪われ、それに伴う社会経済的な向上の機会も失われた。池田は一九二八年一月二日、東京南部の荏原、現在の大田区大森で海苔製造業一家の五男として生まれた。[49] 一九四二年四月に実家に近い蒲田の新潟鉄工所で働き始めたが、結核を患い、医師に三十前に死ぬと言われたこともあった。**

一九四五年八月の終戦時、池田は一七歳だった。終戦後の数年は、大森の実家近くの工場で働いて生計を立てた。その一方、向学心の強かった彼は、九月に神田にあった東洋商業学校夜間部に編入学した。この時期には、文学や哲学に興味のある同僚たちと私的な読書会を組織した。一九四七年八月一四日、近所の女友達に連れられて、彼女や近所の何人かが入信した創価学会という新しい仏教団体の会合に出席した。そこで池田は初めて戸田城聖に出会った。池田は四七歳の戸田の言うことに熱心に耳を傾けた。戸田は仏教と生や死の問題について語ったが、それはアンリ・ベルクソンなど、友人たちと親しんでいたヨーロッパ哲学者を思わせた。その会合で会った学会の若手は、やがて池田を折伏し、彼は一九四七年八月二四日に御本尊を授与されている。

その後、池田は「戸田大学」での十年教育と自らが呼ぶ時期を過ごした。[50] 戸田の会社の従業員となり、戸田が創価学会に専念するようになると、池田は学会青年部で昇進して、新しい改宗者をもたらす高い能力を示した。一九五二年初頭、戸田は東京の蒲田支部の支部幹事に池田を抜擢した。池田は

*日隈威徳の著書には、そのような記述は見られない。

**原文の記述の誤りを、池田大作『私の履歴書』（聖教新聞社）を参照し、修正を加えた。

その年の二月末までに、新規二〇〇世帯を学会員にした。このため現在の創価学会は毎年二月を折伏月間としている。これを見て戸田は、関西地方における改宗活動の責任者に池田を据えた。大阪などの関西都市部の学会員たちは、若き指導者として彼がこの地域で築いた個人的な絆のため、他の多くの場所よりも池田への忠誠心が強い。池田は一九五三年一月に男子第一部隊長となり、一九五四年には青年部参謀室長となった。一九五七年には大阪事件で公選法違反の嫌疑で逮捕されたことで名を上げた。戸田の下で、学会若手幹部に選ばれ、青年部参謀室を形成した池田などの若手は、さまざまな課題について指導を受けた。日蓮の遺文や法華経を読み、学会本部で夜間会議を開いて小説について語り合い、戸田が仏教や現代哲学について講義するのを聞いた。一九五八年四月に戸田城聖が死去したとき、池田はまだ三〇歳の若さであった。一九五八年六月三〇日、池田は総務に指名され、創価学会の官僚組織トップとなった。一九六〇年五月三日、池田が第三代会長となったことで、彼は創価学会の全権を掌握した。

学会の新会長として、池田は戸田の活動を基盤としつつ、戦後世代の重視するものにあわせて組織を拡大した。一九六〇年には、多くの国民が国際主義のレトリックを受け容れたがっており、日本が今度は平和の急先鋒として列強の一員に戻ることを熱望していた。池田が学会会長になった頃には、日本は戦後の国際秩序の中で大きなプレーヤーとして再起する道に踏みだしていた。池田は、そうした時代の雰囲気を活用するチャンスを逃さなかった。一九六〇年一〇月二日、池田ら学会幹部数名はアメリカ、カナダ、ブラジルの視察旅行に出かけた。海外で創価学会の組織を設立するためである。このツアーに続き、一九六一年一月、池田はアジア五ヵ国への親善旅行を行い、同年一〇月にはヨーロッパ九ヵ国をめぐった。こうした訪問は後の創価学会インタナショナルの基盤となる。

## 正本堂キャンペーン——政治と世間の反発

一九六一年五月三日、会長就任一周年の日に、池田は創価学会文化部を文化局に改組し、政治、経済、教育、言論部を含むものにした。一九六一年一二月には学芸部が加わった。この文化重視は学会が社会生活のあらゆる側面に拡張する下地となった——この組織拡張にはリソースを必要とする。池田会長時代の初期には、巨大な資金集めキャンペーンが開始され、本部はこれを学会員の暮らしの中心にさせてしまう。一九六一年七月二一—二四日のあいだに、学会員たちは大石寺大客殿建立のために三〇億円以上を寄進した。四日のうちに、およそ一四〇万世帯がこの施設建設に必要な金額の三倍を調達したのだった。この一二億円の近代建築は、戸田の七回忌となる一九六四年四月二日に建立寄進された。その建材は、池田が海外視察中に契約したものが使われた。カナダの杉、台湾の松、スウェーデンの大理石、チェコスロバキア〔当時〕のシャンデリア、ローマの噴水——こうした仰々しい建築アクセントは、学会を代表する建設プロジェクトとして標準的な学会美学となる。大客殿が竣工すると、正本堂(しょうほんどう)と呼ばれる施設の資金集めキャンペーンがすぐに始まった。正本堂の資金集めは、創価学会がこれまで行ったすべての資金集め作戦を上まわるものだった。一九六五年一〇月九—一二日、日本の学会員八〇〇万人がこの四日間で三菱銀行〔当時〕一万六〇〇〇支店に三五五億円以上を振り込んだ。一九六五年通年ではその寄付総額は一億ドル弱（二〇一八年現在の価値では七・六億ドルに相当）。この資金集めキャンペーンについて話してくれた古参メンバーたちは、自分たちの個人的な犠牲をよく覚えていた。高齢の女性は資金を得るために着物や大切な持ち物を売り払い、若い学会員はパートの稼ぎによる貯金を寄付した。一部の若い学会員は、いまも学会の建設プロジェクト支援のためにこれを続けている。このキャンペーンは創価学会が何百万人もの支持者や何十億円もの資金を素早く動員できることを実証し、きわめて壮大な組織目標ですら追求できるという野心を強化することになった。

正本堂は、大御本尊を安置し、何百万人もの学会員が参拝する場所となるはずのものだった。この新しい正本堂は学会上層部からは「本門の戒壇」と同一視された。万人が日蓮仏教を受け容れたときに建立されるべき戒壇だ。計画段階では、正本堂は広宣流布実現を示す建物として日蓮正宗門のお墨つきを得ていた。一九六四年四月、法主細井日達は、池田を日蓮正宗の在家組織「法華講」全体の長である総講頭に任命し、翌六五年九月の「訓諭」で「正本堂に本門戒壇の大本尊を安置する」[51]と述べた。この頃、池田もまた、正本堂を日蓮の三大秘法三番目の実現だと語るようになっていた。一九六七年五月三日の総会で、彼はそれが「事実上の本門の戒壇」になると宣言した。[52]* 創価学会が、正本堂を日蓮が七〇〇年前に掲げた野心の実現と考えていることが、日蓮正宗の信者の一部には問題視された。彼らはその戒壇が、全国民が法華経を受け容れた後でのみ建設されるものという正統教義の理解にしがみついていたからだ。また正本堂を、憲法に定められた政教分離の侵犯と見なす学会の政敵たちをも混乱させた。

戒壇の実現に向けた動きは、創価学会の宗教的、政治的キャンペーンを活気づけた。一九六四年五月三日、池田は、新たに公明党の創設を発表した。これは衆議院と参議院の両方に候補者を出すための政党だ。一九六七年一月の総選挙で、公明党は複数議員の選ばれる三二選挙区すべてに候補者を出した。うち二五人が当選し、公明党は国会で第三位の野党となった。一九六九年六月には、公明党は地方議員二〇八八人を誕生させた。公明党創設後、池田は王仏冥合の解釈を変えて、戦後の国際主義重視と整合したものにした。一九六四年に池田は『政治と宗教』を刊行した（新版一九六九年）。そこでは王仏冥合は、創価学会が日本国に対して日蓮正宗を国教として無理強いするという意味ではないと宣言されている。創価学会は公明党を通じ、仏法民主主義を確立し、仏法と欧米哲学伝統の最高のものを組み合わせて、人道的な社会福祉を優先するのだという。核拡散の時代にあって、国対国にばかりこだわってはいけない、と池田は警告する。むしろ統合されたワールドナショナリズムの中で全人類を涵養しなくてはならないという。つまり、ある世界的な存在の中でのまとまりを呼びかけはしたが、池田はそれを導く基準として国／ネーションを維持しているのだ。

この時点で、学会の組織的な存在感は驚くほどの完成の域に達していた。創価学会は政府を模倣する組織を次々に作る一方、政府に反対する非国家組織を模倣する集団も創り出した。『政治と宗教』が増補再刊された一九六九年、日本は世界の他の地域でも吹き荒れていた急激な社会変化の波に巻き

＊池田のこの発言は、一九六五年二月一六日の第一回正本堂建設委員会における日達法主からの同趣旨の説法を受けてのものである。なお、法華講総講頭任命や訓諭の日時について訂正した。

込まれた。日米安保条約（一九七〇年に更新）やアメリカのベトナム侵略に対する日本政府の関与に抗議してデモ隊が大学キャンパスを封鎖した。創価学会はこの激しい社会トレンドも利用した。学会の新学生運動の行進の先頭に池田大作が、抗議学生の制服になっていた戦闘ヘルメットと首にタオルを巻いた姿で立ったのだ[*]。

一九六〇年代末には、学会は日本の生活のあらゆる側面で存在感を発揮する規模になっていた。一九六一年、池田が第三代会長に就任して一年後に、会員数は二〇〇万世帯となり、その後たった一年で三〇〇万世帯に達して、一九六四年までと設定した目標が達成された。一九七〇年一月、創価学会は全世界の学会員数は七五〇万世帯であると発表した。この時点で総会員数の伸びは頭打ちになっていたようだが、それでも創価学会は、宗教、政治、教育、社会変化において有力な存在となっていた。だが一九六〇年代末には、日本における学会の急成長は終止符を打たれた。事態が紛糾したのは一九六九年、『創価学会を斬る』という本の刊行に伴う一連の出来事においてであった。この本は一年後に『私は創価学会を糾弾する』と題して英訳もされた。この騒動は後に「言論出版妨害」問題と呼ばれるようになる。[53]『創価学会を斬る』は題名のとおり舌鋒鋭く学会を非難している。著者の藤原弘達は明治大学教授で、左派の政治評論家として人気があった。彼は創価学会をナチスやイタリアのファシストと並べ、学会は日本の民主主義を害するものだと警告した。この本が一九六九年一一月に店頭に並ぶ前の一〇月、藤原は声明を発表し、早朝に「有名な政治家」から電話があり、当時の公明党委員長竹入義勝からの、『創価学会を斬る』の出版取りやめを藤原に強く要請するという伝言を伝えられたと述べた。この政治家は名乗らなかったが、藤原によればその声は自民党の田中角栄だったという。後に日本でもっとも有力な首相の一人となる人物だ。

学会は『創価学会を斬る』をめぐるスキャンダルの対応に追われた。一九七〇年五月三日、池田大作はこの事件で迷惑をかけたとして、日本国民に正式に謝罪した。そしてその場を借りて、政教分離の新方針を発表した。創価学会と公明党は、今後は別組織とされた。学会は国立戒壇を建立する計画を撤回し、国立戒壇と王仏冥合という用語の使用をやめた。[**] また公明党の新綱領も作られ、仏教用語は排除されて、一九四七年憲法を支持する誓いに置き換えられた。

その後、創価学会は日本国内における勢いを失った。一九七〇年には公称七五〇万世帯以上を擁しており、これは一三年前と比べて一〇倍の数である。だが一九七〇年以後、日本での会員数は微増にとどまり、一九八〇年代初頭になっても八二〇万世帯ほどで、その後はそれを少し上まわる水準で横ばいとなった。その分水嶺は一九七〇年、学会が強引な拡張から、運動の家族に生まれた子供たちの育成に切り替えたときだった。

＊一九六九年一〇月に創価学会が学生部部員の有志による「新学生同盟」を結成し、学生運動に取り組んだことは事実であるが、池田大作がこの同盟の街頭行進の先頭に立ったことはない。おそらく、同年夏に日蓮正宗総本山大石寺で行われた学生部夏期講習会での野外集会で、そのような「ヘルメットと首にタオル」スタイルで、学生とデモ行進まがいの行動をとったことを指していると思われる。

## 文化運動と池田大作の台頭

一九七二年一〇月中旬の数日にわたり、創価学会と日蓮正宗は、大石寺に新たに建立された正本堂に大御本尊を公式に納める儀式を行った。正本堂は近代建築の傑作とされ、高名な建築家横山公男の設計によるそびえ立つような建物で、大講堂には六〇〇〇人以上の信者を収容できた。建物の落慶にあたっては、実にさまざまな儀式が行われ、世界中から学会員が何千人も参加した。アメリカ日蓮正宗の信者三〇〇〇人は、チャーター機で訪日した。アメリカ人が一度に日本にやってきた人数としては、一九四五年の連合軍占領以来最多である。[54] 日蓮正宗法主細井日達は、正本堂を「広宣流布の暁に本門寺の戒壇たるべき大殿堂」であり「現時における事の戒壇」と評した。[55]

だが一九七二年一〇月一日に行われた正本堂完工式での挨拶で池田は、この新施設は旧来の戒壇とは大きく異なり、民衆が法主とともに平和と安穏を祈願する、民衆のための施設である旨の発言を行った。さらに、日蓮正宗、創価学会は第一章が終わり第二章に入ったと宣言したのだった。正本堂は宗教的な権力のシンボルと見なすべきものではなく、万人のための施設と考えるべきだと彼は強調した。今後の創価学会は、世界平和と文化推進に献身する組織になるのだ、と彼は学会員たちに告げた。学会はさらに、この新しい優先事項にあわせて組織の大きな改革を行った。一九七〇年五月から、創価学会は組織構造全体を従来のタテ線構造からブロック制（ヨコ線とも言われる）の組織に変えた。地元レベルでは、それまで会員をタテ線の組や班に分けていたが、地方ごとのブロックでの活動を重視するようになった。ブロックとは各地域のおよそ一〇――一五世帯のまとまりを指す。この変化は、学会員同士と地元の非学会員たちとの近所付き合いを育もうという新たな力点を反映したものだった。一九七三年五月三日の総会で、池田は新規の改宗者を得るために広く遠くに打って出るよりも、非学会員との友好活動や、日蓮仏教教義の勉強会を通して地元地域での人的資源を育むように指導した。

＊＊一九六四年一一月の公明党結党時以来、宗教団体の創価学会と政治団体の公明党は、機構上も人事体制面でも別組織となっている。さらに遡って、一九六一年に創価学会文化局の政治部が廃止され公明政治連盟が結成された段階から、別組織となったともいえる。党幹部や議員が創価学会の役職を兼ねてはいたが、この講演以降それが解消されたことは、宗教団体と政治団体との分離がさらに徹底されたともいえる。しかし、それを「政教分離」と表現するのは誤りである。政教分離とは、アメリカ合衆国憲法修正第一条や日本国憲法第二〇条などで規定されるような、「政府または国家」と「宗教（団体）」との分離を指すものである。

また、創価学会がこの段階で国立戒壇建立計画を撤回したという事実、あるいは国立戒壇という用語の使用を止めたということはない。一九六四年五月の創価学会第二七回本部総会において、日蓮正宗総本山に会員の寄付によって正本堂を建立寄進するという発表がされた段階で、いわゆる国立戒壇建立という目標は撤回されたといえる。また、翌六月の学生部第七回総会において、池田は国立戒壇という表現を今後用いない旨の講演をしている。七〇年五月三日の第三三回本部総会での講演において国立戒壇という用語が一時使われたことは事実であるが、それ以前から、国立戒壇ではなく民衆立の「本門戒壇」が目標であると述べられており、国教化は否定され、国会の議決によるということも掲げられなくなっていた。本文が示す池田の発言は、右のような姿勢を批判者に対して「再び」明確にしておくと強調したに過ぎない。事実、一九六二年ごろから創価学会、日蓮正宗ともに国立戒壇という表現は用いていない（中野前掲「自公連立政権と創価学会」一〇二頁以降参照）。

急拡大期に生まれた否定的なイメージを捨てようとする中で、創価学会はその文化的な活動を拡げた。いまや文化は、ポスト啓蒙主義的な欧米芸術、国際問題、さらには国際的に賞賛される要人であり知識人としての池田大作のイメージ形成への包括的な取り組みという形をとった。一九七二年と七三年に、池田はロンドンで高名なイギリスの歴史家アーノルド・J・トインビーと会談した。このやりとりは『二十一世紀への対話』として一九七五年に刊行された（英語版は一九七六年）。こうした対談は学会では、共鳴する偉人二人の出会いとして賞賛された。トインビーは西洋のユダヤ＝キリスト教世界の代表、池田は東洋の仏教、儒教の伝統を代表するというわけである。[56] この対談形式は、池田大作を偉大な国際的政治家・知的有名人と同列に見せるための、説得力のあるやり口となった。トインビーとの対話の後で、創価学会は池田大作と他の有名な相手との対談を次々に設定した。池田は一九七五年にヘンリー・キッシンジャーと、一九七四年と七五年にはフランスの作家で政治家アンドレ・マルロー、その後もライナス・ポーリング、ミハイル・ゴルバチョフ、ジョン・ケネス・ガルブレイスなどとの対談が続いた。学会員のあいだで折伏は対談と融合し、出版された池田の対談は、潜在的な改宗者とのやりとりで学会員が真似るべきモデルとして機能するようになった。また対談集は、非学会員への贈り物としても便利で、地元社会での対話のきっかけにもなった。

学会の文化シフトの一つの結果として、池田大作は完璧な戦後の指導者としての理想像にまつりあげられた。文化的洗練の頂点に立つ啓蒙的な人物であり、世界の偉人たちとの平和的な関係で日本を代表する人物、というものだ。この公人イメージ構築の裏には、学術的な認知に対する顕著な渇望がある。池田は初の名誉博士号を一九七五年五月にモスクワ国立大学から取得、その後は名誉博士号の数で世界記録を樹立した――本書刊行時点〔二〇一九年〕で四〇〇件ほどだ。また世界中の都市や町から六〇〇件以上の名誉市民号を得ているし、それ以外にも無数の栄誉を受けている。池田の学術的、市民的な偉業を讃えることは、創価学会メディアの中心的な役割となった。何十年にもわたり、月刊誌『グラフＳＧＩ』などの学会刊行物で、池田が卒業ローブをまとっている写真が載らなかったことはめったになく、そして池田大作と香峯子に英語で手紙を書くときには池田大作博士・香峯子夫人宛てにせよと指示される。

学会員たちは一九七〇年以前も一貫して池田を賞賛してきたが、急成長モードから脱した後で、池田大作崇拝は文化活動の中で位置づけられるようになり、それが創価学会の主要な存在意義へと発展した。文化祭などのイベントは、かつては大きなキャンペーンの一環とされていたが、いまやそれ自体が独立したキャンペーンとなった。一九七二年の正本堂落慶を取り巻く祝祭の一部として、創価学会は巨大な世界平和文化祭を開催した。来日したアメリカの学会員たちによるパフォーマンスの一環として、ミュージカル『ラ・マンチャの男』の一部が上演され、その最後はドン・キホーテ姿の学会員男性による「見果てぬ夢」の独唱だった。このフィナーレの後で池田が壇上に上がると、内外の学会員たちから「せんせーい！」の絶叫が起きた。彼は学会員たちにお祝いを述べ、彼らのパフォーマンスこそは学会の第二章の本当の出発なのだと発表した。これに対して学会員たちは、「Forever Sensei」という新曲を歌い、池田の顔と「世界平和」と書かれた風船一万個が空に放たれた。文化と池田大作自身との着実な同一視が、第三代会長就任初期から固まり始め、この同一視は彼が名誉会長に昇格すると、ますます明確なものとなっていった。

## 指導部の交代と分裂

一九七〇年代末の学会員は八〇〇万世帯弱、日蓮正宗は僧侶一〇〇〇人未満と創価学会以外の法華講などの信者は数万人だった。[57] 一九七五年一月二六日、池田は創価学会インタナショナルの会長に就任した。彼が率いる運動はますます国際的なものとなり、政治文化問題にまったく興味のない、保守的な宗派である日蓮正宗からは遠ざかりつつあった。一九七〇年代末から、創価学会と日蓮正宗との間で、組織的な紛争が表面化した。一九七七年一月一七日、「聖教新聞」に「仏教史観を語る」という池田の演説が掲載された。その中で彼は、学会の総本部、文化会館、学習施設は基本的に近代における寺院であると宣言した。頭を剃って僧衣を着たからといって僧にはなれない、と池田は警告する。彼は「御義口伝」についての議論で、日蓮正宗の三宝論――真の仏陀（日蓮）、仏法（大御本尊）、サンガ（具体的には日蓮正宗の法主）――に言及する。[58]「御義口伝」から「今日蓮等の類い南無妙法蓮華経と唱え奉る者は法師の中の大法師なり」が引用される。[59] そしてこれに従い、創価学会はサンガに含まれるのであり、近代における真の「大法師」なのだと述べる。[60] 池田はさらに、日蓮正宗の優位性を疑問視し続けた。『大白蓮華』六月号に、彼は「生死一大事血脈抄講義」を掲載した。[61] この講義で池田は、日蓮正宗は日蓮にさかのぼる血脈を主張しているが、そうした血脈といえども、本尊に向かって南無妙法蓮華経と唱えることで学会員たちが仏法とのあいだにつくり出す絆ほど優れたものではないと主張した。[62] 創価学会はこの『生死一大事血脈抄講義』のパンフレット版を一九七七年半ばに何百万部も発行した。同時期に、創価学会は日蓮正宗の許可を得ずに、信者たちが一日二回の勤行で使う『経本』に二つの黙読する祈念文を加えた。加筆された祈念は、創価学会興隆と、牧口常三郎と戸田城聖の広宣流布への献身に感謝を捧げるものだった。一九七八年に、学会が日蓮正宗から授与された八体の紙幅本尊を、宗門の許可なしに板本尊に模刻したという報告を受けて、日蓮正宗は不満をつのらせた。うち七つは返却された。* 日蓮正宗法主細井日達は最終的に、一つは信濃町の総本部に保存してよいと許可を出した。

こうした活動は日蓮正宗に対し、創価学会は日蓮の教えにある救済の約束を実現するにあたり、日蓮正宗を必要としていないのだというメッセージを送るものとなった。宗門の中には、創価学会と決別しろという動きが生じた。[63] 日達と池田は交渉により緊張緩和を実現し、一九七八年一一月七日には池田率いる学会員二〇〇〇人が日蓮正宗総本山大石寺にお詫び登山を行った。だが池田の謝罪で話は終わらなかった。正本堂を本門の戒壇と同一視したことで、創価学会と決別しようとする者も出ていた。特に顕著だったのは在家組織の妙信講、後に新宗教となる日蓮正宗顕正会で、これはいまや創価学会の主要なライバルの一つだ。[64] 創価学会はまた、創価学会の宗教活動や政治活動について批判的な、旧学会員たちについて懸念するようになった。彼らはますます否定的な報道の材料をメディアに提供し続けていたのだ。[65] そうした旧学会員の一部は全国檀徒会を結成した。これは日蓮正宗が支援する、

＊創価学会は法主日達の了解を事前に受けていたと主張している。

創価学会反対組織である。またますます多くの旧学会員たちが法華講連合会に所属するようになった。これは日蓮正宗在家組織の連合組織で、一九六二年に発足したものだ。こうした日蓮正宗関連組織からの怒りを和らげるためもあって、池田は一九七九年二月に再び謝罪し、四月二四日には創価学会第三代会長の職と法華講総講頭の職を辞した。そして創価学会名誉会長となったが、創価学会インタナショナルの会長は続けた。

池田のかわりに創価学会の業務の指導者となったのは、第四代会長北条浩で、彼は一九八一年七月に死去するまでこの地位にとどまった。その後は秋谷栄之助が第五代会長となり、二〇〇六年一一月には原田稔が第六代会長となった。一九七九年五月三日、日達は教義逸脱についての創価学会の謝罪を日蓮正宗が受け容れると発表した。だが日蓮正宗僧侶の全員が日達の決定に同意したわけではなかった。一九八〇年七月四日、日蓮正宗の僧侶二〇一名の集団が、創価学会は池田大作の下で仏法に違背したと主張して、正信会という分派を形成した。正信会の僧侶たちは新法主としての阿部日顕の地位を疑問視し、細井日達が一九七九年七月の死去に先立って、彼に日蓮正宗の血脈相承を行ったのかどうか、一度もはっきり肯定していないと批判した――この糾弾は、後に創価学会も採用することになる。正信会が発足したときには、かつて創価学会で高位を占めた石田次男、山崎正友、かつて創価学会の教学部長だった原島嵩も参加している。[*66] 第六六世法主細井日達は一九七九年七月二二日に死去、阿部日顕が後を継いだ。

名誉会長になったことで、池田は日々の雑務から解放された。彼は国際的名士で文化擁護者というイメージを高めることに専念し、学会は文化と世界平和の運動として己を打ち出すことでそれに追随した。青年部は学会初の平和会議を一九七九年に開催し、一九八〇年一二月には婦人部が創価学会女性平和委員会を設立し、これが学会の平和活動の背後にある原動力へと発展した。一九八〇年代と一九九〇年代に、学会は数多くの世界平和文化祭を開催した。こうしたフェスティバルで、法主阿部日顕は名誉席を与えられていたが、彼と池田との関係はますます緊張の度合いを増した。一九八〇年代には、日蓮正宗は、世界で活動する公的知識人が率いる国際組織である創価学会にとっての、やっかいな高齢伴侶という立場に追いやられていたのだった。そして池田は、仏教的な啓蒙だけでなく、ヨーロッパの啓蒙主義についても語るようになっていた。

池田が名誉会長の座について一〇年後に、彼と宗門との緊張関係が爆発して二回目の対立が始まった。一九九〇年一二月一三日、日蓮正宗の総監藤本日潤（ふじもとにちじゅん）は、学会会長秋谷栄之助に対して、池田大作が行った同年一一月一六日の創価学会本部幹部会における講演での中傷について苦情書を送った。その後の数日にわたり学会と宗門とのあいだに一連のやりとりが展開され、お互いに相手が正統教義を逸脱して権力の地位を濫用したと糾弾しあった。一二月二七日、日蓮正宗の宗門トップが集まって、新しい宗門規則を起草し、これにより池田大作をはじめ学会幹部は日蓮正宗在家組織での地位を失うことになった。一九九一年一月四日から、「聖教新聞」は法主阿部日顕と宗門を公然と批判する記事を掲載し始めた。[67]七月一日、日蓮正宗は参拝の仕組みを変え、大御本尊を拝みに大石寺を訪れる信者はすべて、地元の日蓮正宗寺院から紹介状をもらうように義務づけた。これにより創価学会は大石寺

＊参加者については、注66に挙げられた資料に基づいているが、事実関係については留保が必要と思われる。

参拝が行えなくなった。

一九九一年一一月七日、宗門は創価学会に、解散せよという最後通牒をつきつけた。創価学会はそれをはねつけ、阿部日顕と日蓮正宗宗門を、信者への配慮がないと批判した。ついに同月二八日、日蓮正宗は「創価学会破門通告書」を出した。これ以降、日蓮正宗信者で総本山大石寺を含む日蓮正宗の寺に入ろうとする者は、創価学会関係者でないと宣誓しなければならなくなった。日蓮正宗は一撃で、その何百万もの信者のうちほんの少数を除く全員を破門したのだった。創価学会はいまや日蓮正宗を日顕宗と呼び、日蓮正宗は創価学会を池田教と呼ぶ。どちらの集団も、お互いを個人崇拝だと貶めることで、相手の宗教的正統性を否定している。[68]

## 分裂後の教義上の戦略

一九九一年一一月二八日、創価学会はいきなり主たる礼拝対象へのアクセスを失った。二日後に、日蓮正宗は、創価学会への改宗者には本尊のレプリカを授与しないと発表した。伝統的に僧侶が行ってきた本尊下付という重要な儀礼の責任を負わされた創価学会は、それを補う手段を考案せざるを得なかった。学会は、日蓮正宗の宗門内で生じた亀裂に少し助けられた。阿部日顕が日蓮正宗の多数の檀徒を破門してから、日蓮正宗の僧侶集団いくつかが彼の権威を疑問視して、分裂して独自組織を作ったのだ。その一つが一九九二年三月三〇日に発足した青年僧侶改革同盟だ。同盟の僧侶たちはいまや、およそ三〇の寺を運営してそこに学会員たちがお参りし、中には会館寺院をいくつか監督している僧侶もいる。そこで学会員たちは、葬儀、追悼式などのサービスを受けられる。こうして創価学会が元の仏教宗派から分裂したときに、その役割は逆転し、いまや創価学会は寺院を監督して僧侶の得度を行う*在家組織となった。

創価学会は、新しい本尊なき将来に直面した。これを受けて一九九三年一〇月一二日、同年九月七日に栃木県の浄圓寺僧侶から与えられた一七二〇年の第二六世法主日寛（にちかん）による大御本尊曼荼羅模写を元にした本尊のレプリカが授与されるようになった。学会員たちは古い本尊を返却し、日寛模写のレプリカを受け取って祀るようにと指示を受けた。日寛本尊は、教義上の対立の大きな種へとふくれあがった。日蓮正宗は、学会員たちが偽の曼荼羅を拝んでいると糾弾し、顕正会や法華講など他の競合する日蓮正宗系在家組織は、本尊問題を使って学会員たちに創価学会を捨てさせた。

分裂後に創価学会を去った一部の者たちは、法華講の檀徒として日蓮正宗の信仰を続けた。これに対して創価学会は脱講運動を開始し、元学会員たちを引き戻そうとした。学会員たちは、日顕撲滅を唱え、阿部日顕と日蓮正宗が己の頽廃により自滅するよう祈った。日顕撲滅を願う札は、家庭の仏壇や、文化センターの仏壇前のプラカードにしばしば見られるし、ブロック幹部たちはしばしば地元の日蓮正宗の寺の一覧を配り、学会員たちに打倒の支援を御本尊に懇願せよと告げる。

日蓮正宗の寺から分離したことで、創価学会は葬儀や追悼を行う別の方法を見つけねばならなかっ

*この点について原文は誤認しており、実際には僧侶の得度は行われていない。

た。学会は一九七七年頃に独自の墓園を作りはじめた——実はこれも、創価学会と宗門との紛争の元になった。そして一九九一年以降、巨大な墓園を一三ヵ所に作ることに重点を置いた。[69]学会の葬儀は友人葬と呼ばれる。儀典部の学会幹部が執り行い、死者のために勤行を行い、僧侶がそれまで行っていた葬儀を実行する。亡くなった学会員は個別の戒名は受けない。あらゆる学会員は妙法の前には平等なのだ、という点に力点が置かれる。学会の墓園に埋葬された死者はすべて、俗名のままで埋葬される。学会員は生きていても死んでいても、僧とはちがうのだということがここでも確認されるのだ。[70]

## 池田大作の持続する存在感

二〇〇二年に創価学会は会則を改正した。以後、牧口、戸田、池田は第三代会長と呼ばれ、運動を創設した三代目の会長として、広宣流布の永遠の師匠とされることとなった。この新しい会則の前文は、創設者三人の貢献を説明している。牧口は「死身弘法(ししんぐほう)」の精神で、戦時中の収監中の死を通じ、殉教により広宣流布の使命を伝えた。[71]戸田は、獄中において「仏とは生命なり」の悟りを得て、人間革命の理想を掲げ、日本での広宣流布の基盤を築いた。最後に池田は日蓮仏教を日本のみならず世界に広げ、平和、文化、教育という仏教の使命を全世界に開いた。前文の結論は、学会の三代会長が示した「師弟不二」の精神こそ「学会精神」であり、創価学会の不変の規範であると述べる。二〇〇二年会則の第二章には、池田より後の学会会長の役職は純粋に運営的なもの（統理）だと述べている。[72]こうした規定は、団体のカリスマ的な指導力は池田大作と共に終わるということを明確にしている。二〇〇二年会則は、別の終身指導者を指名する抜け道を一つだけ提示している。第二章第八条で、創価学会は「総務会の議決に基づき」名誉会長を指名する権利を有している。[73]

池田大作が最後に公衆の面前に登場したのは、二〇一〇年五月一三日の本部幹部会の衛星放送でのことだった。だが学会指導部は、池田が生きていて今後も健在だというイメージを永続化させようとし続けている。たとえば「朝日新聞」二〇一六年九月二二日付に掲載された会長原田稔へのインタビューは、池田大作の健康についての質問から始まる。原田は記者に対し、池田は運営上の職務をずっと前に引き継がせており、名誉会長は健在で執筆に専念していると保証した。[74]この質問の直後、「聖教新聞」は池田大作・香峯子夫妻が、六月二五日に信濃町にある創価世界女性会館を訪れ、婦人部の六五周年を祝ったと報じ、各局の幹部との会合が写真に撮られたと報じた。[75]

創価学会本部は、池田大作の生涯の不可避な終焉と、組織として彼のカリスマ的権威から離れる方法について、事前に戦略を練ってきた。そして二つの困難な課題に直面している。一つは、師弟不二の概念を最重要視するため、池田を学会員の生活の中で生き生きとした存在として永続化させることだ。もう一つとして、学会組織は明らかに、組織として池田の死のショックを和らげるべく、池田が表舞台から姿を消す何年も前から、学会員に池田賞賛を習慣づけてきたことだ。池田を現存する存在として扱いつつ、同時に素敵な想い出の対象として扱うという組み合わせは、信奉者たちにとって彼を神格化することとなった。フィールドワークにおいて私は、この超越的な境界のあいまい化を何度も目撃した。二〇〇二年一〇月、男性部の学会員の友人たちと、東京の北に位置する埼玉県の研修道場を訪ねた。これは学会が会員指導のために維持している研修所の一つだ。この研修道場には、過去から崇拝されてきたアイテムの複製が陳列された展示室がある。たとえば、戸田が獄中で牛乳瓶の紙蓋で自作した数珠や、牧口の著書の写しなどが展示されている。仏壇と並んで壁にかけられた、三代会長の白黒写真は、荘厳で通常は追悼式などで見かける様式の写真だ。来訪者は全員、仏壇の前に正座して、学会創設者たちのために唱題する――この時点ではまちがいなく存命中だった池田も含めて。二〇〇四年には、東京西部の八王子にある創価大学を訪れ、大学の本部棟でしばらくすごしたが、ここには無数の学会員が見学にやってくる。建物の一階にはそびえたつようなレオナルド・ダ・ヴィンチの彫像が置かれ、それが池田に授与された大量の賞や栄誉を見下ろしている。この彫像は、キャンパス訪問者が記念写真を撮るときの背景となる。私の訪問時には、ダ・ヴィンチの背後の壁の左右に巨大な油絵がかかっていた。どちらも中心は池田で、円卓にすわって対話相手（存命中の人もいればすでに他界した人もいる）に囲まれている。アーノルド・J・トインビー、周恩来、ミハイル・ゴルバチョフなど、数多くの人が池田に向かって賞賛の微笑を浮かべている。生者と死者の境界は消されている。そしてそのとき、池田が描かれた絵画や彼の身につけていた物の写真を撮ってはならないと警備員に言われたことからもわかるように、崇拝の対象と池田の存在との境界も消えている。通常は、写真撮影が禁止されているのは御本尊だけなのだ。

信濃町の本部では、創価文化センターにおける池田の生涯の勝ち誇ったような展示は、悼むような雰囲気を暗に漂わせている。二〇一五年六月の訪問時には、あらゆる展示が、今日の池田の扱いも含め、すべて過去形になっているのが嫌でも目についてしまった。だが同行した学会幹部は、名誉会長は存命だと断言するのだ。池田の存在を不滅のものにしようという学会のプレゼンテーションの根底にある未解決の緊張関係は、彼の生涯の終わりに関する悲しみと、将来についての不安により複雑化している。学会本部がポスト池田の世界に向けての道を整えようとしているのに対し、一部の学会員は驚くほど内省的になっている。「学会は本当に重要な時期に直面しています。カリスマ的な権威が衰えつつあり、遠心力が本当に強まっていますす」と二〇一五年九月の私との会話で、第二世代の男性部員安藤は語った。もっと直截な人もいる。「生きてるか死んでるかなんて、わかりゃしませんよ」と元婦人部のメンバー後藤は二〇一六年七月に、学会の池田中心主義に対する苛立ちを平たくまとめてくれた。この後藤は、安藤が指摘したような、池田の権威の弱まりを実証する存在だ。彼女はもはや学会の集会に出なくなり、日蓮正宗から受け取った御本尊の前で唱題する、元学会員の同志たちと秘密グループを組織している。

知り合いの学会員たちは全員、池田の巨大な存在を内面化したようで、池田の偉大さを次世代にも理解できるような形で伝えねばと思っている。フィールドワーク初期からの知り合いの男性部員吉原は、二〇一六年一二月、フェイスブックに"*A Blaze of Messages: Photographs and Poems by Daisaku Ikeda*"という本の写真と、師匠の励ましの言葉を読んで自分がいかに勇気づけられたかを若者に告げようとするメッセージを投稿した。ラブレターを読んだ後でうつ病に落ち込んだ人のような気分になったとき、池田の言葉で気を取り直したのだという。「だが結局のところ、師匠は本当に偉大だ！」。それ以外の吉原のフェイスブックの投稿は、国連難民プログラムなどの心に迫る国際活動について、理解を促進しようとする記事ばかりだ。そのすべては池田大作が確立したパターンに従うものになっている。池田が創価学会のために創り出した壮大な物語（ナラティブ）は、学会員たちの暮らしの方向性を導き続け、彼の存在は学会員たちが生活を形成する慣行、彼らが消費するテキスト、そして彼らが構築する組織の中に宿るのだ。

# 第三章　創価学会のドラマチックな物語（ナラティブ）

創価学会の運動の始まりを記念する瞬間として選べるものはいくらでもあるはずだが、学会指導者たちが選んだのは、ある本の出版だった。

団体の出発点となる本の出版記念の様子は、東京西部の八王子にある牧口記念会館でも背景画像として使われている。これは創価学会のもっとも壮大な建築物の一つだ。会館は日蓮正宗から分離した直後の、創価学会の存在を絶対的に誇示するもので、創価学会の栄光を世界に訴える、美術や賞の圧倒的な展示となっている。この建物は一九九三年一〇月二四日、学会が日蓮正宗総本山大石寺に建てた正本堂などの施設から閉め出されてから二年後に開館した。八階建ての、大理石など日本や韓国、ヨーロッパで採掘した貴重な石で作られた、要塞のような建物で、何世紀も建ち続けられるように設計されている。二〇〇七年一一月一五日に私が初めてここを訪れたとき、会館の館長に任命された創価学会副会長は、材料費と建設費の面でここに比肩する創価学会建築はなく、日本の他のどんな建物もこれを超えるものはない、なぜなら創価学会がこの建設に投資したほどのリソースを建物に使うような企業は、他に存在しないからだ、と語ってくれた。会館は、大理石製のファサードが今後数世紀で経年変化するにつれて、ルネサンス時代のヨーロッパの城のような風格を帯びてくるよう設計されている。「こうした城は、権力なくしては建てられないものです」と副会長は宣言したが、すぐに我に返って、この建物は民衆の献身によって建てられたのです、と付け加えた。本章で論じるように、「権力」は学会話法では重要な用語であり、抑圧的な政府当局の権力と結びつけられている。「民衆」は人民の集合的な意思を指す。

牧口記念会館の外観は、パルテノンやワシントンDCの建物を思わせる巨大な列柱が前に並んでいる。この学会初代会長の記念碑は、たしかにその壮大な規模と、建築デザインの面で実にさまざまな建物を参照していることで、見る者を圧倒する。バルコニーと、花咲く木々でいっぱいの広い庭園に囲まれ、壺状の装飾や、トーガとヘルメットをまとい槍を持つ衛兵の彫刻で装飾されている。その正面は、ルネサンス広場から続く階段があり、広場は巨大な石のライオンで守られている。これは仏陀の教えの獅子吼（サンスクリットでシンハナーダ）から採られたものだ。このシンボルは一二七九年に日蓮が書いた、南無妙法蓮華経の唱題は「師子の声には一切の獣・声を失ふ」ように浄土宗の無数の敵を圧倒する、という一節から来ている。[1] この壮大な階段の突き当たりには、牧口常三郎の巨大なブロンズ像がある。その像の背後には、牧口が机に座り、横に弟子の戸田城聖が立っている一九三〇年一一月一八日の様子を描いた巨大な絵がある。どちらも、出版されたばかりの牧口の『創価教育学体系』の束の包装紙を破りながら、微笑んでいる。絵の作者は内田健一郎、小説『人間革命』とその続編『新・人間革命』が「聖教新聞」に連載されていたときの、独特な挿画を描いた画家だ。

創価学会は、その出発点を牧口が日蓮正宗に改宗した時点には置かない。また戦前に創価教育学会が、教育改革から日蓮の法華経に専念せよとの教えを護る団体に変化した時点にも置かない。また、別の明白な宗教的起点、つまり一九四四年一一月一八日牧口死去の日に起きた戸田の獄中での法華経悟達にも設定しない。起点として祝われたのは、教育に関する論文の印刷日だ。日本史上空前の活発な宗教信者集団である創価学会は、その起点として宗教にほとんど触れない学術文献の刊行を祝っているのだ。

本章では、学会の文献が伝えるドラマチックな物語（ナラティブ）のさまざまな面を検討する中で、創価学会が啓示よりも出版を創立の瞬間として選んだことが持つ意味を考察する。創価教育学会は、教育改革を目指す知識人の集団から、日蓮正宗在家組織へと変化した。戸田城聖が終戦直後に恩師の組織を復活させると、団体は日蓮の著作の学習を、広い層を対象とする大量の出版物への没頭と融合させるようになった。一九六〇年代初めから池田大作は、学会にとっての国民文学と等価な模倣物を生み出せるような、一大出版帝国となるものの急拡大を指揮した。国民文学とは、組織の歴史記録と倫理的な指導の源泉となるものだ。池田の指導の下で、創価学会はその出版物の数もジャンルも、仏教から大幅に広げた。その多くは通常の仏教の定義からまったく外れたものだが、学会員たちはしばしば組織の新しい文書を教義的なもの、あるいは儀礼的なリソースとしてすら使い、創価学会の在家仏教集団というアイデンティティをもたらす日蓮仏教の経典に匹敵するものとして扱う。今日、学会員たちが暮らす環境は、莫大な印刷物と放送の海の中に日蓮仏教がごく一部として残っているというもので、そうした印刷物などの多くは牧口記念会館で明白に見られる英雄的ロマン主義を表明したものとなっている。

本章を牧口記念会館の説明で始めたのは、この建物が創価学会のドラマチックな物語(ナラティブ)とでも言うべき壮大なイメージの見本になっているからだ。牧口常三郎を、池田大作の前奏となる師匠として英雄的に提示するのは、今日の創価学会の全体的な性質の典型だ。団体の勝利の拡大に捧げる、ヨーロッパ的な意匠を使った勝ち誇る頌歌というわけだ。その拡大は、信者たちの師匠との不可分な絆(師弟不二)により達成されるもので、その師匠は在家仏教と近代欧米理念との融合を育む者だ。学会員たち——彼らは主婦、サラリーマン、学生としての社会的立場、さらにもっと重要だが、金銭面の不安や病気や社会での紛争を抱えて暮らしている――にしてみれば、学会の社会的文脈への没頭と、絶え間なく学会が発信するメディアの消費は、牧口記念会館のような施設に祀られ、実質的な正典文献に保存されている英雄的な生涯の道筋と自分たちを結びつけるエートスを生み出すのだ。

日蓮仏教とロマン主義はどちらも、弾圧に打ち勝って自分の持つ天与の才を実現した真実の擁護者をかかげる伝統であり、これが組み合わさることで創価学会のドラマが継続的に作り上げられる。このドラマは学会の文献の中で展開され、これが学会員たちにとって自分の人生体験を解釈するための青写真となる。それは日常的な自分の存在を深遠な意味で満たすもので、その意味は個人の目標を組織の目標と一致させなければ理解されない。日刊紙「聖教新聞」と連載小説『人間革命』および『新・人間革命』を中心とした学会の文献集は、学会支持者のあいだでは聖典的な権威に等しい地位を獲得している。そしてこの文献集はまだ成長途上なので、学会員たちは自分自身やその家族、知り合いが、聖なる価値を持つと考える歴史の中に含まれる機会が得られるのだ。この団体のもっとも広く読まれたベストセラー『人間革命』は、この組織のドラマチックな物語(ナラティブ)の決定的な要素をもっともよく示している。ここでは『人間革命』の重要な一章を精読し、日蓮仏教と近代人道主義という創価学会の二つの遺産がその書かれた記録でどのように融合し、集団がその母体となる国民国家をいかに模倣するに至ったかを示す。学会のもっとも重要な構造的、審美的な特徴がその文学の中にどうまとめられているかを分析することで、なぜ「価値を創造する学問の会」たる創価学会が、学術書の刊行を宗教的に重要な瞬間と見なしているのかがわかる。

## なぜ小説？——創価学会の国民文学模倣

創価学会の公開記録の中心にある形式は、連載小説だ。これは一九世紀ヨーロッパ、学会がその美的表現で保とうとしている英雄的ロマン主義の時代に絶頂を迎えたジャンルだ。『人間革命』とその続編は、学会自身の歴史をロマン主義的で半フィクション的に扱ったもので、戸田の忠実な弟子にして正統な後継者としての池田大作の台頭を中心にしている。戦後の無数の学会制度と同じく、池田大作が後に発展させたテンプレートを作ったのは戸田城聖だった。戸田城聖は、『人間革命』と題した自伝を、一九五一年四月二〇日から「聖教新聞」で妙悟空というペンネームを使い連載しはじめた。[2] 連載は一九五七年七月三日に単行本化された。戸田自身である主人公「巌九十翁（がんくつお）」の名前は、アレクサンドル・デュマ『モンテ・クリスト伯』を明治時代に黒岩涙香が翻案した『巌窟王』からとったもので、戦時中の戸田の投獄を、シャトー・ディフ伯爵の不当な投獄と結びつけるものだ。巌は元の『人間革命』に登場する唯一の実名人物、牧口常三郎の忠実な弟子だ。小説は、巌（戸田）が戦時当局による投獄中の悟達へと向い法華経のみの信仰拡大に献身すると誓うところで終わる。

一九六五年一〇月発刊の池田版『人間革命』第一巻「はじめに」で、池田はゲーテの自伝『詩と真実』を頼りに、過去の記述ですべてを伝えるのは不可能であり、現実の部分的な知覚となるのは避けられないと主張する。人間の網膜に映った真実は、決して言葉では伝えきれない。人は真実をゆがめ、真実を嘘にすることもあろう。池田によれば、ゲーテをはじめ、すぐれた作家たちが、心を千々にくだき、仮構と思われるその先に、はじめて真実の映像を刻みあげようとしてきたのだという。池田版『人間革命』で、池田は師匠の真の姿を永遠に伝えようとして知恵をふりしぼった。池田の小説では、ノンフィクションのキャラクターとして登場するのは牧口と戸田だけだ。長編のその他数百人の登場人物は（自分自身を含め）仮名で登場する。一部は実在の人物数名の合成物だし、また複数の名前で登場する人もいるし、いくつかの登場人物に分かれて出てくる人もいる。だがその現れ方はどうあれ、「ともあれ、一人の人間における偉大な人間革命は、やがて一国の宿命の転換をも成し遂げ、さらに全人類の宿命の転換をも可能にするのだ」。池田によれば、これが『人間革命』の主題である。[3]

だがそもそもなぜ小説なのか？　創価学会は各種の刊行物を発行しているが、学会員たちは指導者の日記や、果てはその論説や演説よりも、『人間革命』『新・人間革命』を決定版として受け止めるように指導されている。[4]ここで再び、創価学会が近代国家の模倣だという、導きの比喩に立ち戻らねばならない。つまり、その制度や慣行の中に国の装置を再現する宗教というものだ。多くのネーションや国民国家的な装置、たとえば、主権領土、合理化された統括組織、経済、放送メディア、標準教育といったものの事実上の等価物が作られたように、学会はその起源の物語、圧政に耐えた見事な台頭、その指導者や信者たちを傑出した使命の受託者としてまつりあげる根拠を、国民文学という形で生み出したのだ。

この小説は近代国家の構築物でもあり、同時にそれを生み出したものでもあるという、統合的な性質を持っている。ティモシー・ブレナンが指摘するように、小説という様式は「明確な境界を設けた言語と様式の寄せ集めという、国民の構造を真似た」ことにより、国民の台頭に伴って生まれてきた。[5] 小説は、新聞と共にベネディクト・アンダーソンが「印刷資本主義」と呼ぶものの主要な伝達手段となった。言語を標準化し、識字を奨励し、相互の理解不能性を取りのぞくことで、「想像の共同体」を形成する強力な手段なのだ。創価学会が自分自身について語る小説化された物語は、こうした国民構築能力を実現している。それが新聞連載でも単行本でもふりがなつきで発表され、またわかりやすい漫画や映画でも発表されたことで、『人間革命』と『新・人間革命』は学会信奉者たちに、エルネスト・ルナンが国民（ネーション）として定義するものに参加できるようにするのだ。彼の定義する国民（ネーション）とは「記憶の豊かな遺産」であり、同時に過去のトラウマの選択的な忘却でもある。そうした記憶が、参加者が過去に行った犠牲と、今後行う覚悟のある犠牲で構築される大規模な連帯の中で永続化されるのだ。[6]

創価学会の小説に見られるドラマチックな叙述は、近代国家が現在の連帯を育むにあたり、選択的に過去を忘れねばならないというルナンの洞察の見本だ。『人間革命』は、戸田の死後の主導権をめぐる池田の争いといった、都合の悪い内紛を黙殺し、一方で一九五七年の池田の逮捕を取り巻く、法的、政治的なもめごとは、俗世の弾圧に対する創価学会の勝利へと昇華される。『人間革命』と『新・人間革命』は「聖教新聞」の連載なので、熱心な読者はこの叙事小説の展開に伴う「ニュース」と新聞が日々掲載する池田の過去や現在の栄光とを融合させる。連載小説形式は、アンダーソンが新聞を、一貫性ある筋書きを持たない小説になぞらえた話につながるし、また新聞と小説がどちらも「静かに、また絶えず、現実に滲み出し、近代国民の品質証明、匿名の共同体へのあのすばらしい確信を創り出しているのである」という洞察へも導いてくれる。[7]

小説は、読者を集合的な一体性に参加するよう招きつつ、個人を抑圧的な大衆に抗する存在としてもてはやす。近代小説は、アンダーソンの言葉では「ひとりぼっちの主人公が小説内の世界とその外の世界を溶接する確固とした社会学的風景のなかを移動していく」[8]。英雄の出自、その戦いの理由、英雄を生み出す文明の神話的な誕生は、近代の大部の叙事小説では固定されている——このジャンルは一九世紀以来テキストの最終性〔textual finality〕を象徴している。[9]小説は普及して、近代国民文学のテンプレートとなった。ブレナンは、小説が「宗教の持つ死、連続性、起源への欲求を採り入れることで、おおむね「宗教的想像」を拡張し近代化した（が置き換えはしなかった）」と指摘する。[10]創価学会の小説は、近代と中世の宗教的な関心事が強く結びつくことを示している。それは、腐敗した俗世の権威に対する英雄の勝利を祝う、ドラマチックな物語（ナラティブ）を伝えている。日蓮が設定したパターンに沿って、それに正統性を与える近代小説というジャンルの中で構築しているのだ。学会の小説は、指導者とその正義の支持者たちの台頭を物語る。もっとも重要な点は、創価学会の連載小説は未だに書かれ続けており、＊したがって現存する信奉者たちは、聖典として扱う叙事物語の中に自分が保存されることが可能になるということだ。

＊『新・人間革命』の新聞連載は、二〇一八年九月八日に完結した。

## 著者としての池田に対する情緒的信頼

『人間革命』は今なお、創価学会の刊行物の中でもっとも広く読まれている作品だ。日本語では最初、全一〇巻で刊行され、その後拡張されて全一二巻となった。また、『新・人間革命』は前作と同じ形式で書かれた主人公山本伸一（池田大作の分身）の物語続編で、一九六〇年五月に第三代会長に任命されてから、創価学会インタナショナルの拡大を始める話となっている。創価学会の出版部門である聖教新聞社*が一九六五年一〇月に『人間革命』第一巻を刊行したが、初刷一五〇万部はすぐに売り切れ、続巻も同じくらいの商業的成功をおさめた。[11]『人間革命』シリーズは、長期ベストセラーとなった。[12]二〇〇七年一一月の講演で、池田は『人間革命』と『新・人間革命』の単行本は世界中で四六五〇〇万冊売れていると発表した。[13]二〇一三年一月、聖教新聞社は創価学会と日蓮正宗の決裂以降に成人した信者世代のために、『人間革命』第二版を新たに刊行しはじめた。『人間革命』はさまざまな形式になり、実写映画二種類、アニメ映画、少年版、マンガ版、「聖教新聞」の週末連載劇画版、日本語から九ヵ国語への翻訳版がある。学会員なら家の本棚にどれか一冊くらいはあるのが普通だし、学会員たちは聖教新聞社から「聖教新聞」の『新・人間革命』切り抜きを整理するための専用バインダーを買う。

池田の『人間革命』とその続編は、師弟の道についての長い教えだと言える。『人間革命』は一九四五年七月三日の戸田の釈放から始まり、一九五八年四月の彼の死までの出来事をたどる。池田の小説での出来事は、主に池田自身を中心に展開する。その主人公は山本伸一という名前になっている。

一九四七年、一九歳のときに山本は戸田に出会い、その後は戸田の弟子へと成長し、文句なしの後継者となる。[14]「聖教新聞」の連載は、池田の筆名である法悟空が著者となっている。これは戸田の筆名妙悟空に従ったものだ。池田はこうして、自分と戸田を妙と法として並置し、南無妙法蓮華経の妙法となって、この二人を法華経の題名と一体にしている。[15]この小説の著者は池田と、その著者としてのペルソナである法悟空――翻訳するなら「実在と非実在の消滅を悟った仏法」となる――と、架空のアバターである山本の間を往き来するため、読者は『人間革命』の、ゲーテに啓発された「はじめに」で述べられた曖昧さに直面することになる。

こうした曖昧さは、『人間革命』をだれが書いたかをめぐる曝露でますます複雑になっている。何百もの本、随筆集、詩、歌、対話などの本は、池田大作やその筆名が著者となっている。その量と多種多様性を見ると、一人の人間が生み出せたはずはないし、特にそれが何十年も、執筆以外の活動に公式に携わってきた人物となればなおさらだ。それでも創価学会の本部は、池田大作こそがこの小説の唯一の著者だという図式を創り出すことにかなり注力している。池田は著作で、自分が『人間革命』の著者だと主張する。単行本は法悟空ではなく池田大作の名前で出ている。一九九二年の再刊にあわせて一九九三年から学会の文化センターを巡回した『人間革命』展では、池田の独特な書体によ

*『人間革命』の単行本は聖教新聞社から全一〇巻が順次発刊され、一九七〇年からは創価学会系の潮出版社から潮文庫としても刊行された。また聖教文庫版も翌一九七一年に第一巻が発刊され、一九九四年に第一二巻も出て、全一二巻がセットで販売されるようになった。著者はこの聖教文庫版を用いている。

る「直筆」の原稿が展示されていた[16]。そして二〇一二年一二月以来、信濃町の新しい文化センター巡礼者たちは、池田の生涯についての展示を見るが、その一角に『人間革命』『新・人間革命』の執筆に関わる部分がある。池田大作の姿を引き伸ばした写真に重ねられた文は、彼が旅行中にこの二つの小説の連載を執筆して学会員を激励し、疲れて書けなくなると夫人の香峯子がペンをとって口述筆記したと来訪者に告げる[17]。

池田は、学会員たちの本棚に次々と加わる本の著者として、彼らの生活の中で活発な生きた存在となっている[18]。当然ながら、池田がその名前を冠する本を全部書いたのだという創価学会の主張を疑問視する人々もいる[19]。有名な元学会員で学会批判者である山崎正友は、『人間革命』の主な著者は篠原善太郎だと述べる。彼は東京帝国大学を卒業し、戦時中は河田清史（かわたきよし）の筆名で通俗小説を書いていた。一九五二年に創価学会に改宗し、その後はキャリアの大半を学会本部で「聖教新聞」のライターとして過ごした。山崎によれば、篠原は一九六五年から一九七〇年代後半までリゾート地南軽井沢の別荘で過ごし、そこで『人間革命』を執筆したという。編集上の支援は多くの若い創価学会幹部が行い、中には二〇〇六年に第六代会長となる原田稔もいたという[20]。七里和乗によると、単行本が出て間もなく、池田は一九七一年一月から四月にかけて、数部に分かれたコラムを書き、その中で多くの執筆協力者に感謝している。中でも特に「Sさん」からは、材料集め、進行、各章の調子を整えるやり方について、筆舌に尽くせない恩恵を受けたと強調している[21]。

どうやら、戸田の比較的慎ましいバージョンに比べ、池田中心の『人間革命』はその発端から、池田の世間的なイメージを慎重に醸成するための、野心的な集団活動だったらしい。その世間的なイメージは、何百万もの一般学会員たちが証拠に基づいた理解を捨てて、師匠との情緒的な一対一関係を育むよう求めるものだった。ここで私は、池田を著者であるとする学会員たちの情緒的な信頼を理解するため、イアン・リーダーとジョージ・タナベによる、認知と情緒的信頼のあいだに常に存在するパラドックスの分析に頼っている。[22] リーダーとタナベが説明するように、個人はある現象を実証的に理解する一方で、各種の関連した理由から、その現象についての実証的な観察とは矛盾する情緒的な信頼を捨てないこともある。私は『人間革命』の著者を池田としているが、それは小説の著者をめぐる論争を指す簡便法であると同時に、何よりもその読者の大半が、この本を池田の代表作となる物語だと情緒的に信じているからだ。『人間革命』とその続編の研究を機に、「本当の」著者についての証拠を掘り起こしてもいいだろう。だがそうした路線での検討は、もっと有意義な考察から逸脱することになる。その考察とは、何百万人もの読者がなぜ、どのようにして創価学会の小説を聖典として扱うようになったかを理解することだ。

## 戦略としての連載

重要な点として、『人間革命』連載時期は、創価学会と日蓮正宗との緊張が高まった時期と一致している。この長編は一九六五年から一九九三年にかけて、二度に分けて連載された。最初は一九六五年一月一日から一九七八年八月三日までの短編連載小説として登場した。連載は一三年七ヵ月に及んだ。[23] この期間には、池田大作と日蓮正宗法主日達の比較的穏やかな関係が、池田と日達の後継者阿部日顕とのあいだの敵対に変わった時期だった。大阪事件の話を含む巻は、学会と正宗との公然とした紛争が頂点に達したときに登場した。一九五〇年代の大阪における、腐敗した権威に対する池田の正義の戦いの物語は、創価学会第三代会長が日蓮正宗宗門と衝突した一九七〇年代末という時代にあって、学会員たちの心に響いた。全体として、『人間革命』は牧口、戸田、池田を日蓮仏法の正統な継承者として描くが、それは学会の指導部が、日蓮正宗よりも自分たちのほうが道徳的にも教義的にも卓越しているのだという正当化を行う戦術なのだ。連載は一九七九年から「聖教新聞」で再開した。池田が第三代会長職を退き名誉会長の座についたときのことである。そしてこの二回目の連載が終わったのは、創価学会が一九九一年に日蓮正宗と決別して間もなくのことだった。

続編『新・人間革命』の「聖教新聞」初出は一九九三年で、ちょうど創価学会が、立派な独立の宗教権威として己を提示する実行可能な方法を構築しつつあるときだった。一部の信者は、葬式や追悼を行う僧侶のいる寺にアクセスできないことを懸念して一九九一年以降に学会を離れた。彼らは大石寺の大御本尊への参拝を禁止されたくなかったのだ。『新・人間革命』は新しい教義文献を小説という形で再び創り出すことで、競合相手に対する優位性を実証しようという創価学会の戦略を刷新したものだ。この反日蓮正宗戦略は、二〇一三年の『人間革命』第二版でも繰り返されている。新版の序で、シリーズ編集部は、『人間革命』が創価学会「精神」の「正史」であると述べ、この二〇年ほどで「違背し、腐敗・堕落」してしまった日蓮正宗の宗門が仏意仏勅の創価学会の崩壊を企てたと警告する。[24] いまや、この仏法破壊の元凶と成り果てた宗門による崩壊の脅威を考慮し、編集部は読者に対して、『人間革命』に立ち返って正宗僧侶集団の危険性を熟考するよう促している。[25]

## 大阪事件——模範的弟子の肖像

内容的には、『人間革命』は戸田ら登場人物のメロドラマ的な遭遇を、おおむね山本の目を通して見た部分と、美徳ある行動をめぐる長ったらしい考察がしばしば日蓮仏教の用語で展開される部分との間を往き来する。大小の歴史的な出来事が、戸田の愛弟子という正統な地位に池田が就くのを予告する機会として使われ、池田を正統な仏法の継承者として提示する。

第一一巻の「大阪」の章は、創価学会の歴史における分水嶺的な瞬間を扱っている。池田が日本の公職選挙法に関する嫌疑で逮捕された大阪事件だ。[26] 大阪事件は、一九五七年参議院補欠選挙で四月二三日に創価学会青年部がとった行動によるものだ。青年部員たちは、投票日前夜に何百もの有権者宅を訪問してタバコ、現金をばらまいた。彼らは戸別訪問という、日本の公選法違反で起訴された。学会候補者中尾辰義のために票を買収しようとしたとされたのだ。大阪地検は、東京の学会指導者からの命令で行動したという青年部員たちの自白を得た。検察官たちはこの自白を元に、当時の理事長小泉隆と当時の青年部参謀室長池田大作を逮捕した。小泉と池田の逮捕で、創価学会はまずは東京、次いで大阪ですさまじい支援デモを展開した。二人の学会幹部は最終的に全面無罪となり、逮捕は創価学会の政治的野心を抑えるより、むしろ組織が選挙活動と布教にもっと強く取り組むよう突き動かした。池田が学会トップに上り詰めてから、学会は大阪事件を法令違反の問題としてではなく、弾圧的な世俗権威に対して正義が勝った輝かしい事例として描くようになった。学会の使命のために池田が己を犠牲にし、したがって池田大作こそが戸田城聖の唯一の正統な後継者、ひいては日蓮の直系の後継者としての資格を持つ者である、というわけだ。

大阪の章は、池田が主人公山本伸一として、一九五七年七月三日に北海道を発つところから始まる。彼は夕張で、炭坑労働組合が創価学会員を入れるのに反対したのと戦った直後だった。大阪行きの飛行機乗り継ぎで東京の羽田空港に降り立った山本は、学会幹部と妻峯子（小説内での池田の妻香峯子の名）に見向きもせず、再び師匠戸田の元に駆け寄る。池田香峯子と大作の小説での名は、『人間革命』が団体の主要テクストとなる以前から、学会が作品中の名と生きた人間との境界をあいまいにした様子を示している。また、戸田が行った弟子の改名に見られるように、これは人生のあらゆる面において文芸的偉大さを実現しようとする試みの現れでもある。池田香峯子の『人間革命』での名は、池田大作が若い頃にお気に入りだった小説家山中峯太郎から一文字採っている。峯子は『人間革命』ではほとんど無言だが、このようにして池田大作の文芸的なお気に入りと同一化させられることで、さらに特徴を奪われている。池田香峯子は一九三二年に白木かねとして生まれた。一九五三年に長男が生まれると、戸田城聖はその子を博正と名づけ、彼女に香峯子という新しい名前を与えた。今度は単なるひらがなの名前ではなく漢字を使ったもので、山中峯太郎からの字を採った。戸田によればこの新しい名前は彼女を「良い母になるように」するためのものだった。[27] 一九五三年一二月から、池田香峯子は戸籍ではやや異なる表記の香峰子となっている。これは池田大作が（これまた戸田の示唆に従って）名前を太作から大作に変えたのと同時のことだった。池田は、子供があまり変わった名前の父親を持たないようにと思って改名に同意したとされる。[28] 香峰子（香り高い峰の子）、博正（賢明な真実）、大作（偉大な［書かれた］作品）はすべて深い文芸的な意味がこもった名前だ。『人間革命』読者は、小説の登場人物と、学会指導層の文芸にちなんだ名前とを混同し、学会の小説化された歴史と生きた指導者たちとの認知的な結びつきを強化する。

空港に集まった学会員たちは山本に、大阪行きの理由を説明する。四月の大阪補選で法を破った、東京の学会員たちの逮捕について、山本が大阪府警に出頭して質問に答えるのだと言う。『人間革命』は、政府当局による起訴に立ち向かおうとする弟子に対する戸田の懸念を伝える。日本の戦後新憲法の施行からすでに一〇年が経っているのだが、『人間革命』の戸田は一九五七年の政府を、戦時中に自分を投獄した政府と同じ権威と見なしている。「伸一、もしも、もしも、お前が死ぬようなことになったら、私もすぐに駆けつけて、お前の上にうつぶして一緒に死ぬからな」[29]。これは物語（ナラティブ）の中で、戸田が弟子を守るという大義のために殉死する熱意を表明するいくつかの瞬間の中で最初のものだ。先生からのこの言葉を聞いて電撃が伸一の五体を貫き、彼は答える言葉を失い、感動は涙となって眼からほとばしる。

こうした戸田の情熱に対するわずかな感激の反応を除けば、山本伸一という人物はこの小説を通じてずっと、奇妙なまでに無感情だ。主人公山本は池田と同一視できるが、一方では名誉会長が人生の後期に演説や放送で見せた、個人的なカリスマや即興的なユーモアが一切ない。物語の最初から最後まで、山本は忠実さの鑑であろうとして、池田の個人的な魅力を排除してしまっている。これは物語の中心人物として戸田城聖をあまり露骨に出し抜いてしまわないようにと恐れてのことだったのかもしれない。他の利害を排除してまで、師匠への献身にひたすら注力するというのは、確かに師弟不二という中心的な価値観のお手本ではある。これを通じて山本は、学会員たちが真似るべきあいまいさのない理想を提示している。

山本が大阪行きの飛行機に搭乗する直前、戸田は自分の『人間革命』初版本を手渡す。戦時中の一二年前に投獄から釈放されたのと同じ日に刊行されたものだ。山本は機中でそれを読み、物語に吸い寄せられ、新刊本のすがすがしい匂いを吸い込む。到着した彼は、出頭する前に弁護士のホテルに立ち寄ると、そこに関西の学会幹部が集まっている。そして婦人部の部員が、愛敬のある大阪弁で、「府警なんかに行かへんでください。行けば帰れんようになるに決まってます」と懇願する。[30] そのとおり、山本が警察に到着すると逮捕される。時間は午後七時、一九四五年に戸田が獄舎を出た同じ日のほぼ同じ時間だ。こうした運命の一致のため、創価学会は七月三日を師匠と弟子の日（師弟の日）としている。[31]

この章には、山本が一九五七年六月初旬に戸田との会話で受けた指導を回想する長いエピソードが登場する。これは牧口と戸田が仏法のために受けた苦しみ、あるいは法難を、日蓮が耐え忍んだものと結びつけ、彼らを日蓮の遺産の真の後継者として正当化するものだ。これにより、池田も大阪で経験する法難を通じて、指導者としての地位を正当化するための舞台が整う。戸田は、師匠の牧口に対して国による真の仏法の誹謗（謗法）をくつがえすために身を犠牲にすると誓ったことを述べて、日蓮正宗が学会に対し、政府の圧力に屈して伊勢神宮の神札を祀り、戦時の布告に従えと示唆したことを指摘する。こうした冒瀆的なものの受け取りを拒否することで、学会は仏法に殉ずる道（殉難の道）に乗りだし、日蓮の弟子として誇らしく仏法の拡大に命を捧げる（死身弘法）のだ、と戸田は述べる。牧口と戸田は逮捕され、学会員たちは総本山大石寺への登山を禁止された。牧口先生なくば、学会なくば、日蓮仏教の真の精神は途絶えたのだ、と戸田は宣言する。[32]

この部分が連載された頃に、池田と日蓮正宗との緊張関係が爆発寸前だったことを考えると、自分と牧口だけが法華経への絶対的帰依を曲げろという政府の要求に抵抗しようとしたのだ、という戸田の指摘は、学会の在家指導部が日蓮正宗に対して優位にあるのだという学会の大胆なメッセージとして解釈できる。大石寺での小笠原事件（第二章参照）が示すように、学会信奉者たちは、牧口常三郎の妥協拒否を日蓮正宗が支持しなかったことを、宗門攻撃の正当化に使った。『人間革命』は、国家の圧力の下での日蓮の抵抗をもっとも再現しているのは誰かという点について、創価学会が再び宗門に思い知らせているものとして読める。

そして戸田は、真の仏教の敵を猶多怨嫉（ゆたおんしつ）の概念を使って説明する——いまや（末法の世には）仏法を広めようとする使命に嫉妬し憎む者も多いというのだ。そうした輩の中でも権力者としての国家ほど大きな敵はないと戸田は述べる。[33] 池田は、山本という小説化されたペルソナを通じ、この恐ろしい国家当局に対する自己犠牲の系譜に己を連ねようとする。これは時間や日付の神秘的なつながりや、戸田が弟子の傍らで死ぬ覚悟だと繰り返し宣言したことで裏づけられる。ここから、池田との絆についての戸田の主張は、ますます強く登場するようになる。伸一の苦しみは、そのまま戸田の苦しみであった、と戸田は宣言する。戸田は満足に眠ることはなかった。まどろんだかと思うと、伸一の夢を見ては眼を覚ました。山本は戸田の命[34]であり、広宣流布の一切を託さねばならない分身であった。分身とは仏教用語で、変身した身体の概念とむすびつく（化身、サンスクリットではニルマナカーヤー）。これは生きる者を悟りに向けて導くために作られた、物理的な存在としての仏陀の仮の姿だ。こうして池田は、仏陀の物理的な現れと同一視される。仏陀の存在と同一視する弟子のために、戸田はことあらば自らが犠牲になることを固く誓ったのである。[35]

山本は拘置所で、主任検事から長々と尋問を受ける。これは狡猾な人物で、小説の中では三類の強敵の中でも最強の者とされる僭聖増上慢になぞらえられている。これは日蓮仏教の中で、外向きには聖人として振る舞い世間一般には尊敬されているが、内面ではまちがった見方を抱き、真の仏法に従う者たちを迫害するよう現世の権威をそそのかす敵だ。この世の名声に貪欲で、誹謗的な見方を促進するこうした師たちは、強力な在家支持者を惹きつける。[36]山本の尋問官たちは、大阪の選挙活動を命じたのは戸田だという。その晩、眠れぬ山本は病気の師匠が再び投獄されかねないと苦悶する。山本は、すでに高齢で戦時中の獄中生活で弱っている戸田は、再び投獄されれば間違いなく死ぬと確信している。山本は、独房の壁に何度も頭をぶつけ、苦悶の中で一言叫ぶ。「先生！」。そして戸田と創価学会を守るために自分が犠牲者になろうと誓う。[37]

二〇〇七年一一月、私は創価学会の名古屋にある中部本部を視察した。これは名古屋市のランドマーク名古屋城の向かいにある。大講堂は、御本尊を祀った巨大な仏壇の前に学会員が九〇〇人並べる畳部屋だが、そこに『人間革命』のこの場面を記念する絵が飾られている。この絵は右手の壁に、二〇〇八年のスローガンである「人材・拡大」のバナーの下に飾られていた。若々しい池田が夜、独房の中にYシャツ姿で立っているところを描いている。眼に燃えるような輝きをこめて横を見ており、眉をひそめ、拳を握りしめている。一筋の光が窓の鉄格子を貫く。この絵が巨大な学会施設の大講堂に、御本尊の見えるところに飾られているという事実は、この瞬間が創価学会史で与えられている重要性とそれが奨励する倫理を物語っている。

「大阪」の章は、投獄された指導者を擁護するため学会員たちが集会を開くところの描写で緊張が高まる。一九五七年七月一二日、学会員四万人が東京の蔵前国技館の内外に集結し、山本と小西（同じ罪状で逮捕されたもう一人の青年部幹部）の釈放を要求する。東京大会と名づけられたこのできごとは、公選法違反で有罪とされた学会員四一人の名前を読み上げて、除名する。大会の終わりは、質疑応答の質問会で、学会員たちが戸田城聖の指導を求めるものだった。[38] ある若者は、譴責された学会員たちには除名以外の道はないのか尋ねる。戸田は、創価学会は会社や世間一般の団体ではなく、仏陀の真の教えと日蓮大聖人の広宣流布の真なる精神を広めるのにひたすら献身する団体なのだと述べる。彼は、この使命を守るために耐えねばならない苦難の証明として、戦時中の牧口の獄死を改めて思い出せと呼びかける。その使命は菩薩の徳である不惜身命の精神でやらねばならないのだ。[39] 戸田は大会に集まった学会員たちをたしなめる。みんな善意だが、妙法広布に殉じようとはしない。難を受けなかったということは、本気でやっていないのだと言うのだ。戸田は、除名の決断がかわいそうでならない、なぜなら唯一の真の道である創価学会から除名される以上の不幸はないからだと述べる。

池田は慎重さを発揮して、創価学会から除名された人々の一部は、猛省して前非を悔いたので復帰を許され、そして復帰した人々は立派な地元のリーダーになったと小説に書いている。この記述は重要なジレンマを提起している。もし創価学会が万人を正道へと改宗させるのに献身しているのであれば、なぜ世俗法を犯した人々を除名するのか？　創価学会は、弾圧的な世俗政権を糾弾しつつ、同じ世俗政権の法律を破ったことで会員を追放するという、パラドックス的な基準を作り上げたように見える。どうやら何よりも優先されるのは、学会の指導部を守ることらしい。法的なスキャンダルを通じて創価学会の評判を下げる会員はすべて、学会員の地位を失う危険を冒すことになり、そのスキャンダルが集団のトップ幹部に近いほど、組織はその違反者たちをさっさと追放してしまうらしい。『人間革命』が、池田（作中の山本）に対する戸田の配慮を強調することから、創価学会の将来は未来の指導者の保護にかかっているのは明確だ。模倣国家のメタファーに従えば、学会の未来の若き指導者を脅かす法的侵犯は反逆がもたらす生死に関わる脅威に似ている。反逆罪は、その個人への結果がどうあろうと、最大級の処罰を正当化する。大阪事件以来、スキャンダルの発覚した高位学会員たちは、組織内の地位からさっさと追いやられるか、創価学会そのものから除名される。[40] 創価学会はその除名によって、タブーと見なされる行動のパラメーターを明らかにする。[41] 創価学会の場合、正統性を定義するのは池田に刃向かって反逆する人々の排除であり、『人間革命』は信奉者に対し、そうした形で反逆する人々の処罰という強制力を行使する創価学会の力を思い起こさせる。

場面は、狡猾な主任検事による山本の取り調べに戻る。検事は山本に、弁護士がもう大阪にいないから尋問中に助言できないとウソをつく。独房内での戸田への誓いの後で、山本はもはや当局に話すときに敬語を使わない。これは彼の決意のあらわれで、また池田と日蓮との暗黙の融合をさらに示すものだ。日蓮の有名な国家諫暁を思わせるからだ。[42] 結局、大阪の検察当局は山本と小西を勾留しつづける証拠を出せず、この状況を穏便に終わらせるため、七月一七日までに釈放しようとする。また、どうやら創価学会がその日に大規模な支援大会を開く予定だというのを聞いたらしい。

章の最終部分は、一九五七年七月一七日大阪大会の詳細だ。池田の出廷はその後四年半にわたって続き、一九六二年一月に池田はすべての容疑で無罪となった。この期間、池田は急速に拡大する関西の学会員たちとの絆を固め、今日では大阪地方は池田大作一筋の忠誠心で有名だ。学会員たちは関西地方を「常勝関西」と呼び、他の地方で私がやりとりした学会員たちは、しばしば自分たちの活動がどれほど誠実で強力であっても、関西の学会員たちの献身ぶりにはとてもかなわないと謙遜してみせる。創価学会は関西会員たちを賞賛し、地域の会員たちの集合的な記憶を物語る、学会員たちの証言集や記録を刊行している。[43] また学会は、恩師記念室という小規模ながらきわめて重視されている展示室を関西本部に維持している。信濃町と大阪の本部のあいだでしばらく相談の後、私は二〇〇八年六月一八日に、この展示で描かれている多くの出来事を実地に体験した。人当たりのよい事情通の副会長に連れられて、この施設を見学した。[44] この展示は、大阪中央の上本町にある巨大な学会施設集合体の中の、小さな文化会館の一部屋で行われている。訪問者は、一階のスクリーンの裏に隠された小さなエレベーターで入る。この展示の存在を示す標識はなく、訪問者には常に学会職員が付き添い、写真撮影は禁止されている。展示は主に写真、最初期学会員の手紙、大阪関連の学会の出来事を示す「聖教新聞」の記事などの文書だ。関西地方における創価学会の発展を示す便利な年表があり、詳細なタイムラインが出ている。その発端は、堺市における一九五二年八月一四日の座談会への池田の最初の出席記録文書だ。それを皮切りに、その後数十年の波瀾に満ちた出来事が示され、最後に国連などの国際機関から一九八〇年代と一九九〇年代に与えられた栄誉に至る。学会の主要な出来事の下に日本の年表が添えられ、創価学会の成長を日本の国の発展史と重ねあわせている。

その部屋の中核とされ、この施設がこれほどの畏敬をもって扱われる理由となっているのは、池田が一九五七年七月三日に逮捕された時のアイテムのコレクションだ。池田が収監されていた独房の鉄扉の一部、裁判官に向かってすわっていた椅子、無罪を主張した証言台、彼が話したマイク、彼が履いていた革靴、さらには裁判所の照明や、建物の正面にあった大理石の看板（大阪拘置所）まで——つまりは、池田大作個人と関連したアイテムで回収できるものすべて——が、大阪大会の劇的な記述と並んでいる。展示されている文献には、「聖教新聞」の記事や矢追さん（関西のお母さん）からの手紙の複製も含まれる。[45] こうしたものは通常は隠されており、写真に撮ってもいけない——創価学会が他にこんな保護をしているのは御本尊周辺の場所だけだ。学会本部がこれらに示している畏敬の念は、仏教伝統における遺物の儀式的な扱いを思わせる。

『人間革命』の大阪大会を描く部分における驚くべき側面の一つは、自然界——天気や宇宙——が山本とその支持者の情熱に共鳴している様子だ。その日は暑く、湿り、日差しもきつい。早朝から開襟シャツ姿の若者が拘置所の塀の外に集まっている。正午近くには、山本の従順な妻峯子も含め、数百人が山本の登場を待っている。川をはさんだ対岸の中之島公会堂には、さらに何千人もの学会員が、夕方六時から始まる大会のために集まっている。公会堂近くの河岸では、青年部音楽隊が、東京からの夜行バスで到着したばかりなのに、拘置所のほうに向かって、力の限りトランペットやドラムで学会歌を演奏し、若い顔からは汗が流れ落ちる。『人間革命』の新しい版では、これは音楽隊と呼ばれているが、一九五七年には正式には軍楽隊と呼ばれていた。ここに見られるのは、名称を現代の学会員たちに馴染みのあるものに合わせつつ、歴史上のこの時代における学会の軍国主義的な側面を控えめにしようという試みだ。[46]

拘置所から通りに出てきた山本を、明るい太陽が照らす。彼は即座に大阪の伊丹空港にはせ参じ、東京からやってくる戸田を迎える。山本が、師匠のおぼつかない歩き方に気がつくことで、物語（ナラティブ）は戸田の死の先触れをしている。二人は空港で語り合う。戦いはこれからだよ、御本尊様はすべてわかっていらっしゃる、と戸田は指導する。勝負は裁判だ。空港での面談にいた弁護士たちとの相談で、二人はもし山本が有罪になれば最低でも懲役六ヵ月だと言う。戸田は、中之島公会堂での夕方の集会に関心を移す。警察が学会員たちに発砲するかもしれないという。警察が武装しているなら、自分が先頭にたって乗り込む、自分は当局の手にかかって死ぬのを決して恐れない、と戸田は結論する。[47]山本はまたもや、師匠の慈愛に圧倒される。[48]この頃には、戸田は単に殉教を恐れていないどころか、むしろ殉教を望んでいるのだという明らかな印象が生じる。池田による戸田の発言においては、師匠戸田が日蓮の殉教的な熱意の、後継者のお手本としてのイメージが拡大されている。

午後六時、指導者たちは大阪大会の開始を告げる。いきなり大雨が降りはじめ、空は稲妻と雷鳴で満たされる。誰ひとり立ち去ろうとする者はいなかった、と池田は書く。場外にはスピーカーが特設されていたが、公会堂内の声は激しい雨の音にかき消されて、大歓声と大拍手しか聞き取れない。山本が登壇すると、雨はさらに激しさを増す。場外の人々は、山本の声を聞いて、安堵と喜悦にわれを忘れて拍手を送ったが、その言葉は聞き取れない。[49]公会堂の中で、山本は大御本尊の加護を受けて不正義から解放されたと宣言する。山本によれば、戸田は法華経の三類の強敵がいて、その最強のものが僭聖増上慢、つまり外面は敬虔なのに内部では邪心を抱き、正しい教えに従う人々を追い落とそうとする輩だと語っているのだという。こうして戸田は日蓮の御金言「大悪おこれば大善きたる」を改めて確信したのだ、と語る。[50]「戸田先生のまことの弟子として、おたがいに、ますます信心を磨いて、絶対的幸福をつかむためにも、大聖人様の御遺命であり、御予言である広宣流布を成就するためにも、一生懸命に闘い抜いていく」[51]。集まった学会員たちは、山本の勇敢さに啓発されて泣く。激しかった雨は、山本の挨拶が終わる頃には、急に小ぶりになる。これほど情熱的ではなく（重要でもない）小西が登壇して、学会員たちの支援に感謝する番だからだ。小西の演説の後で空は晴れ、夕暮れの空に虹がかかる。理解できない読者のため、その晴れた空は、指導者たちの釈放の喜びをかみしめる、晴れやかな同志の心を象徴しているのだ、と『人間革命』は述べて、この比喩をご丁寧に説明する。[52]

それから戸田が壇上に立ち、率直な物言いでそれまでの大仰な話を戒める。山本の「十日や十五日入ってきたなんていうことは、蚊に刺されたようなもんです。私なんか、戦争中に二年だからな」[53]。戸田は、正法のためなら、もう一回くらい牢獄に入りたいと主張する。広宣流布のために戦わない結果のほうが、この世での運命よりも心配だからというのだ。池田の厳しい批判者ですら『人間革命』は戸田のありのままの人格を赤裸々に描き出していると述べる。[54]一見すると、師匠による一蹴するような評価を採録することで池田が自分の苦労を矮小化するのは、パラドックスめいて思えるかもしれない。だが、この表現は重要な前例を作り出す。池田の戸田に対する卑下は、池田への畏敬の中で弟子たちが繰り返すべきパターンなのだ。この描き方はまた、池田の経験など戸田や牧口、日蓮が信仰を守るために体験したこととは比べものにならないのだ、という批判を先まわりして封じ、抑え込むものになっている。

戸田は、その後まもなく大会を閉会し、全学会員は学会歌を合唱しはじめる。この時点で、公会堂の外には何千人もが集まっている。みんな山本が公会堂の二階の窓に姿をあらわすのを熱心に待っているのだ。山本は二階の玄関に設置したマイクのところに近寄る。彼は扇を振っている。これは日本舞踊や、近代以前の軍指揮官が部隊の指揮に使ったものだ。音楽隊は玄関前にやってきて、集まった信者のために学会歌を演奏する。池田は怒りと悲しみの中、自分とともに耐えてくれた学会員たちを指揮する。男女ともに声を張り上げ、その大合唱が夜空に舞った。その皮切りは「日本男子の歌」だ。歌い手たちは、公会堂の対岸にある検察庁に届けとばかりに声を向ける。やがて憤怒は歓喜に変わっていった。夜空の雲の切れ間に、星々が伸一を祝福するかのようにきらめいていた[55]。

大阪の章の最後では、小説は山本伸一を、シャトー・ディフに囚われたモンテ・クリスト伯になぞらえる。大会が終わりに近づくにつれ、伸一は巌窟王モンテ・クリスト伯ののこした最後の言葉を思い起こす。「待て、しかして希望を忘れるな」。こうしてこの最後の一節で、池田は日蓮仏教と世界文学を通じて、自分を戸田とオリジナルの『人間革命』の登場人物・巌とに結びつけているのだ。戸田のように、池田は自由を犠牲にしても、この世の敵に向かって日蓮の教えを守護する意思があることを証明した。池田の師匠、大量の学会員たち、さらには宇宙までが彼の擁護にはせ参じる。彼らは、この世の困難に対する彼の勝利と、創価学会の文句なしの指導者という正統な地位を裏づけるのだ。

## 創価学会のドラマチックな物語(ナラティブ)の正典化

『人間革命』は、池田に至る学会指導層を、ルーツたる日蓮正宗を十分に代替できる存在として位置づける手段と見ることができる。このようにして、創価学会は宗派紛争のあいだに権威となるテクストを整えて、ライバルを非正統に見せるという昔ながらの手口を使っている。この小説は、池田のリーダーシップが攻撃を受けたときに、正統性を確立しようとする創価学会の企ての一つとして登場した。『人間革命』の著者たちは、仏教と近代文学の強力なリソースに頼って、創価学会の文句なしの指導者を、仏教の正統な継承者であると同時に人道主義の鑑へとまつりあげ、それを疑問視するどんな相手よりも、あらゆる面で優れているのだと描き出す。小説は、池田の権威に対するあらゆるライバルの可能性を事前に閉ざした。特に最初に出版されたときには、日蓮教義の正統な保持者として機能していた宗門は、完全に否定されている。

だが『人間革命』は、親の宗門に反駁することで、自分たちの主導的地位の主張を強化しようとする、創価学会の戦略にとどまるものではない。国民文学の模倣的な等価物の核となっているのだ。それは学会信奉者たちが、その倫理的形成に際して参照するテクストの集成であり、創価学会の集合的な起源についての啓発的な物語(ナラティブ)であると共に、彼ら個人の信徒としての犠牲を正当化してくれるものだ。そして、ゲーテに刺激された「はじめに」では、歴史的な出来事の表現の困難さを述べてはいるものの、創価学会は『人間革命』を、団体の歴史の議論の余地なき記録として扱い、実質的な正典として法華経と日蓮著作集に並ぶものだとしている。たとえば学会の月刊学習雑誌『大白蓮華』は、一九六五年八月から一九六六年三月まで座談会の記録を発表したが、そこでは学会と公明党のトップたちが、この小説を「学会精神の生きた指導書」と呼んでおり、「信心のことは、池田先生のもとに直結する以外にありません」と述べている。この座談会はまた『人間革命』を、池田が戸田の唯一の正統継承者だという証明なのだと述べて、「池田会長は、戸田先生の思想を正しく後世に伝え、広宣流布のため、出現になられた」という。[56] 一九七〇年から、学会の教学部（当時は池田の弟子原島嵩が部長）は教学試験（現在の任用試験、第五章参照）の教材に日蓮『御書』や法華経と並んで『人間革命』を含めるようになった。[57] 創価学会は同年、『人間革命』を大石寺などの夏期講習会などで教材として使い始めた。[58] 一九七七—一九七九年には婦人部率いる草の根学会員たちが、宗門と日蓮著作から権威を奪おうとしているという日蓮正宗からの池田に対する批判に反発して、読了運動を開始した。読了運動は、日本全国で行われた地元連続座談会で、学会員たちは『人間革命』を最初から最後まで通読し、池田と学会の歴史に没頭して読みふけったときの個人体験を語り合う、というものだ。[59]『人間革命』の二〇一三年第二版の発行で、学会員たちは新しい読了運動を開始した。学会の各種ウェブサイトからは、フェイスブックの学会ページや主要サイトSOKAnet.jpを含め、小説とその続編の各章を読み終えた日付を記録できる表がダウンロードできる。学会信奉者たちはしばしばこうした表を家の仏壇の横に張り出して、日々の勤行の目標としている。こうして小説は、フィクションと「正史」の領域を出て、ソーシャルメディアに支援された儀式の実践にすら入り込む。

次の章では、『人間革命』を聖典、自分の人生を物語るガイドと考え、それを共有し、筆写したりして崇拝することで御利益をもたらす聖なる物体として扱う学会員たちの、民族誌的な記述を紹介しよう。学会員たちがどのようにして創価学会のドラマチックな物語(ナラティブ)を、学会組織とその中での自分の立場にどのように翻訳するかを理解するもっともよい方法は、正典というレンズを通すことなのだ。

第四章

# 正典への参加——新宗教における聖典の形成

「それなら、絶対に『人間革命』をお読みなさいよ。全部本当なんですから――ウソじゃないの！」

時は二〇〇七年九月一四日、東京から大阪への早朝市外電話で、吉浦さんと話しているところだ。彼女は古参の婦人部員で、学会員の何人かが、関西地方での発展に興味があるなら是非話をきけとすすめてくれた人物だ。関西地方は、終戦直後にはまったく学会員がいなかった、と彼女は言う。この地域の学会の強さはすべて一九五〇年代、戸田が池田大作（彼女は他の学会員同様、一貫して「先生」と呼ぶ）をこの地方の改宗活動に派遣したときからきているのだ、と。吉浦さんは、しばらくはぐらかしたものの、結局一一月の大阪訪問時に会ってくれることになった。『人間革命』のエピソードを体験した人々の話を直接ききたいという私の説明に安心したようだった。

学会信奉者で、インタビューの申し込みをかわそうとして『人間革命』を読めと言ったのは、吉浦さんが最初でも最後でもない。会員たちは、小説化された団体史を、集合的な過去の創作的な語り直しとは受け止めていない。彼らにとって、それは聖典としての権威を持つ記述なのだ。今日の学会員たちは、日蓮や法華経を読むよりも『人間革命』など池田の著作を読むほうがずっと多いし、こうした仏教文献を読むときにも、池田の著作内での解釈を通じて触れる場合が多い。池田の名前で刊行される学会出版物は、実質的には仏教経典から新しいテクストへと正典を拡大するものであり、現代の読者たちはそうした新しいテクストを、歴史的仏陀から日蓮を経由して、創価学会創立の会長たちへと継承されたものと捉える。『人間革命』の波瀾万丈のドラマの登場人物である池田は、日本のモンテ・クリスト伯であり現代の日蓮として賞賛されている。現代の英雄的理想と現代への仏法伝達者という強力な組み合わせとなっているのだ。

『人間革命』は露骨な並列的表現とメロドラマ的な言葉の使用で、池田のお気に入りの『三国志』や一九世紀後半のロマン派作家ヴィクトル・ユゴー、ロマン・ロランなど、池田の演説や著作で頻繁に引用される叙事小説と同じジャンルに含まれる。同時に『人間革命』などの池田の著作は世界文学の巨人たちを創価学会の星座の中に位置づけなおす。仏教と近代文学を混ぜ合わせるやり方は、戸田城聖の下で活動初期から見られた。創価学会の急成長第一段階における青年指導部は、水滸会というエリート組織の一員として戸田から直接教えを受けた。この会の名前は中国の叙事小説『水滸伝』からのもので、戸田はこの会を一九五三年に設立した。[1] 初期の学会史は水滸会を、次世代宗教革命における人材として育成された、戸田の取り巻きの弟子たちとして賞賛している――この活動は、学会の制度構築活動の多くに見られるように、女性学会員から始まった。女子部は一九五二年一〇月に華陽会を結成した。水滸会と同じく、華陽会という名前は中国の叙事小説を思わせる。[2] 毎月第一・第三火曜日に女子部の学会員二十数名が戸田と会って、チャールズ・ディケンズ『二都物語』やイプセン『人形の家』などの小説を読み、女子にふさわしいとされたリーダーシップのあり方を育んだ。学会の制度的な規範は男性のリーダーシップ育成を優先する。水滸会を形成した青年四三人――池田もその一人――も月に二回集まり、指定された小説を読んだ。まずはホール・ケイン『永遠の都』だ。これは一九〇一年の長編で、近代ローマの架空史が英米人の登場人物を使って語られ、政治改革者が一般人を飢餓と窮乏から救おうとする中で教会当局に誤って逮捕される話だ。[3] その後、水滸会での研修は、『水滸伝』『三国志』、アレクサンドル・デュマ『巌窟王』、ニコライ・ゴーゴリ『タラス・ブーリバ』といった古典小説に進んだ。[4]

水滸会の青年たちが吸収した長編は、ほぼ例外なくメロドラマ的な歴史物語で、不当に暴徒扱いされスケープゴートにされたのけ者たちが、抑圧的な勢力に打ち勝って、革命的ビジョンを実現するというものだ。戸田の生徒たちは、似たような主題を持つ翻訳小説を選んで読んだだけではない。全員が同じ小説を何度も繰り返し読むのだ。その小説はどれも、抑圧された個人や少数派が圧政を克服するという内容だ。正義の革命的な偉大さに若き信者たちを繰り返し触れさせることで、戸田は創価学会の使命について具体的な美的ビジョンを創り出し、台頭しつつある指導層に対して、自分たちの行動を邪悪な支配に対する闘争としてまつりあげる、自己認識を与えたのだった。そうした認識をもっともうまく不滅の存在にしているのは、世界文学の正典から引用された伝統なのだ。戸田の死後数十年における創価学会トップ指導層のほとんどは水滸会の出身で、そこで彼らはこの文学のレトリックを演説や著作で真似るように学習した。彼らが内面化した伝統は、創価学会独自の文芸テクスト集を創る方法のパターンを生み出した。

創価学会のテクスト形成を観察するのは、新しい正典の形成を目撃することではないだろうか。『人間革命』などの学会テクストは、吉浦さんなどが文字どおりの真実と見なすもので、宗教著作と文芸著作の境界をなくし、日蓮仏教と近代人道主義という創価学会の二つの遺産を永続化させる。創価学会が教育システム、官僚制、メディアなどの近代国民国家における重要な機能を自分の組織内で再現するのと同様に、国民文学の模倣版を構築したわけだ。つまり、倫理的行動の実用的な例として信奉者たちが参照する、莫大な出版物のコレクションで、学会の人材を育てる研修プログラムのカリキュラムとして使われるものだ。

## なぜ新宗教に参加するのか？　参加型正典の魅力

第三章では、創価学会が近代小説を使うことで、ドラマチックな物語（ナラティブ）を通じて師への奉仕をまとめあげているのだと論じた。ここでは『人間革命』以外にも眼を向け、創価学会テクストのすべて、創価学会の正典ともいうべきコレクションを考察する。正典とは、宗教においても文学においても議論の分かれる分類であり、なかなかうまい定義がしづらい。聖典と同じではないが、マクドナルドとサンダースが正典と正典性をめぐる論争で指摘するように、どちらの用語も「信徒コミュニティの中での聖性と権威」を示す。正典を示すギリシャ語「カノン kanōn」は、kanē からきており、これはセム語系の kaneh（長さを測る棒）から拝借した言葉だ。つまり、すべてを判断する基準である。この用語はクライテリオン kritērion、つまり建築や彫刻で模倣されるべき完全な基準、または標準を指す。[5] 現代日本のような、この語源からはるかに遠い文脈においてすら「正典」という用語は、何が正典であって何が正典でないかの明確な境界線を与えるよりはむしろ、テクスト生産者が倫理的基準と美的な基準とを結びつける方法を捉えた有用な区分として使える。これはジョン・ギロリーの分析に従うものだ。[6] 仏教と人道主義という学会の二つの遺産をもっともよく理解するため、私は宗教研究と文学研究の両方を参照する。これは学会のプロデューサーたちが自分たちのテクスト基盤をつくるために、宗教や文芸から気ままに拝借する方法と同じだ。ときには正典と聖典を同じに扱うことで、信奉者たちがテクストと正典への参加に示す畏敬の念を反映させ、さらには『人間革命』のような文学、歴史、啓示された真理として扱われる文書の曖昧さを反映させるようにしよう。

ある宗教の、初期のテクスト生産段階は、古い伝統の中では手に入らない、わくわくする可能性を含んでいる。新宗教や、文字基盤に基づく権威を持つ新しい非宗教的な組織でも、可能性としてもっとも大きなものは、自分の人生の物語が、聖典として扱っているテクストそのものの中に温存されているのを見ることだ。このプロセスは創価学会でも明らかだ。『人間革命』は完結したが、『新・人間革命』はいまだに執筆途上であり、[*]学会員たちは池田の演説や他の池田関連文書、たとえば「聖教新聞」に毎日掲載される学会員の証言などを権威あるものと見なす。非常に徳が高いとみなされた学会員は、自分の人生の挿話が、学会コミュニティ内部で不可侵の権威を持つものとして畏敬される記録の中に登場するのを見ることもあり得る。このインタラクティブな可能性のため、創価学会のテクスト集成は、私が参加型正典と呼ぶものとして理解できるのではないかと提案したい。これはつまり、生きた信奉者たちが登場する、聖典として機能するテクストの集まりだ。

伝統的な意味での正典は、読者に行動のお手本となるものを提示する。人は、古い宗教作品や文芸作品において、自分がある登場人物と比喩的に等価と考える。たとえばヨブのようにだまされ、仏陀の弟子アーナンダのように忠実で注意深い、あるいは『高慢と偏見』のエリザベス・ベネットのように聡明で折り目正しいといった具合だ。[7] しかし、自分が本当にヨブやアーナンダやエリザベスであると主張したら、それは妄想だとされるだろう。これに対して「参加型正典」は、正典の中で他人が見習うべきお手本に自分が実際になる機会を提供してくれる。だから熱心な学会参加者は、わくわくするが畏れ多い機会を与えられている。自分の個人的な行いの記録が正典となり、将来世代はそれを規準に己を省みるようになるかもしれないのだ。

仏教の経典は、歴史的な仏陀釈迦牟尼が、慎ましい人々と出会ったエピソードをたくさん含んでいる。それは有徳な行動や警告の物語として保存されている。日蓮の著作の相当部分は、鎌倉時代の日本で処罰の危険を冒してまで日蓮を支援してくれた男女とのやりとりだ。彼の忠実な支持者は、在家仏教徒の鑑として生き延びている。学会の物語に登場する人々は、はるか昔の伝説からではなく、馴染みの学会員仲間だ。学会員は、ベネディクト・アンダーソンが「匿名の共同体」と呼んだものの中で、『人間革命』や『新・人間革命』の匿名人物として、あるいは名誉会長の演説や新聞の証言で名指しされている自分を指摘できるのだ。[8] 信奉者たちは何度も地元の学会集会に通って、「聖教新聞」に記録された体験について回想したり、『新・人間革命』の中でお気に入りの学会の主題、たとえば師弟関係や敵に立ち向かって打ち勝つといった主題の代表として、自分が永遠に記憶されているのを見たりする。学会員たちは絶えず、友人やご近所たちの物語が、自己犠牲的な決意のおかげで、集団の集合的な記憶の中での不滅性を約束されて報われるのを見る。学会員たちはしばしば、お互いの体験談を学会刊行物で見かける理想形態と比べる。特にインパクトのある体験談は指導者たちに「聖教新聞に掲載したいぐらいすばらしい体験」とほめられる。[9] 年配の学会員に会うと、『人間革命』や『新・人間革命』を持ち出してきて、団体の公式年代記の中に自分が（匿名で）登場した部分を指摘

＊『新・人間革命』も二〇一八年九月で連載が終了した。

してくれる。[10]

創価学会のテクスト形成プロセスへの注目は、原初的な疑問である「なぜ評判の分かれる新宗教なんかに入信しようとするのか？　なぜ信奉者は、他の信仰すべてを拒絶することを求められ、時間もかかるし手間もかかる集団活動に参加させられ、たった一人の指導者の下でますます一本調子となる師弟関係に専念し、基本的に集団外の人々から確実に白い目で見られるようになるのに、そんな組織に人生を捧げようとするのか？」に対し、新しい回答を提供してくれる。新宗教研究の多くは、なぜ人々が新宗教に入信し、何が彼らをそうした集団にとどまらせるのか、という理由に注目してきた。[11] エイリーン・バーカーは、いまや古典となった統一教会〔現世界平和統一家庭連合〕研究で、この教会が改宗者に対して、似た者同士の信者たちが自分を評価してくれる相互支援コミュニティに参加する機会を与えてくれて、しかもそれが現世と超越的な確実性の強力な組み合わせを約束してくれるのだ、と強調している。彼女の最近の研究は、新宗教はその新しさ自体が改宗者にとって魅力なのだと主張している。[12] 西洋の新宗教をめぐる最近の研究は、社会的には周縁的とされる集団を理解するにあたり、彼らが登場してきた宗教文化的な環境の中で周縁性を文脈化している。ベンジャミン・ゼラーの、集団自殺で知られるヘブンズゲートをめぐる研究は、この方向の探究の代表例だ。[13] 日本の新宗教に関する主導的な学者は、現世利益の約束が新宗教を魅力的にしていることを強調する。島薗進とイアン・リーダーの刊行物は、この面で特に影響力が強かった。[14] 日本を研究する他の人々は、新宗教の参加者に対するセールスポイントとして、生を肯定する活力と、わかりやすいスピリチュアリズムを挙げている。こうした研究は一九七〇年代に、日本の宗教社会学者が先鞭をつけ、最近ではスピリチユアリティというとらえどころのない分野の研究が見直されてきている。[15] ヘレン・ハーデカーは、新宗教に共通する世界観に生命論を含めている。つまり、こうした組織の内部で涵養されている、自己育成を通じた主体性実現の責任を実践者たちに負わせ、自分の中の力と宇宙の力をつなげる、力をもたらす放射的な関係と感謝の気持ちを表現させるというものだ。[16] 最近の例として、塚田穂高は日本の新宗教の魅力として、宗教的ナショナリズムを社会における権力の強化につながる政治活動へと振り向ける点に注目している。[17]

創価学会は歴史的に新宗教のレッテルを拒絶してきたことは指摘しておこう。これは第二章で述べた、二〇一三年一一月に池田が広宣流布大誓堂で創価学会を「伝統ある教団」と呼んでいることからも明らかだ。『折伏教典』など初期の戦後出版物では、創価学会は新宗教や新興宗教（二〇世紀初頭に広まった侮蔑的な用語）ではないと述べられている。むしろ自分たちは日蓮正宗のもっとも忠実な代表として、永遠の仏陀日蓮の法を受けており、したがって最古の教えの直系なのだと主張する。[18] 創価学会はそれでも年代的には、比較的新しいし、そのテクスト創作プロセスは「新宗教のどこが新しいのか」という質問への新しい答えを示唆するものだ。何十年にもわたり、学会信奉者たちは自分や仲間の信者たちが正典と見なす刊行された記録に参加する機会を享受してきた。この点で私はオラフ・ハマーとミカエル・ロスシュタインとは意見を異にする。彼らは新宗教が創り出す正典は、古い宗教伝統が生み出したものと同じやり方で分析されるべきだと述べる。[19] 創価学会員たちは正典的な扱いで書かれた新しい著作集の中に、個人として祀られる可能性を与えられたのだ。これは定義からして、いま創り出されている最中の新宗教以外では得られない機会だ。[20]

はっきりさせておくべき点として、創価学会はこれまでも今も、新しい宗教的な経典という意味での独自の正典文献を自ら書いたと主張したことはない。この集団の中核にある仏教教義はいまも法華経、特に方便品第二と如来寿量品第一六および日蓮著作集だ。日本の創価学会と創価学会インタナショナルは、これらのテクストの正統な保持者であると自負している。だが創価学会は、自分たち自身の著作を、仏法保持の唯一の信頼できる方法だとも主張している。第三章で述べたとおり、『人間革命』二〇一三年第二版の編集者は、創価学会を仏意仏勅の創価学会だとしている。だが学会の正典で温存されているのは仏教だけではない。学会文献は仏教教義の勉強や牧口および戸田の執筆した学術的な内容の論説と小説いくつかという少数のテクストだったものが、池田の下で何千もの、主に池田が執筆した著作へと拡大している。戸田時代と池田指導下最初の数十年では、学会員は『折伏教典』などの学会出版物を、日蓮『御書』の日々の研究における有益な参考書とみるように奨められた。いまや学会員たちは、『御書』の短い一節を、池田中心に書かれた文書内で提示された形で読む。このやり方は、池田の著作を聖典の領域に押し上げるものだ。

学会員との私の体験から見ても、彼らは池田の著作を正典として崇拝している。教学上の資格を問う任用試験（主に日蓮仏教についてのテスト）の受験準備をする学会員たちに加わって、二〇〇七年秋に研修ビデオを観た。そこでは年配の学会幹部たちが『人間革命』を創価学会の正しい歴史だと述べていた。[21]『人間革命』が重要視されていることを決定的に裏づけるのは、男子部のエリート研修サブグループである創価班へリクルートされるときの必読書が、日蓮の『御書』ではなく、この小説だという事実だ。たしかに彼らの訓練は、毎月の会合で『御書』の一部を読んで記憶するというものを含むが、新入者は『人間革命』を通読して、成績を示す必要がある。たとえばある世帯を創価学会に改宗させるか、「聖教新聞」の新規購読を一つ獲得するのだ。それができてはじめて卒業とされ、完全な創価班の一員になることが許される。このように学会は、池田の文学的自伝として表現された組織の歴史の修得を、信心深さの真の評価基準にしているわけだ。

『人間革命』への畏敬の念は、学会員たちが学会指導者の発言を経典にしてしまい、それを日蓮の著作とくっつけるという一般的な傾向と整合している。二〇〇七年一一月半ばのある午後、私は名古屋の北部郊外にある春日井の婦人部の高齢学会員たちのゲストとなった。彼女らは毎月、池田のエッセイと並べて『御書』の一部を精読するという座談会を開いており、私もそこに参加したのだ。数日後、この座談会に出席した七三歳の古参学会員井ノ元さんが、自分自身の書いた美しい色紙を三枚くれた。一枚目は「なにの兵法よりも法華経の兵法をもちひ給ふべし」という、一二七九年に日蓮が忠実な信徒四条金吾に送った書状からの一節が書かれていた。二枚目は御本尊との関係を強めるための唱題の重要性を述べた、戸田城聖著作の難解な部分、三枚目は「滝の詩」という、一九七一年に池田大作が書いた詩で、後に学会員に人気のある歌になり、SGI—USA壮年部の公式ソングとして採用されたものが書かれている。学会員たちはしばしば、唱題の間、インスピレーションとしてこの種の色紙を御本尊の近くに飾る。井ノ元さんは、何十年もしっかりした書道の訓練を受けてきた優れた書家で、私が目指すべきものにふさわしい三つの節を書くことにしたのだという。学会活動を始めた若きアメリカ人というわけだ。私が御本尊を受け取ったら、その色紙も適切に飾ってほしいと言う。

井ノ元さんの書による日蓮、戸田、池田の文書の筆写は、仏教の習慣を活用して、学会指導者のテクストを細心の注意をこめた複製を通じて崇拝するという、いまや一般的となった学会の慣習を示すものだ。二〇一一年三月一一日に、日本の東北地方を襲った地震、津波、原発災害の連続の後で、創価学会内部では、被災地の学会員たちが、池田大作からの激励を受け取って、絶望を決意に変えたという話が流通した。福島と宮城、岩手の各県の信者たちへのインタビューでは、津波に家を流されて避難した学会文化センターで三月一六日付「聖教新聞」を見たときの心が改まる経験を回想し、学会員たちは涙を流した。[22] 二〇一二年一一月、本部職員たちは、婦人部の一人が津波で夫と息子を亡くし、自殺寸前だったのに、「聖教新聞」に掲載された『新・人間革命』の連載を、一文字残らず書き出すことで回復したという話をしてくれた。これは写経の興味深い現代版だ。写経は僧侶と在家信徒のどちらにとっても功徳のある活動として仏教界で広く行われている。[23]

畏敬の念をこめてテクストを写し、儀式的にそれを崇拝するのは、確かに新宗教だけに限った活動ではない。創価学会の正典の特徴――そしてその延長として新しい聖典を生み出す創価学会のような組織の特徴――は、生きたメンバーたちが、崇拝をこめて写すテクストに含まれた自分たちの人生譚を記念する機会をもたらすということだ。正典生産に参加する学会員たちへの影響を理解するため、学会文書が口頭、筆記、放送という形式で再生産された一つのケーススタディを採りあげよう。そして、正典がリアルタイムで形成される様子を見ることで何が学べるか考えよう。

## 正典化される子供たち――次世代に師弟関係を投影

創価学会の関西創価学園から、小学校六年生の集団が二〇〇七年九月一三—一五日に東京へ卒業旅行に出かけた。その忙しい日程の初日、彼らは姉妹校の東京創価学園と交流を新たにした。関西からの生徒たちは、東京校の希望ホールで迎えられ、合唱や贈り物の交換など、東西日本の友好活動を実施した。関西創価学園の職員たちがオンラインに投稿した報告には、その日に生徒たちが学校の創立者池田大作と会い、激励を受けて、「卒業旅行で生徒たちはみんな、将来への誓いを新たにしました」と簡単に書かれていた。短い旅行記の残りは、生徒たちが東京ディズニーランドに行って、創価大学を訪ねた話と、コーラスの写真、二つの学会校の生徒たちが交流する様子と、ミッキーマウスと一緒にポーズを取る女の子たちの写真だった。[24] このちょっとした報告は、生徒や親や卒業生たち向けのよくあるお知らせに見える。だがここでは簡単に触れられただけの池田と関西の生徒たちとの出会いは、ひどくドラマチックにふくらませた扱いを受けることになる。その後の数日で、学会本部は日本中の地元リーダーたちのネットワークを動員し、各種の地元会合でこの出会いについて、大いに喧伝するようにした。同時に、学会の印刷やAVメディア媒体は、学校の卒業旅行の一項目を、何百万もの信者を啓発するための、人生を一変させる瞬間に仕立ててしまった。

訪問中の小学生と池田の出会いは、学会本部によって、子供の敬虔さ、自分の人生譚を名誉会長と結びつけること、国際的に尊重されている賞を求めることで創価学会の将来の偉大さに貢献するといった主題を築き上げる機会として整えられたらしい。この出会いは聖教新聞社の記者チームに取材され、「聖教新聞」九月一五日付と、写真雑誌『グラフＳＧＩ』の一一月号での記事や見開き写真で特集された。ビデオ班がその場面を撮影し、劇的な映像が一一月二八日に、日本中の何千という地元会合で上映される月刊DVDの一部としてリリースされた。重要な点は、地元リーダーたちがこの卒業旅行に続く数週間で、日本中の学会員集会でこの出会いについてのニュースを広めたことだった。学会の子供たちの体験を、魅了される聴衆たちに口承で伝えるという昔ながらの伝統に頼ったわけだ。二〇〇七年九月末から一〇月にかけて、私が東京や大阪の会合に出席したとき、この話がまったく同じようなドラマチックなナレーションにより語られて、学会の子供たちが指導者と「偶然に」出会った栄光が学会員たちを魅了する様子を目撃した。このプレゼンテーションをそのとおりに再現する価値はあるだろう。これに遭遇した最初の機会は、東京都世田谷区で学会員一家と暮らしているとき、次いで大阪の学会員たちにインタビューするため旅行したときだ。この実地記録は、この出来事のニュースが非エリート学会員の意識に浸透する様子と、創価学会の日々の記録に登場する他の無数の証言と似たり寄ったりの映像だったものが、団体の公式物語（ナラティブ）の中で特別な地位を持つエピソードとなる様子を反映している。

二〇〇七年九月の数週間、私は二四歳の第二世代学会員・圭太郎と、第一世代学会員となるその八四歳の祖母と、東京都世田谷区の小さなアパートで過ごした。九月一五日の朝、昨晩の残りものを朝食に食べつつ、私たちは大阪からの子供たちが池田と会ったというニュースを軽く話題にした。土曜版の「聖教新聞」は三面で、訪問した生徒たちを池田名誉会長が激励したことを報じ、彼が制服姿の子供たちを迎える写真を掲載した。「みんな幸福に！」「勝利者に！」といった大きな文字の引用がそのエピソードの冒頭を飾り、熱心な生徒たちを讃えていた。勉学、クラブ活動、日々の長い通学に耐えてきた生徒たちは、最終的にその師匠と会うことで報われたのだった。「今、夢に見た先生が目の前にいる」。[25]名誉会長と出会った学会員を「聖教新聞」が報じるいつものやり方に慣れていたので、このエピソードは特に突出したものでもなかったし、圭太郎もその祖母も別に気にも留めなかった。

九月二三日に私は圭太郎に連れられ、世田谷の大規模な学会施設で青年部の一連の会合に出席した。議事の最初は、ルネサンス大学校と呼ばれる、一年間続いた大規模な月次集会の最終回だった。ルネサンス大学校は、布教と学会集団活動への参加意欲を高めるための、青年研修活動だ。ルネサンス大学校の集会八回（一年分）に参加すると、若い創価学会信奉者はもっと高位のサブグループの正会員になれる。若者にとって、ルネサンス大学校からの卒業証書として、黄金のシールを貼ったスタンプカードを手に入れると、青年部のエリート先鋒部隊創価班参加への大きな一歩となる。[26]女子部は大学校経験を、白蓮グループ参加に使える。公式の学会活動の常として、ルネサンス大学校は創価学会の、次世代の男性指導者育成に向けた重点投資を強化するものとなっている。

タカシ・フジタニは明治国家が日本の臣民に対する権力を固めるためのページェントの分析で、栄光の過去との悠久の連続性を思わせる捏造された儀式が、一般人を国家の主権と結びつけたと指摘する。一八七〇年代末から、明治政府は日本が世界に占める位置についての物語(ナラティブ)を確保する儀式や物に「記念」という名前をつけはじめた。二〇世紀になると、日本の市民生活はフジタニが「権力の儀式」と呼ぶものを通じて、国民統合を裏づける記念日などの政治的儀式により統制されていた。これは君主が政治権威を超越性と結びつける演劇的なやり方に関するクリフォード・ギアーツを援用する議論だ。[27]創価学会が、その創立者たちが若かりし日々に吸収したであろう、帝国日本の威風堂々たる式典のきわめて楽観的なバージョンを忠実に再現しているのは、驚くべきことだ。今日、学会員の生活はルネサンス大学校などのイベントの連続で構成される。こうした機会は、学会員個人の活動を創立者の大望と結びつける、絶え間ないヒロイズムに満ちている。学会のイベントは、現代日本の政治儀式を真似ている。そのどちらも、日本の近代国民国家として台頭した時期に国際秩序を支配していた、公式儀典の西洋モデルに影響を受けている。これは学会がそのあらゆる機関で維持している勝利の美学を永続化させている。

フジタニはミシェル・フーコーを援用して、帝国日本の儀式が持つ機能を、国家が一望監視的な「天皇の視線」を核とした国民領土の空間的一貫性を誇示するための手法なのだと強調している。[28] 同様に、ルネサンス大学校などでの学会儀式は参加者を、ますます池田大作と密接に結びつけ、その存在を組織のあらゆる教育的な活動に投射するものとなる。私が参加したルネサンス大学校の最後は、世田谷区の学会の中心者である藤野という、こざっぱりした人物の演説だった。師弟不二について語ってから、藤野は大阪の創価学園からの生徒を池田が迎えた話を、ドラマチックに語りなおし、名誉会長が学会員をいかに鼓舞するかを説明した。数百人の青年部員たちは、初めて学会本部を訪ねたときの大阪の生徒の興奮を語る藤野に、熱心に耳を傾けた。東京でどこに行きたいかと子供たちに尋ねたら、みんな一斉に信濃町の創価学会総本部に行きたいと叫んだので、非学会員のバスガイドが驚いていた、という話でみんな笑った。藤野は、池田との宿命の出会いに向けてドラマチックに話の下地を整えた。そして池田の長い黒いリムジンが、生徒たちの見学する聖教新聞本社にやってくるところを描く。生徒たちは、彼が単に通りすがりに手をふるくらいだろうと思っていたのだという。ところが、と藤野は言う。その場にいた幹部たちは子供たちを、男子と女子の二列に整列させた。池田が車から降りると、本人を見て子供たちはみんな叫び声をあげた。池田は男子生徒みんなと握手し、女子生徒みんなを抱擁し、みんながんばって親を尊敬しろと言ったという。藤野は、この出会いを一生忘れないという生徒たちの証言を引きあいに出した。特に、ある生徒は池田に渡そうと手紙を持ってきたのだという。この子は抱擁されたとき、それを池田に押しつけた。その手紙には、いつか池田に直接会えるという宿命なのだと両親に教わってきたと書かれていたのだという。この物語で集会は終わり、ルネサンス大学校を八回受講した学会員は卒業して、青年部の中での階級が上がることになった。

藤野の話を聞きながら、私のとなりであぐらをかいて床にすわっていた雄二が泣きはじめた。雄二は二〇歳、背が高く脱色したもじゃもじゃの金髪だ。派手なスタッズつきTシャツがお気に入りで、すべての指に複数の銀の指輪をはめ、東京の若者の聖地である渋谷で当時最新流行だったファッションをしている。その派手なかっこうと荒っぽい態度は、レストランで働いていないときや、非学会員の友人たちと飲みに行っているとき以外に彼がつきあっている、ほとんどはこざっぱりした青年部の若者たちとは一線を画すものだ。世田谷区の労働者階級の一家で、第二世代学会員として育つ中、彼は学会のイベントに散発的に参加してきた。最初に雄二に会ったのは、彼が学会の入門教義試験となる任用試験向けに、地元の勉強会に参加したときだった。ルネサンス大学校での会合の数日後、私は再び雄二と会った。今回は安いファミレスでのことだ。ウェイターが注文を取りにくると、彼は私に向かって腕を突き出して笑い、数日前の夜に友人の正人とふざけてタバコでつけた根性焼きの列を見せてくれた。彼と正人は徹夜でコンビニの駐車場で飲み明かしたが、その後で二人は文化センターにでかけ、正人は御本尊をもらって新しい学会改宗者となったと聞いて私は驚いた。正人は雄二が改宗させた三人目で、この布教能力のおかげで雄二はエリートたる創価班の正規メンバーなのだった。ネクタイとYシャツ姿の青年部の理想とは乖離していたのに、複数の改宗者を確保したことで、もっと伝統的な仲間の学会員のほとんどよりも優秀とされていたのだ。

雄二がひどく苦労した唯一の分野は勉強だった。雄二は何度か高校を落ちこぼれ、私が出会ったときにはすでに、フリーターとして人生を送るのが確実に思えた。これは非正規の仕事でその日暮らしをつづける若者のことだ。創価班は、新入りはすべて『人間革命』を通読しろと要求しており、これは雄二の手に余る作業だった。さらに会合で、日蓮『御書』を池田の著作経由で読めと求められるのも、彼にとって頭痛の種だった。二〇〇五年は任用試験の受験勉強をしていなかったが、それでも受けるだけ受けた。何百人もの他の学会員と試験場にすわって、彼は二〇〇七年の試験に向けて勉強しようという気にはなった。だが、二〇〇七年の受験勉強講習は一回目だけで、あとは出席しなくなった。というのも仏教の説明がどれもむずかしすぎると思ったからだ。「ぜんぜん仏教知らない人に、どうやって説明する？」と彼は私に尋ねた。友人たちには、創価学会の高校新聞に単純化された形で掲載されている講演録を渡しているという。「オレは高校生じゃないけど、でも読みやすいから好きなんだよ。先生の説明？　最高。先生ってすごい」。

ルネサンス大学校で雄二は、池田と会った生徒たちの話に感動した。この年代の学会員たちの多くと同様、雄二は信奉者たちが「福子（ふくし）」と呼ぶ者、つまり学会員の両親の下に生まれた第二世代学会員だ。彼のつらい子供時代は、師匠に会えるように選ばれた創価学園の生徒たちとはかけ離れたものに思えたが、彼もその生徒たちと同様、自分の人生を池田の弟子の生涯として考えていたのだった。雄二の涙がどんな感情をあらわしていたのかは、説明してくれなかったので、憶測するしかない。師匠に会った無邪気な幼い信奉者たちへのドラマチックな影響か。池田が賞賛する教育的な理想を達成する機会を失った悲しみか。自分自身への苛立ちか、あるいは自分が達成できないような学術的基準を要求する学会の制度への苛立ちだろうか。

ルネサンス大学校が終わるとそのまま、同じ世田谷会館での青年部大会における衛星放送が始まった。およそ一〇〇〇人の若い学会員たちは、部長たちが若い学会員たちに、日蓮正宗に対する戦いを続けて部の会員増加を支援しろと促す放送を眺めた。これを前座として、池田が画面にあらわれ、今回はウズベキスタン政府の代表から栄誉を受けていた。そして池田は、自分が若き日々の臆病さと傲慢さをどのように克服したかを回想した。放送の最後で、再び藤野がマイクを握り、池田と生徒との宿命の出会いをめぐる、ドラマチックな談話をすぐに始めた。さっきとほとんど一言一句変わらない形で、藤野は池田のリムジン到着と泣く子供たちの物語を再び語った。ここでも、生徒が池田に手紙を押しつけ、この出会いは宿命だと語った話が出てきた。藤野はこの物語で一連の行事の終わりだと告げ、子供たちはこの短い出会いのあらゆる記憶を将来も抱き続けると締めくくった。これは池田が二〇〇八年一月二日に八〇歳の誕生日を迎えるので、なおさら重要な話だった。

そのおよそ一ヵ月後、私は数百キロ離れた大阪の都島近辺にある文化会館での地区会合に出席した。都島は、創価学会の信仰心の強い地域の中でも、もっとも熱心な学会員であることを誇る。創価学会は歌や儀式を通して関西の学会員たちのやる気を賞賛している。たとえば学会旗の西日本版の真ん中に登場する「常勝関西」というスローガンなどだ。会合の終わり近く、仏壇の前のテーブルに招待講演者がすわって講演をした。関西創価学園の教頭の近藤という男性で、地区幹部のひとりの求めに応じて話しにやってきたのだった。近藤は、何やら講演ツアーを行っているらしく、地元の集会にやってきて、自校の生徒たちが卒業旅行で池田に会った話をしている。自分の学校活動の説明と、人間革命のドラマなるものにおける学会員たちの粘り強さに関する広い議論の後で、近藤は池田が最近になって自校を訪れたという、一〇月二七日の「聖教新聞」記事に触れた。高校の生徒たちに対する池田の宣言「関西高は盤石だ」と、彼が彼らの手に彼ら自身の将来を託したことから始まって、近藤は東京での生徒たちの、池田との宿命の出会いについて語ってくれた。[29] ここでも、ほぼ一ヵ月前の藤野とほとんど同じレトリックで、大阪の教頭先生は出会いをゆっくりとドラマチックに語りはじめた――黒いリムジンの接近、池田の突然の登場、子供たちの叫び声。その遭遇を彼は細々と説明した。生徒たちが聖教新聞本社ビルの一階に集まると、その一一一人全員が二列に素早く並んだ。池田は車から降りてその列をまわり、少年すべてと握手し、少女すべてを抱きしめた。池田は子供たちを激励して、親たちによろしくと言った。近藤の報告は、大阪に戻って子供たちが伝えた物語によって拡張されていた。少年のひとりは「お医者さんになります！」と池田に叫び、池田は「偉くなれ！」と答えた。もうひとりは「立派な弟子になります」と叫んだ。池田はこの生徒に「健康かね」と尋ねた。生徒は叫び返した。「健康です」。そして、生涯この経験は忘れないと断言した。近藤は子供たちに、池田に出会った体験を思い出すように言った。ある子供は池田が登場すると「このまま死んでしまいたいと思った」[*]と報告している。もう一人は池田に触れられて人間が変わり「先生の手にあたって全部変わってきました」と述べ、全身が「響いた」と言う。別の少女は、池田に抱擁されたら、池田の身体の温かみが全身を風のように吹き抜けたと言う。大阪に戻ったこの少女は、この風を世界中に広める決意だと誓った。

この出会いと同時期に、二〇〇七年一一月の月刊写真誌『グラフSGI』は、池田と大阪の生徒たちとの見開き記事を載せた。その記事で池田は青のブレザーと白い野球帽をかぶっている。これは外にでかけるときに池田がよく着るものだ。その格好で彼は、制服姿の生徒の列の前を歩いている。池田は、女子生徒を抱擁する直前の一瞬を写真に撮られている。その写真の下には日本語と英語のキャプションがついて、彼が生徒にかけた激励、たとえば偉くなりなさい、親孝行するんだよ、が書かれている。[30] 一一月二八日、学会のメディア企業であるシナノ企画は、新対話シリーズのDVD第六四巻『滝の如く　池田SGI会長と広布第2幕へ』を発表した。[31] このDVDは文化センターなどの学会施設や信濃町本部や主要都市にある学会センターの売店で、一〇〇〇円というお得な価格で販売されており、地元集会で上映されるようになっている。何千枚もが頒布され、二〇〇七年一二月には何百万人もの学会員たちがそれを見た。中にはその月の各種の集会で何度も見た人もいる。DVDは基本的に、池田が獲得した栄誉の一覧の映像で構成される。池田が高齢で、海外渡航の回数も減りつつあったため、この巻は主に、偉大な指導者との出会いを回想するものになっていた。たとえば一九九〇年

＊原文は「死にたくしました」。

代のミハイル・ゴルバチョフとの対話などだ。

一五分のビデオの四分の三くらいで、池田の過去の羅列がいきなり集団の未来への注目に切り替わる。信濃町聖教新聞本社のショットから、建物のガラス戸から続く車寄せが映る。その車寄せで二列になった制服姿の生徒の前に、黒いリムジンが乗りつける。生徒たちはリムジンが登場したとたん、叫んで喝采を始める。子供たちの背後には、カメラマンや警備員がさりげなく、だがはっきりと配置されている。カットして、子供たちの列の前に立つ池田。池田は最初の少年の目をのぞきこみ、そして次の少年に移る。視線を保ったまま。一回だけしっかりと握手し、ひとりずつに「偉くなれ」、と告げる。マイクを持った男が背後で待ち構えており、列に沿って池田の後を追う。彼があいさつを始めるとカメラのフラッシュが焚かれる。池田は少女何人かに近寄り、泣き顔の彼女らをひとりずつ肩に引き寄せる。さらにカットして列を下った池田がこう語る。「いい顔してる、みんな」。池田はある少女の肩に両手を置き、目をのぞきこんで「応援しているよ」と言う。別の少女が涙を流しながらも微笑んで見上げる。「ありがとうございます!」と言う。池田は抱きしめるかわりに、その顔を肩に引き寄せる。

池田はさらに、似たような歓迎と、親によろしくという追加の呼びかけで生徒たちを迎える。迎えた子供たち全員と、意味のあるアイコンタクトをするように慎重に配慮している。子供たちの列の最後のほうで、彼はある少女の頭を両手でつつみ「泣かないで」と言う。別の少女が「いままでのすべてに感謝します」と言う。池田はうなずきながら「わかっているよ、忘れないよ」と答える。そして少女二人の頭を抱えて胸に引き寄せ「きてくれてありがとう。お母さんたちによろしく」と言う。列の終わりにくると、彼は後に従う現場主任からマイクを受け取って、生徒たち全員に向かう。スーツ姿の若手男性二人が、池田の後から列を下り、クラッカーやポテトチップスの小さな袋を配っている。こうした贈り物はただの形式に思えるかもしれないが、学会のイベントで学会員が食べ物をもらったら、それはまちがいなく「先生にもらった」と言われる。多くの学会員は池田から「直々に」もらった飲食物を持って帰り、家の仏壇の御本尊の前に、題目を唱えつつ捧げる。これは池田の存在をはらんだアイテムを学会員の家や仏壇、御本尊と結びつけ、そしてそれを飲食するときには、学会員自身とも結びつけるのだ。

池田はマイクを受け取って「ありがとう」と言う。映像がカットすると、その増幅された声をきいてますます激しく涙を流す子供たちの列が映る。そして彼は、ちょっとした演説をする。「あの、この中から、ノーベル賞を取る人が出るようにね。祈るから[32]」。池田は子供たちに尋ねる。「ノーベル賞を知ってるかな？」。子供たちは一斉に「はい！」「知ってます！」と答える。「世界一の賞」と池田は説明する。「〔受賞者は〕必ずいる」。「先生もお題目を送るね。ご一家の幸せのために[33]」。池田は次のように話を締める。「最後に幸せになればいいんです」。「はい！」と子供たちは叫ぶ。「途中は貧乏でも大変でもいいんです。最後、絶対なれる。いいね？」。「はい！」と子供たちは再び叫んで答える。「じゃあ、元気でね」。「はい！　ありがとうございました」と子供たちは何度も叫んで、泣いておじぎをする。動画の終わりは、並んだ子供たちが涙を流しながら手を振る様子だ。この動画は全部で三分ほど。東京の藤野と大阪の近藤はどちらも、この出会いがリアルタイムでは最初から最後まで一〇分ほどであったと報告している。動画の前後には何も説明がなく、ＤＶＤはすぐに次の場面に移る。池田大作の二二〇番目の名誉学位授与を祝う、創価大学での振りつけられた大規模ダンスの様子だ。

## プロセスとしての正典――流動的な尺度で正統性を測る

正典は本質的に政治的なものだ。つまり正典テクストは新しい政権ごとに、それがいまの優先事項にどこまで適合しているかを評価されるということだ。これは仏教でも明らかに見られ、名目上は閉じた文献の集合体として存在するパーリ語の仏典ですら見られる。[34] この閉ざされた正典は絶えず再評価され、その結果として膨大な経典集に新たな経典が加わっていく。アン・ブラックバーンが上座部仏教の「実践的」正典と呼ぶものだ。[35] 実際、あらゆる仏教の経典は、マハヤーナ経典すべてを含め、権威ある経典の条件つきでオープンエンドな一覧と考えるのがいちばんいい。[36] 決定版と広くみなされる大正新脩大蔵経(これは東京帝国大学のサンスクリット教授高楠順次郎と、仏教研究者で僧侶の渡辺海旭の指導の下で二〇世紀初頭に日本仏教的な註釈をつけて編纂された中国三蔵仏典だ)は、実は政治的に混乱した歴史的な偶然の産物なのだ。[37] オリオン・クラウタウが指摘するように、高楠がこの正典プロジェクトを推進したのは、日本国民を仏教徒市民として、西洋の個人主義が持つ危険から守られた帝国臣民として啓発するためだった――そして仏教教育の救世的な力を通じ、苦戦を強いられた仏教の伝統に忠実な人々を創り出すためだった。[38]

収集、改良、書き直しは、あらゆる正典生産組織と同様、創価学会の中でも展開する。そして学会テクストへの改編は常に、社会政治的な優先事項を反映する。[39] 第三章で論じたように、創価学会は牧口常三郎の『創価教育学体系』発刊を出発点だとして創設を祝っている。この論集は教育者たちが子供に対し、実用主義的な懐疑論の態度を育むように奨励している——宗教と政治的な権威への懐疑論も含まれる。それにより、美、利、善の価値について主体的な理解を持つ活発な人々を生み出すのが狙いだ。学会の指導層は明らかに、牧口の初期の文書類を問題とみなした。牧口論説の戦後版は、法華経に対する信仰だけを正当化するような日蓮仏教への参照が含まれ、『折伏教典』の初期の版は、牧口「価値論」を第二章として再録していたのに、後の版ではそれが巻末の数ページで要約されるだけとなった。一九五三年に『価値論』は別の本として創価学会により刊行されたが、大幅な編纂が加えられている。これや、その後の戸田が監修した版では、牧口の言説は日蓮、法華経、さらには原子爆弾にまで言及している。奇妙な時代錯誤なのだが〔もともと戦前に出た本なので、原爆の話が出てくるのはあまりにおかしい〕、学会の編集者はどうやら見過ごしたらしい。[40]

その戸田も、後継者による編集と再提示を受けることになった。池田大作は会長になってすぐに、師匠の演説や論説の無数の集成を再刊させた。だが創価学会がその組織的な範囲を拡張し、特に一九六四年に公明党が創設されると、戸田の日蓮一筋のこだわりと、創価学会が選挙政治に参加したのは国立戒壇の実現だけが目的なのだ、という主張は、ますます不都合な前時代の遺物となってきた。一九六〇年代半ばになると、戸田の著作はあまり流通しなくなった。一九六九年に最終版が出た『折伏教典』では、戸田が牧口にやったことを、池田が戸田に対してやることになった。『教典』の最初期の版は、六〇ページ以上にわたる第一章で、戸田の生命論について述べていた。一九六〇年に池田が学会の会長に指名されると、生命論の章は四〇ページに満たない規模に減らされ、法華経と日蓮の著作にだけ集中するように書き直された。生命論についての話はいまも学会の教材に登場するが、傍論的な扱いで、池田が師匠の教えに忠実だと示すために言及されるだけであり、戸田の生命論が持つ本質的な可能性を訴えるためではない。

日蓮の『御書』はいまでも中核的なテクストだが、一九九一年の日蓮正宗との分裂後に成人した学会員たちは、おそらく日蓮の言葉を月刊学習雑誌『大白蓮華』に掲載された短い断片で学ぶことが多いだろう。『大白蓮華』は日蓮の著作からの引用を、「池田名誉会長は語っています」という一節から始まる日蓮の教えをまとめた段落の中で、池田大作の口伝として語り直している。これは釈迦牟尼の弟子アーナンダ（阿難）が、歴史的な仏陀のスートラの始まりで「このように私は聞いた」と儀式的に始めるやり方と呼応するものだ。

池田の言葉ですら、組織の優先度の変化にあわせて絶えず改訂され続けている。これは『人間革命』二〇一三年の第二版でもっとも露骨で、特に学会の人々が日蓮正宗とやりとりを行う部分で顕著だ。この小説が最初に書かれた頃、親セクトである日蓮正宗は畏敬の念を持って扱われていた。新版では、日蓮の教えを僭称する存在として嫌われている。たとえば小説の第一巻「一人立つ」の章で、戸田は東京拘置所から釈放されたわずか二日後に、日蓮正宗の僧侶堀米日淳を訪ねた。一九五六年には法主の地位に上る旧友だ。一九六五年の初版と一九七一年の聖教文庫版では、戸田は堀米を先生と呼び、小説の語り口はさらに敬意の高い尊師という称号を使い、学会の畏敬の念を示している[41]一九六五年版はこの会合を僧俗一体の回復と持ち上げ、堀米が戦時中に国家の弾圧に抵抗した活動を誉め称える。「戦時下、総本山の中枢であり、宗門の矢面に立って戦ってこられた。特に、国家権力に対峙する一切の衝にあたり、骨身を砕いて来ていた」[42]。『人間革命』は、昭和（一九二六—一九八九年）の最大の法難にあたって勇敢に弾圧と戦った二人として、後世の歴史家たちが戸田城聖と堀米を記憶するだろうと述べる。

二〇一三年の第二版では、戸田は堀米を先生ではなく、冷淡な敬称として「ご住職」と呼ぶ。この語彙上のシフトは、池田大作だけが先生であり、組織内のほかの全員は、創価学会の会長ですらつつましい「さん」づけに固執する現代の学会読者の習慣を強化するものだ。二〇一三年版『人間革命』では、記述からは僧俗の協力について一切の言及が削除されている。以前の版で堀米の戦時中の活動を賞賛していた部分は書き直され、戸田の勇敢さと、日蓮正宗の腰抜けぶりを対比させるような書き方になっている。「総本山は、自己保身のため、最終的に軍部政府に屈したが、一方で、戸田城聖は、学会の要として軍部政府と対峙し、あらゆる苦難を一身に浴びてきていた」[43]。学会指導部は、『人間革命』を集団の「真実の歴史」と喧伝する。だがそれは、絶えず改訂され続ける真実なのだ。

## 池田のルーチン化

創価学会は、池田大作の発言や人格を洗練させるための、よく発達した仕組みを作り上げている。

これは池田の演説を本部幹部の会合に変換するプロセスに明らかに見られる。池田会長就任後の最初の数年には、学会員たちはオープンリール式のテープレコーダーで指導者の声を聞く機会を大いにありがたがった。地区幹部たちは重たいオープンリールの機械を、座談会に抱えていくのだった。学会員たちは各地の会館に集まり、池田の声を聞いた。後には、ニュース映画的な動画を通じて池田を眺めることになった。一九九〇年代になると、創価学会は本部での会合を、各地の会館にネットワーク中継するための専用衛星放送システムを持つようになった。学会員たちは毎月の文化会館での放送を同時中継と呼んでいる。実際にはライブ放送ではないのだが、オフスクリーンのアナウンサーが、池田が講堂に入ってきたと宣言すると、文化会館の出席者たちは立ち上がり、池田が画面上で仏壇前の自分の席に進むときには拍手し、祀られた御本尊に向かい池田が唱題を行って会合を終了させるときには、放送の視聴者たちは居住まいを正して正座して、画面上の名誉会長といっしょに唱題するのだ。

池田が本部の会合に登場するときには、それに先だって部長、副会長など、気をつけして熱烈に啓発的なニュースを伝える人々が登場する。後年になると池田は見事な演説家になった。机の向こうにすわった池田は、他の発言者とは激しく対照的だった。愛嬌があり、リラックスしてユーモアにあふれ、たまに引用するときには台本を見るが、ほとんどは即興で語っている。冗談を言えば、群集からは爆発的な笑いが生じ、たまに「いかがですか？」と問いかけて弟子たちの注意力を試すと、魅惑された学会員たちは即座にそろって「はい！」と唱え、右拳を突き上げる。放送はときに、群集のショットへと切り替わるが、そのまじい集中力で池田を見ている様子が映る。

観衆は、性別と部門によってフロアの位置がちがう。壮年部と男子部の男性はネクタイとYシャツ姿で、師匠の叡智を内面化しようとして汗を流し、女子部と婦人部は、同じくらい集中はしていても完全に髪を整えた状態で、ピンクかブルーのスカートスーツをぴっちり着込んでいる。池田は観衆の中にいる幹部や一般学会員を具体的に名指しして、そのそれぞれの業績について感謝するし、ときには師匠戸田が掲げた基準に達していないとして、学会幹部を叱責する。

池田との面会は、彼の気まぐれで変わることも多かったが、地元の文化会館での毎月四日間にわたるこの同時中継では、めったに予想外のことは起きない。最初の二日は部門幹部の導入談話を短縮したものに、池田の編集済みの演説が上映される。三日目と四日目になると、部門幹部はカットされ、日本語の字幕が画面に加えられて、視聴者は池田の発言を一言一句たどれるようになる。こうしたテープ起こしの短縮版は、放送の後で二日間にわたり「聖教新聞」に掲載される。サブリーダーたちの演説はさらに激しい編集を受け、池田の演説の前日に新聞に掲載される。本部での池田演説は、見出しや小見出しが追加され、即興の余談の多くは削除されている。演説が、私が絶えず参照するように促された最終的な印刷版にまで磨かれた頃には、池田の個性は、学会員たちがあれほど熱烈に反応した気安いカリスマから、標準化された真似やすいスタイルに刈り込まれてしまっている。

日常的な学会生活では、こうしたカリスマの一部は池田の言葉が口承伝達の中に取り込まれるうちに復活することがある。彼の演説の一部は、日本中の無数の小会合で朗読され、地元リーダーたちはその一部をまとめ、暗記すらして、仲間の学会員を奨励する手段にしている。演説は『新・人間革命』の連載で引用され、他の学会メディアの中で生き続ける。学会員たちは、自分自身や地元学会コミュニティの仲間たちをこうしたエピソードの中に見出す。創価学会の物語に乗じることで、自分の人生を語り、自分の居場所を把握し、創立者との情緒的な絆を深める方法を身につける。学会のテクストを静的な最終版に固めてしまうことにたいして、草の根レベルの会員たちからは明らかな反発も生じている。学会員たちが自分なりの創価学会の物語を何度も語るやり方は、仏教と非仏教的な文脈における正典形成に関する洞察を裏づけるものとなっている。それは最終形を持つ聖典に抵抗する動的なプロセスなのだ。学会員たちの日常の取り組みは、創価学会の参加型正典の魅力を裏づけるものであり、聖なる物語(ナラティブ)に登場するという啓発的な可能性は、自分をその物語(ナラティブ)の中に絶えず位置づけ直せるかどうかに依存しているのだということを示唆している。

## 正典を地図に落とす——『人間革命』を通じた大阪ツアー

二〇〇七年一一月半ば、創価学会の大阪地域本部近くのホテルの喫茶店で吉浦さんに会ってみると、短い電話での会話を通じて抱いていた引っ込み思案な人物という印象は、彼女が放つ突風のような社交的エネルギーにより吹き飛ばされてしまった。五〇代の小柄な美女である彼女は、この年齢での関西の理想的な女性の見本だった。カラフルなデザイナーズファッションを豪華に身にまとい、髪を完璧にセットしたエレガントな見かけは親しみやすいが、激しく強烈な人格を包んでいた。喫茶店をはじめ、大阪と隣接する堺市(彼女が育った工業港湾都市)のツアーで連れていってくれたところではすべて、彼女は古い友だちに挨拶して新しい友だちを作っていった。一部は学会員で、一部は有権者——学会員も非学会員も——であり、堺市議会で何期も連続当選した有力な公明党の政治家であった彼女の亡き夫を支持した人々だった。多くは地元住民で、彼女の驚くほど多様な事業や市民活動を通じてつきあいのある人々だ。ある高齢男性には、漫才（大阪の代名詞的な、二人構成の舞台コメディ）推進協会のメンバーとしての名刺を渡した。地元の喫茶店では、年代物の着物の売買を行う実家の商売について、自分に連絡をくれるようにすすめ（着物仕立ての訓練と、阪神百貨店で長年働いてきた経験の自然な延長だ）、別の新しい友人を、大阪の華やかなミナミ地区を観光地として盛り上げようとする地元事業者の会合に招いた。吉浦さんによると「先生は社会的な世界を広げなさいとおっしゃっています。組織の外に出て、創価学会のいちばんいい面を見せないと」。

「夫は三年五ヵ月前に他界いたしました」と彼女は、元の関西文化センターへと続く狭い脇道を通りながら話してくれた。これは巨大な大阪本部から数ブロック離れたところにある小さな建物だった。文化センターの隣には、一〇〇人以上の青年部員たちの名前を刻んだ石碑だらけの、小さな庭園がある。一九五七年の大阪事件とその後の裁判を耐え抜いた人々を記念したものだ。吉浦さんの夫は、選挙不正に最初に巻き込まれた若者のひとりだったのだ。彼の名前は、牧口、戸田、池田の毛筆署名を再現する個別の石碑三つ（どれも大胆に彫られて黄金に塗られている）の近くに出ていた。吉浦さんに、恩師記念室で展示されていた、靴などの池田の所持品を見た話をした。吉浦さんは、その話は聞いたと述べ、東京の足立区でも池田の靴がガラスの向こうに展示されているのを見たと述べた。「可哀想な先生。もう持ち物が何も残ってないんじゃないかしら」と彼女は笑った。

その後の日々で、学会施設のあいだを歩き、電車に乗り、車に乗せてもらい、いっしょに飲食する中で、吉浦さんは大阪での自分の生活を、池田への感謝表明として描きだした。自分の存在は「恩返しの人生」だとまとめた。吉浦さんは、その恩返しの話をするときに、いつも池田と学会の御本尊をくっつけるのだった。「御本尊と私、先生と私」。御本尊の話をするたびに、彼女は池田を持ち出した。吉浦さんの人生は、池田の台頭と組織再編に並行して展開した。創価学会に改宗したのは一九六一年、七歳のときで、池田が第三代会長になって二年目だった。彼女と母親が改宗する直前、父親が上の兄弟を含む一家を見捨てて出奔。残された堺市のボロ家は仏壇や神棚だらけで、倒産した建設会社の借金返済を求める債権者に差し押さえられてしまった。吉浦さんは謗法払いという入信に必要な儀式、異教の崇拝物を燃やすという行動を、痛々しい過去からのカタルシスに満ちた解放としてとらえ、その後の創価学会内での成長を「ちがう学校」だと表現した。夜には学生部のリーダーとして過ごし、その後は女子部のヤングリーダーとなり、阪神百貨店従業員の座談会発起人となり、最終的に有望な公明党政治家と結婚してからは婦人部の新星として台頭した。

吉浦さんは堺市には連れて行ってくれたが、彼女が暮らしたところにはどこにも行かなかった。かわりに、池田大作の初の関西地方座談会の場所にやってきた――かつては慎ましい家だったのが、いまや高層マンションになっているビルを、吉浦さんは一周して見上げた。「このビルを買って文化センターにしたいんですよ。先生が最初にやってきた場所を学会員が拝める講堂にするんです」。そう言ってから、見回して歩道に目をやった。「せめてこの通りに何か目印があるべきよね、あの瞬間の記念に」。その晩、暗い中で大阪中央にある公会堂という講堂を見上げた。これは五〇年あまり昔に、彼女のような会員が雨の中を集まって、池田の拘置所からの釈放を祝ったところだ。「拡声器はここでこっちに向いてたんですよ」と彼女は、興奮して私の腕を引っ張って道を渡らせ、近くの警察署のほうに連れて行った。「わざとここの警察の方向に向けて、権力者に挑んだんです」。地下鉄のほうに歩いて戻る途中、彼女は母親と創価学会に改宗した瞬間の話をしてくれた。年上の兄弟たちはみんな他の親戚に引き取られ、彼女と母親は五〇〇円札一枚しかない状態で取り残され、自分たちがいつ死ぬかもしれないと思うようになったのだという。「つまはじきされた者たちが創価学会を作ったんです」と、辛辣さと誇りの入り交じった口調でつぶやいた。

私、つまり創価学会について学ぼうとする部外者といっしょに過ごすというのは、池田のものでもあり自分のものでもある物語を通じて大阪を語るということだった。彼女自身と池田の区別、組織と個人の区別は、育った場所を位置づける吉浦さんの中では消えうせていた。「私は大阪集会にはいなかったんです。小さすぎましたから。でも実際にいた人に会ってほしいの」。公会堂から、吉浦さんに連れられて、私は大阪ミナミ地区の混沌とした歓楽街である道頓堀にある、まばゆいコーヒーショップにきた。「このお店は、有名な学会員がやってるんですよ」と彼女は、人混みをかきわけてドアに向かいつつ話してくれた。大阪は雑然とした場所に思えるが、吉浦さんは池田の生涯とその熱心な信者たちを網の目をかけることで大阪を理解していた。

私たちは吉浦さんの旧友二人と席についた。どちらも七〇代の女性で、若い頃に創価学会に加わった人たちだ。年配の長岡さんは、一九五七年に若い女性として、母親の隣で公会堂の階段に、雨の中立っていたのを回想した。「誰ひとり、立ち去ろうなんて思いませんでした」。彼女にとって、拘置所から釈放された池田を迎えるのは単なる学会員としての忠誠心からだけではなかった。彼女はすでに、関西文化センターでの多くの座談会を通じて、戸田や池田と密接な関係を築いていたのだ。「あの頃の雰囲気はちがっていましたよね」と柏尾さんも賛成してつぶやいた。「いつでも建物に入れたし、先生と唱題もできたし、講義も聞けたし、助言も求められたんですよ」。ここでの「先生」はあいまいだった。池田のことか、それとも戸田のことだろうか、と思ったのは後になってからだった。二人の会話は池田に執着していたが、彼女たちが語る回想の中で、戸田と池田は融合していた。この二人の古参学会員たちは、『人間革命』で戸田が宣言した、学会の代々の会長は一体なのだという主張をまさに裏づけていた。彼女たちにとって、池田は本当に戸田の分身であり、戸田のもう一つの実現された自己なのだ。

## 創価学会の参加型正典の未来

池田が二〇一〇年に学会員との定期的な会合に姿を現さなくなってから、池田の伝記と教えの解釈をめぐる対立が増えた。二〇一五年夏、何千人ものデモ隊が数百ヵ所に集結して、新しい平和安全法制関連法を可決した九月一九日の国会決議に抗議した。公明党は日本の連立政権の少数パートナーとしてこの法案を支持した。この法律は、一九四七年憲法第九条の大幅な再解釈を示すもので、創価学会の一部はそれが公明党と創価学会の創立基盤となった平和主義に違反していると考えた。だが公明党はそれに賛成しようとしていた。[44] この決議に至る数ヵ月で、日本のマスメディアはデモ隊が創価学会の三色旗を振り、公明党議員を糾弾するプラカードを持っていたのを、驚きと共に報じた。七月一九日には関西地方のデモ隊のひとりが、学会旗の上に「公明党の議員よ　人間革命　読み直せ」と書いたプラカードを持っている写真が撮られた。この抗議者は、ツイッターで桜梅桃李（おうばいとうり）を名乗る信者が主導したいくつかのデモに参加した。桜梅桃李は日蓮「御義口伝」の一節で、池田大作はこれを何度もとりあげて学会信者たちに、自分たちのちがいを乗り越えて、組織の目標に向けて協力しろと促している。抗議者が日蓮と池田の著作を持ち出したということは、創価学会が自分たちのテクストを正典化するのに成功したことを示す。また、あらゆる正典と同じく、学会のテクストも論争の劇場となることを示すものでもある。

『人間革命』のすべての版で、第一巻の第一章の冒頭は「戦争ほど、残酷なものはない。戦争ほど、悲惨なものはない」となっている。公明党議員にこの小説を読み直せと訴えた抗議者は、どう考えてもこの冒頭の一節が念頭にあったのだろう。だが池田が公式の場に登場しないため、こうした一節をどのように解釈すると、池田の意図をもっともよく反映した行動になるかについては議論が生じる。二〇一五年のデモと、それが学会員の間に引き起こした反応は、対立する主張を行う中で学会員たちが衝突することを示している。学会のデモ参加者について意見を尋ねると、千葉県に住む四〇代後半の西野さんという友人の壮年部員は、新しい平和安全法制を擁護し、デモ隊への反発を表明した――これは信者の間に広く見られる立場だ。西野がそれを正当化したやり方は、信者たちが日蓮の教義的な分類を拡張して、教義としての池田を擁護しはじめていることを示すものだ。

こういう、学会の本部と別の支持組織の意見が一致しないときには、どうしたものでしょうか。これを判断する簡単な基準は、日蓮仏教の五重相対の教えにあると思うのです。（1）内外相対（仏教の教えか仏教でない教えか）。（2）大小相対（大乗仏教か小乗仏教か）。（3）権実相対（法華経以前の歴史的仏陀の教えか法華経の教えか）。（4）本迹相対（法華経の本門部分か迹門部分か）。（5）種脱相対（経典の外から得られた仏法か、経典から得られた仏法か）*。この点までは日蓮正宗と創価学会は意見が一致していますが、この区別を拡張するにあたり、私と仲間たちは以下の個人的な考え方をしています。（6）宗創相対（日蓮正宗か創価学会か）。（7）池創相対（池田先生か創価学会か）[45]。

思うに、現時点で正しい宗教を温存するために必要な区別は、七番目の水準だと思います。平和安全法制関連法に反対する一派も、同じように池田を引用します。でもその行動で得をするのはだれでしょうか？　反創価の連中です。彼らは学会ウォッチャーとして、抗議者のコメントを集めるのが仕事です。あるいは創価学会の特別報道に惹かれる視聴者から儲けようとするマスコミです。そして自分たちの党の力をこっそり広げようとする、怪しい寄生虫じみた共産党です。創価学会内部で学会員として行動する人々がこのような無秩序を引き起こすなら、池田先生の著作から多くの引用をしていても、法を正しく継承する池田先生の弟子とは言えません。創価学会を蝕む獅子身中の虫なのです。[46]

西野の主張はどうやら、教判〔教相判釈の略〕、つまり天台から日蓮が受け継いだ仏教の教義分類の伝統――を池田中心に拡張したということらしい。これは池田自身による解釈の介入がないからこそ可能になっているものだ。西野にとって、池田の著作は異端説をみきわめて烙印を押すことで、忠実な師弟関係を温存しようという組織の要請に奉仕する教義解釈を可能にするものだ。池田大作の生きた記憶が薄れ、彼の生涯の正典化された記述に登場する見込みが必然的に尻すぼみになると、池田が弟子たちに残したテクストの正統解釈を定義する動きの重要性は確実に増すはずだ。池田のテクストの正しい解釈をめぐる対立は増すだろう。特に若者を育成する過程ではそれが顕著になるはずだ。創価学会が創立以来重要視してきたものなのだ。

＊正しくは、「種脱相対」は法華経寿量品の文底に隠された成仏の種である「南無妙法蓮華経」を把握する下種仏法か、寿量品等の経文上に登場する長い修行の果てに成仏した諸仏・菩薩のみを尊崇する脱益仏法か、いずれかのことである。

# 第五章　若者の育成——標準化教育を通じた師弟関係

「それどころか、教育はある意味で日本の国民宗教とさえ言える。あらゆる確立された宗教と同様に、それは人々に信念や価値観、人格を叩き込むものであり、そこには国民性も含まれるのだ」

——カッツ『学校の帝国』

「正当な教育の独占はいまや、正当な暴力の独占よりも重要であり中心的なのである」

——ゲルナー『国民とナショナリズム』

二〇〇七年一一月二五日、日曜午後の一時近い。不安だ。試験は大嫌いだ。世田谷区の巨大な文化会館で、畳にすわって創価学会の任用試験を受けるところなのだ。この大部屋は、きれいな列を作った何百もの低い机が並び、机一つに二人ずつが配置される。大学一年生の最後に、大教室講義の最終試験をやるときと同じ、静かな緊張感が漂う。まわりには、およそ五〇〇人の受験生が、試験前最後の数分でノートを読み返し、中には学会の指導者から送られた勉強ガイドをいま一度読み直し、ケータイのメッセージをスクロールし、『大白蓮華』二〇〇七年一〇月号に掲載された日蓮『御書』の写しを読んでいる人もまちがいなくいるはずだ。おそらくこの部屋の人は全員、少なくともほとんどは学会員で、私のような好奇心だけの会友ではないだろう。会友という言葉は、第五代会長秋谷栄之助（一九八一年七月から二〇〇六年一一月まで会長）以来、学会員ではないのに学会活動に参加したり、その他組織に好意的だったりする人々を指すのに使われている。学会の友人たちが私を紹介するときには、何度も会友と呼ばれてきた。

受験生のほとんどは若いが、この集団は基本的には、現代東京の断面図となっている。多くは学校の制服姿の一〇代の少年少女だが、その親の世代に属する五〇代以上の男女もいる。ほとんどは保守的な格好で、大量の教材を抱えてきているが、一部はコギャルファッションにこだわる女性で、セットしたブロンドのカール、濃いアイシャドー、派手なマニキュアをしている——そしてすわったままラメ貼りの電話でメッセを打つのに余念がない。またあちこちに、とがった髪型と派手な服装をして、何も置いていない机の前で背中を丸めている若者もいる。私の前には、入念なタトゥーを首と背中にのぞかせている若い女性がすわり、その横には建設作業員のネイビーブルーの綿の作業衣を着た白髪の紳士がすわる。私以外に、非日本人は二人いる。髪の薄い白人男性と、若い南アジアの女性だ。私と同じ机で隣にいるのは、まじめそうな一〇代の少女で、とんでもない数の鉛筆をバッグから引っ張り出してから、メモとマーカーだらけで、あちこちのページを折った『大白蓮華』に必死で目を通している。

この会場には、東京西部の地区青年部またはヤングからの受験者（試験を受ける人々を指す標準的な日本語）仲間たちとやってきた。ヤングの人々は、週ごとの会合に非学会員の参加者として歓迎してくれたし、過去数ヵ月にわたり定期的な深夜の唱題セッションにも招いてくれた。衛星放送、ルネサンス大学校、任用試験の特別勉強会といった大規模な学会イベントにも連れて行ってくれた。公式学会イベントや、ふつうの集まりではかなり仲良くなって、学会員と、学生、会社員、息子、ときには父親としての生活の両立のむずかしさについての対面インタビューなども受けてくれた。九月から、私は地区のニューリーダーのひとり板橋圭太郎と、ときに何週間にもわたって同じ部屋に住んできた。ニューリーダーは、青年部員に与えられる最初のリーダーシップの地位だ。二四歳で独身の圭太郎は、世田谷区の小さなコンクリート製集合住宅の一階にある小さな一室に、八四歳の祖母と暮らしている。若い学会員が奨められる勉強法を体験するため、入門の任用試験を受けてみろと言ったのは、圭太郎とそのヤングの仲間たちだ。そこで数週間にわたり、私は地区の学会員三人と過ごした――良介と信也はティーンをぬけたばかりの第二世代学会員で、近くのアパートで家族と暮らしているし、島田は三〇代半ばの最近改宗した人物で、一時間近く離れたところから会合に通ってくるのだ[1]。

秋のあいだに、特別勉強会でみんな何度も顔をあわせ、日蓮の著作からの一節や仏教用語、日蓮の生涯や学会創設者の伝記に関わる細部、日顕宗（阿部日顕法主の下の日蓮正宗を指す侮蔑語）のまちがいなどを暗記した。試験直前まで続いためまいのするような勉強は、疲れるものだった。今朝、私たち受験者は地域の青年部リーダー大村の自宅で数時間にわたり詰めこみを行い、最後の最後までお互いに問題を出し合っていた。仏教における三類の強敵とは何か？　一二六〇年の日蓮の御書とは？　戸田城聖が戦時中の投獄から釈放された日は？　大村のアパートの外にある急な階段を下って試験場へと向かうライトバン二台に乗り込むと、彼の妻、四歳の娘、二歳の息子は、「がんばって！」と叫んで手を振ってくれた。

試験までの数週間、青年部のリーダーたちは細いくねった道を運転して、勉強グループを運営する学会員たちの家に送ってくれたし、個別の勉強も指導してくれた。部の多くのリーダーたちは、都心の仕事場まで長い通勤時間がかかるし、また残業も多く、日本国内や外国への出張も多いし、また中には家で妻子が待っているのに、平日の夜遅く、そして週末は起きている間はほぼずっと、学会活動に捧げていた。毎週木曜の夜には、山口洋が家族と暮らす家に集まった。洋は二九歳の地区サブリーダーで、日本の携帯電話業界でプログラマーをしている。洋は毎週、深夜の唱題会を開催していた。これは自宅で開かれる多くのこうしたイベントの一つだ。山口の家の玄関から「南無妙法蓮華経」の音が漏れ聞こえてこない夜はほとんどない。洋の他界した父親は、最上階の窓から悲劇的に転落して死亡する前に、三階建ての家の一階を創価学会拠点に変えていた。創価学会はその創立以来、学会員が自宅を地元活動の拠点として提供してきた。山口家では、一階の真ん中にある巨大な仏壇を囲んで、学会アイテムが雑然と積み重なっていた。たとえば池田の写真、山口一家が学会内で達成した成果を記念する賞状、「聖教新聞」、『大白蓮華』など学会出版物の大きな山などだ。仏壇の右手にある低い棚には、釣り人姿の洋の父親が、カメラに微笑みかけている写真があった。写真の前には供養のお供え物として、存命中に彼が好きだったビールと焼酎が供えられていた。

　最近では、しばしば深夜をまわることも多いヤングの集会は唱題よりも任用試験の勉強に集中していた。若手学会員の試験勉強会出席は、時には地区の地元リーダーにより強制される。特に反抗的な良介の場合、地区の青年部の遠征隊により自宅からひきずりだされたのだった。良介は、学会仲間による厳しいながら体育会じみた扱いについて笑ってみせた。そのほとんどは、生まれてからずっと知り合いなのだ。「拉致されたよ！」と叫んで笑い合った。試験の朝に準備はできているか尋ねると、彼はこう言い放った。「はい、勉強させられた」。良介は、背の低いぼさぼさ頭の二〇歳になったばかりの若者で、この種の冗談で学会の友だちをからかうのが常だった。彼と圭太郎、洋は親密な仲間で、しばしば二四時間営業のマクドナルドや駅の隣の安い立ち食いバーで夜遅くまでつるみ、かつては学生部、いまは男子部で、一緒に過ごした子供時代以来作り上げてきた略語で辛辣なジョークをかわしている。

　良介はこの三月に、東京に数多くある二年制の専門学校の一つから、コンピューターアニメの修了証書をもらって卒業していたが、まだ日本の就職活動の厳しい要求に身をさらしてはいなかった。就職活動というのはコード化された履歴書、入社試験、面接の連続であり、自信たっぷりな応募者でも不安になる。まして良介のような内気な人間ともなればなおさらだ。昔からの学会の友人といっしょでないときは、昼夜問わずビデオゲームをするのが趣味なのだ。良介の青年部仲間は、ゲームデザイナーというキャリアへの野心を後押しする手段として任用試験を考えるように奨めた。彼はそれを受けて、せっつかれながらも、勉強会には皆勤した。学会の試験に友人や家族が賛同してくれたことで、就職活動を遅らせる口実ができたせいもある。圧力の多い日常生活に戻るのが恐くて、良介は最後の週にはマスクをするようになった——日本では感染症を避けるための普通の習慣だ——そして風邪気味だと言う。

この午後の一時間の試験は、年二回の任用試験の一回目だ。問題を変えた（不正を避けるため）二回目の試験が、同じ会場で夜七時から八時まで行われる。全体として、日本全国一五一九ヵ所で一三万五〇〇〇人以上が、二〇〇七年一一月二五日の任用試験を受験した。[2] この類の試験は、創価学会インタナショナルの支部によって日本国外でも行われている。たとえばＳＧＩ—ＵＳＡの仏教学習レビューは毎年一〇月に行われている。[3] 日本で任用試験に合格すると、助師の資格が得られる。創価学会教学部任用試験は、主に男子部、女子部、学生部の若手学会員を対象にしているが、壮年部や婦人部の学会員もこれを受ける。これは学会の師範会議が実施する二種類の、ランクづけの入門試験であり、一つは男子部／女子部用、もう一つは壮年部と婦人部のためのものだ。もっとも受験者の多いのがこの任用試験である。男子部／女子部だと、任用試験に続いてだんだんむずかしくなる試験が行われ、三級、二級、一級という階級が三年ごとに与えられる。壮年部と婦人部ではそれと並行して初級試験、中級試験、上級試験を受け、受かるとそれぞれ助教授補、助教授、教授になれる。教授の階級を持ち、中でももっと高い準師範と師範の地位を持つ人だけが、任用試験を実施採点できる。創価学会が教学部員に学者の世界と同じ階級を与えるのが、創価学会による学術界の模倣だというのは指摘するまでもない。

壮年部の学会員数人、採点担当の高位教授たちは、試験会場の前方にある机のところにすわっている。時計が一時を鳴らすと、青い上着を着た創価班メンバーたちがドアを閉じて、試験監督となる高齢紳士が立ち上がり、みんなを歓迎して、二〇〇七年受験者たちに池田が送った激励メッセージを読み上げる。池田は任用試験を誉めちぎる。これは「歴史に輝きわたる」知見だという。日蓮からも引用する。「行学の二道をはげみ候べし、行学たへなば仏法はあるべからず」[4]。池田は、行学の二道こそが人間勝利の源泉、幸福実現に直結する道、世界平和の根幹だと述べる。受験者たちが試験を受けるのを誉め称え、この試験は人間革命のため、一生成仏のため、新たな希望をもたらすためだと主張する。池田は、全員が幸福の大哲学者となり、勝利の大指導者となるよう祈る[5]。

このメッセージの後で、みんな選択問題と短文記述式問題を埋め始める。たとえば暗記するように指定された日蓮『御書』の三つのくだりからぬけている単語を書く、日蓮の鎌倉幕府との戦いの説明としてもっとも適切なものを選ぶ、十界を正しい順番で書く、その他仏教用語の漢字を書くといったものだ。また創価学会の創立三会長に関する短文問題と、日蓮仏教が日顕宗のまちがいを示しているのを裏づける『御書』の引用についての選択問題が最後の部分にある。受験者は一つずつ問題を仕上げ、名前、住所、学会の区と地区を書く別紙を埋め、過去に何度この試験を受けたか尋ねられる。受験者はそれぞれ回答を終えると、みんな一列になってドアを守る創価班の警備の横を通り、壮年部や婦人部リーダーたちが並ぶロビーの受付の机の前を通って、お祝いをしようと待ち受ける支援者たちのいる外に出る。施設のドアの外には、地元の男子部や女子部の仲間たちがたくさん待ち受けていて、戻ってきた受験者のそれぞれに「おつかれさまでした！」「おめでとう！」と叫ぶ。圭太郎、洋など地元の青年部の面々が、私と地元地区からの受験者三人を応援者たちの群れの中から見つけて、それぞれをねぎらってくれる。最近改宗した島田は、私が終えたときにはとっくに外に出ていた。二五分で完答して、自己採点では満点だったと後に言った。[6]

　島田は絶えず他の男子部員たちをその熱意で驚かせ続けてきた。それもわずか三ヵ月前に世田谷の施設にふらりとやってきて、その場の職員たちにどうすれば創価学会に入れるか尋ねたときが最初なのだ。朝の詰めこみセッションで、私たちの勉強会を指導したヤングメンバーの大村は、島田があらゆる仏教用語の難しい漢字を書けることに感心していた。創価学会はもはや、学会員たちにその能力の習得を求めない。若手学会員の多くは仏教用語を自分では書けないし、ふりがなという音節文字を漢字の隣に補って発音を教えてもらわないと、仏教についての文書は読めない。「他国侵逼難（たこくしんぴつなん）なんて、私ですら漢字じゃ書けませんよ！」と大村は驚いてみせた。[7]

　私は完答して見直すのに四〇分ほどかかったが、外に出るときには後ろに良介もいた。「風邪をひいちゃっていい？」と良介は、仲間に加わりながら笑って尋ねる。明らかに肩の荷が下りたのだ。

## 教育手段としての宗教

一九三六年八月、牧口常三郎は大石寺での初の連続夏期講習を、自分と戸田に従った学会員六人に対して行った。そこにおいて、大御本尊への信仰と、教育改革をめぐる牧口の論説学習とが組み合わされた。[8] 一九四一年になると、総勢一八〇人以上の壮年から青年までの信者が大石寺の夏期講習兼巡礼に参加し、それ以外にも学会員たちは地元で定期的に集まり、大善生活実験証明座談会なるものを実施していた。これは戦後の創価学会の中心的な手法となった座談会の前身だ。第二次世界大戦終戦後、戸田城聖は近代学校に基づくリーダーシップ訓練を、重要な再建戦略にした。一九四六年一月から、戸田は法華経の講義を再開し、学会本部で週三回の座談会を開催した。彼はこうした集会を、三ヵ月単位の学期にまとめ、学会の中で生まれようとしていた階層構造の中で、気鋭の若者たちを下部組織のリーダーへと磨き上げるようなカリキュラムをその中核に据えた。第一学期からの精鋭たちが、主要な学会活動を推進することになる。

一九五一年五月三日に戸田が第二代会長となり、折伏大行進の開始を発表した直後、彼は学会の訓練をもっと系統だったプログラムに発展させた。一九五一年九月一日、講義部は教学部と改称された。そのリーダーたちには、地元学会員たちに日蓮仏教を教える役割が与えられた。学会員の指導に資するため、一九五一年一一月一八日には『折伏教典』が刊行された。これは日蓮の教えのまとめと、ライバルの宗派を否定する議論をまとめたハンドブックだ。そして一九五二年四月二八日には、創価学会は日蓮の遺文集である『御書』を刊行した。これは教学部員たちのすさまじい作業の成果だった。こうしたテクストは全学会員の必読書となった。

戸田は学校教育に似た訓練プログラムを拡張して、創価学会のふくれあがる事務運営のための職員を育てた。この研修方式の中核となったのは、日蓮仏教の教学を現代教育のシステムを通じて教えることだった。授業、教科書、試験、証明書、学術的な階級を作ったのだ。教学はそれ自体が目的ではなく、集団の事務運営ニーズ拡大を支える仕組みだった。一九五二年一月までに戸田は学会の運営組織を、支部、地区、班、組に分けたピラミッド型階層組織にして、それを東京の中央本部が仕切る形にした。一九五二年九月、創価学会は一九五一年制定の宗教法人法に基づいて東京都から宗教法人として認証された。その頃、青年部は参謀部の下で四部隊が編成され、それぞれの部隊は部隊旗を持った。参謀部には幹部長、教育幹部、作戦幹部、内務幹部が置かれた。* 軍隊式の運営は、急激な組織拡大に貢献し、学会の連隊はすぐに新規加入者を集めた。一九五二年末には、創価学会は新規改宗者に対し、毎月二〇〇〇体以上の御本尊を授与していた。[9] 運動は勢いを増しつつあり、創価学会は集団の根本教義を学んだ若いリーダーたちの忠実な軍団を必要としていた。このため一九五二年に戸田は一連の教学試験の制度を作り、一九五二年一二月には、創価学会初の任用試験を実施して、教義を伝える教師を選抜した。

試験に基づく訓練プログラムは、創価学会がその青年部に適用する学校モデルの基盤となった。猪

＊創価学会が東京都所轄の宗教法人として認証された年月、青年部組織における参謀部と部隊の関係などについて、原文の誤りを訂正した。

瀬優理は学会員が子供に信仰を植えつける方法の研究の中で、戸田城聖と池田大作の下で学校に基づくカリキュラムが果たした中心的な役割を重視している。学会が未来部を結成する前の戸田時代には、活発な地区の一〇代の若者たちは、最初は青年部員として活動していた。しかし一九五五年に、東京の蒲田と本郷、および大阪南部の堺市などで限定的に「少年部」が結成され、将来のリーダーを見つける手法とされた。[10] 池田時代に高等部など未来部が大規模に結成されるが、その萌芽と言える。一九六四年に高等部と中等部が、翌年に少年部が正式に結成された。[*] 創価学会におけるエリート幹部選別手段として始まった若手訓練組織は、やがてすべての学会の若者が参加すべき、きわめて包摂的なサブ組織へと変身した。高等部は当初、入るのはむずかしく、学会は大学進学を目指す若者を育成しようとしていた。だが高等部、さらに未来部の下で若者の訓練が拡大すると、あらゆる若手学会員は、能力や将来計画を問わず、参加するように言われた。戸田は、生徒の教学や学校での成績は御本尊信仰次第だと主張していた。猪瀬によれば、池田の下での訓練の焦点は、御本尊への献身について生徒を誉めることから、池田自身を崇拝する学会の若手を賞賛するほうに移った。この力点は、一九六八年から学会の私立高校、さらに一九七一年の創価大学創設でさらに強まった。これらの学校は当初から池田崇拝を強化するためのものだった。一九七〇年代以降、創価学会が第二世代信奉者育成を重視するようになると、池田大作思慕を奨励する内部訓練プログラムへの関心が高まった。この時代から形成された青年部教学は、明らかにこの動きを反映したものだ。[11]

　創価学会を近代国民国家の模倣として理解すると、学会の若者訓練活動の背後にある目的が理解できる。近代国民国家の中で、教育システムは個人が職業技能を獲得したり学術的な目標を実現したりする機会よりはるかに大きなものとして続いている。教育は従属と自己犠牲を通じて社会そのものを永続化させようという傾向を育てる。エミール・デュルケームによれば、「社会が存在するには、その成員たちの間に十分な均質性がなければならない。教育は子供の心の中に、当初から社会生活が要求する本質的な類似性を固定させることで、この均質性を永続させ強化する」[12]。同様に創価学会の若者研修機関は、若い信奉者たちの中に、標準的で、規格化させる技法によって、生涯にわたる創価学会への献身を植えつけるのだ。創価学会で成人になるというのは、部門の責任を任せられるということだ。猪瀬が指摘するとおり、十分に発達した創価学会の成人になるということは、学会活動への参加意欲を示すことだとされ、創価学会の訓練に背を向ける子供たちは、未熟と見なされる。子供が従わないと、責められるのはたいてい母親だ。子供の教育に主に責任を持つのは母親とされているからだ。ちょうど子供の悪い学業成績が母親のせいだとされるのと同様だ[13]。

創価学会で子供を担当する部門は、その標準化教育の重視を裏づけている。若い学会員の教育は幼い頃から始まる。未来部の特別集会があり、小学校卒業（通常は一二歳）までの子供が参加する。若い学会員はその後、中等部（中学生）、高等部（高校生）、そして学生部（大学生）に参加する**。学会員の子供は正式には性別で分けられてはいないが、こうした初期の区分はおおむねホモソーシャルだ

*戸田時代の少年部結成などについて、事実関係に照らして訂正と補足を加えた。

**現在は、高校生以下を対象とした組織を「未来部」と称し、その中に少年少女部（小学生）、中等部（男子・女子）、高等部（男子・女子）がある。

——男子と女子は別々に集まるのが通例で、その活動は大人の学会リーダーとして期待されている性別活動に備えたものとなっている。高校を一般に卒業する一八歳以降、学会の若者は女子部と男子部に分けられる。その後は、創価学会の保護と拡大に注力する専門サブ組織で訓練を受ける。男子部は創価班や牙城会に参加するよう奨められ、女子部は白蓮グループに参加するよう言われる。創価班や牙城会の男子は文化センターの警備を担当する。白蓮グループの女性は学会建物の中の受付、事務、清掃、お茶出しなどを担当する。[14] 成人に達する頃には、学会員たちは厳しい性別役割に順応するよう条件づけられている。

## 試験そのものが試練ではない——近代教育システムへの参加

青年部の任用試験に解答するために使った一時間は、たしかに印象的ではあったが、私が体験した育成プロセス全体の中では比較的小さなものでしかなかった。真の通過儀礼は、受験勉強に費やした長い時間だ。証明書を与えてくれる一枚の試験用紙は本当の試験ではない。学会コミュニティから見てはるかに重要なのは、勉強を通じて創価学会のために自己犠牲を払うという道徳的な価値を理解することで、この道への誠実な献身を証明することなのだ。

任用試験までの日々、私は日本中の学会員の友人たちから激励の電話を受けた。「合格、不合格、どちらでもかまいません」と大阪の吉浦さんも二日前に連絡をくれた。落ちてもだれも気にしないし、最終的に創価学会に入るかどうかも気にしないから、と彼女は保証してくれた。大事なのは、日蓮『御書』の勉強に打ち込むことで、使命を決めて、「道を増えている〔切り開いている〕」ことなのだ、と。[15] 似たような支援は婦人部の友人、たとえば九州の橋本さんや愛知県の熊野さんからも受けた。どちらも同じ決まり文句で勇気づけてくれた。「合格、不合格、どちらでもかまいません」。この信念の重要性は、一一月二五日の任用試験から一一日後の、「聖教新聞」一面に毎日載るコラム「名字の言」でも裏づけられた。そこでは一三万五〇〇〇人の受験者が、合格するかどうかにかかわらず、みんなその信仰を深め「感動のドラマを刻んだ」と宣言していた。[16] 日本中の学会員たちが試験日の前の朝や、試験後の午後、そして翌日に電話をかけてきた。私の大勝利のために唱題しているのだという。この勝利の真価は、仏教用語の暗記能力を裏づける証書を受け取るよりはるかに重要なことで、成功に向けての道を維持する誠実さの証明なのだった。

創価学会の、習得よりも献身を強調するエートスは、教育システムにおける中心的な関心を反映している。近代の標準化された教育では、トップにのぼりつめる生徒は少数だ。だが近代社会における大衆教育は万人を受け容れ、すべての生徒に相互の努力の感覚を吹き込むように設計されている。大規模な教育システムは、試験に合格する人々のためだけに設計されているのではない。アーネスト・ゲルナーは、近代社会でもっとも重要な発展、マックス・ウェーバーが強調した資本主義の発展すら超えるものは、中央行政が統制する標準化された教育システムの確立なのだと主張する。工業化社会の前には、知識と技能は私的に非標準的な方法で、世代から世代へと伝えられた。だが近代国家に必要な大規模官僚制を維持するためには「人々が尊重できる唯一の知識は、ある程度利害関係のない学習センターが認証したものであり、そのセンターは誠実で公平に実施された試験に基づいて証明書を発行する」[17]。ゲルナーによれば、近代社会はみんなが一般的な学校教育を受け、そこで社会規範の普遍的な受容が促進されなければ生き残れない。そして近代社会とは「独立した教育システムを維持できる規模に満たない下位コミュニティが、もはや再生産できなくなった社会なのである」[18]。

［教育は］近代「国民」教育システムに似たものからしか提供できない。これはその底辺に小学校があり、その教師は中等学校で訓練を受け、その中等学校の教師は大学教育を受け、彼らは先進的な大学院の出身者に導かれるというピラミッドになっている。こうしたピラミッドは、存続可能な政治単位の最小規模の基準を提供する。[19]

創価学会は、独立した教育システムのためにゲルナーが設定したパラメーターに沿って形成されている。任用試験の受験者たちに、合格や不合格は勉強そのものに打ち込み続けることに比べればどうでもいいと保証することで、学会員たちは普遍教育の本質的価値についての信念を強化する。学会での試験を中心に構築された生涯学習重視は、歴史的、地域的な文脈を見るとなおさら筋が通っている。一九世紀末からの日本は、英米などの帝国主義国家で標準化されてきたものに沿って国民教育システムを構築した。イギリス配下のインドにおける公務員試験、プロイセンのアビトゥーア、フランスのバカロレアを筆頭に、一九世紀末の帝国主義国家では、試験での成功が個人の能力と同一視された。社会的な出世が能力で決まるという考え方は、市場経済の台頭、それに対応した近代帝国の要求、ダーウィン思想の人気と組み合わさって優勢となった。こうしたトレンドはすべて近代日本を形成したものである。元学校教師だった戸田城聖が二〇世紀半ばに創価学会を再結成した頃には、標準化された試験に基づく厳しい訓練方式が、学会組織の官僚機構に人材を配置するためのもっとも普通のやり方になっていた。[20]

日本の社会階層は、日本の有名な「試験地獄」に関連した能力基準に深く影響されている。試験地獄とは日本の家族が、子供の入試に備えて大きな犠牲を払うというものだ。創価学会の教学訓練システムは、日本の国としての試験地獄と、その標準化された能力主義的な試験が、行政運営の階層の中での地位につながるという仕組みを再現している。創価学会では、組織の訓練メカニズムに無私の献身を行うことが、評価された階級、仲間からの尊敬、他の人々の成長を導く責任という形で報われる――まさに日本の教育が推進している報酬のシステムだ。

## 任用試験の起源――ある学会員の体験

初めて金部さんに会ったのは、二〇〇七年一一月、創価学会関西本部でのことだった。[21]その時には七〇代後半で、学会員たちの間では創価学会の関西地方でのパイオニアとして主導的な役割を果たしたことで有名だが、若い頃には決して陽の当たる存在ではなく、むしろ社会的に周縁化されている様々な性質を一身に負っている人だった。農村の家庭に生まれ、三歳で子供のいない夫婦に引き取られた。この夫婦は貧しいとはいえ極貧ではなく、当時この家族が住んでいた大阪南部の半農村地域の他の家族と同じだった。高校卒業後、金部さんは病弱だった養母とともに家に残った。子供時代と娘時代には痛々しいほど引っ込み思案で、学校でも成績は悪かった、と彼女は回想した。高校を終えて一八歳で就職した。出かけるよりは家で歴史小説を読むのが好きで、創価学会に入るまでは、身のまわりの人々以外とはなかなか口がきけなかった。一九五三年三月、金部さんが二一歳になったとき、彼女の母親が創価学会の座談会に出席し、それをきっかけに一家全員が改宗した。入信から一〇日後、彼女は大阪中心部の座談会に初めて出かけた。この座談会の出席者はほとんどが年配の女性で、全身全霊で仏教を勉強してこの教えの偉大さを世界に示しなさい、と金部さんは奨められた。この宗教は、学習を通じた献身を強調する点がそれまで出会った多くの宗教とちがっていたのだ、と彼女は言う。

一九五三年八月八日、第二代会長戸田城聖と、当時は男子部第一部隊長だった池田大作が、大阪で関西地方の女子部を設立した。戸田のいつものやり方として、公式な会合の最後に、彼は質疑応答を行い、集まった二〇人ほどの人々に、個人的な苦労について相談するように言った。当初、参加者は質問をためらい、一部は特に問題はないと答えた。戸田は、その十八番の激しい口調でこう怒鳴り返した。「悩みがないなんて、うそでしょう！」。そしてこう述べた。「これほど混乱状態にあるこの日本で、きみたち若者に悩みがないはずがない！」。金部さんが語ってくれたところでは、その時点まで彼女は自分の人生を国の水準で考えたことがなかったそうだ。この会合のおかげで視野が広がり、日本で苦闘している他の若者に共感が広がったという。創価学会は彼女にとって、単なる自己育成の道にとどまらず、国民としての帰属感への道にもなったのだ。

この啓発のおかげで、金部さんは引きこもりの若い女性から、積極的なリーダーに変身した。自分が担当する人々と共に布教旅行に赴き、改宗させた学会員たちの面倒を見るようになった——そして彼女は生涯にわたり何百人も改宗させている。戸田との出会いの翌日に始まった学習プログラムを通じて、創価学会内の地位と自尊心を固めていった。一九五三年八月九日、彼女を含む学会員たちは、五日間にわたる集中教学勉強会を開始した。朝八時から夕方五時まで、ほとんど休みなしに、大阪支部の老若男女二七人が当時の教学部長小平芳平（こだいらよしへい）の導きで、缶詰教学勉強会と呼ぶものに参加した。[22] 参加者たちは大阪初の教学部員になろうとしていたのだ。彼らは休みなしに、『折伏教典』の中身や日蓮『御書』の一部、たとえば「兄弟抄」「佐渡御書」などを学ばされた。この日蓮の手紙はどちらも、折伏の重要性、厳しい試練や反発に出会う必然性、どんなにつらくても信仰を維持する必要性を語っている。参加者がうとうとし始めると、講師は立って勉強を続けるよう命じたという。ずいぶん厳しい訓練に聞こえるが、金部さんが感じたのは、「感謝、感謝」だったという。本気で何かを勉強したのはそれが初めてだったそうだ。金部さんは「そのもの」を学ぶ機会をもらえて感謝したのだという。これは他の何よりも、創価学会の魅力の核心をあらわしている。

その一ヵ月後、集中勉強会の生徒たちは、資格試験と呼ばれる口頭の教学試験を受けた。その後創価学会は、このステップを廃止している。受験者のうち、合格したのは金部さんを含む三分の一だけだった。一二月二七日、彼女と八人の仲間は東京に向かい、そこで日本中から集められた候補生九七人とともに、学会本部で、任用試験の最初の筆記版を受験した。[23] そのきわめて難しい試験を監督したのは戸田城聖自身で、大量の大乗仏教用語や一六〇〇ページに及ぶ日蓮著作すべての習得を示す論説問題が出された。金部さんは八六点をとった。これはその年の最高得点だった。

筆記試験の後で、戸田は受験者たちに最終口頭試問を行った。「これに答えられたら教授の階級を与えよう」と言ったそうだ。「さて、広宣流布の暁には、我々創価学会はキリスト教にどう対応すべきだろうか?」。金部さんはこの戸田の質問を考えた。彼女や学会仲間がどれほど熱心に日蓮の教えだけを信じろと促しても、日本にはキリスト教が根づいているのだ。受験者のだれひとり戸田の求めていた答えを書かなかった。その答えとは「文底の流通分(るつうぶん)を用いる」(法華経の内容を広めるための部分を、その文の根底の意味を理解して用いる)であった。流通分とは、経典を三つにわけたときの最後のものだ。日蓮正宗の教義では、法華経は序、正、流通にわかれ、それがさらにその重要性に応じて五つのレベルに分割されるが、文底はそのもっとも深遠な部分だ。*流通分では、仏陀は法華経を讃え、弟子たちにそれを広めて教えが将来に花開くようにしろと伝える。金部さんは試験の後もこれを考え続けたと話してくれた。受験者は、単にキリスト教を超えたり潰したりするのではなく、それを仏教を流布するというもっと大きな使命の中に含めるべきなのだ、と彼女は結論づけた。創価学会における自分の活動はプロセスであり、「終着点じゃない」。この着想は彼女にとって可能性を広げた。この考え方を敷衍すれば、政治、人道主義などあらゆる分野で創価学会を広げる道が開ける。

試験での成績の報奨として、金部さんは当時の教学学位として戸田が定めた最高位である講師となり、翌年二月には、女子部に新設された大阪支部の指導者に任命された。その後彼女は、創価学会関西本部の初の常勤職員となり、その後は学会の拡大に人生を捧げてきた。金部さんの体験は例外的な部分もあるが、学習を通した奉仕の強調と、学校的な基準で測られる成功を通じて組織が提供する機会に魅力を感じて参加した、何百万人もの男女と共通のものでもある。

## 試験指向のカリキュラム構築

金部さんが任用試験を受けたときには、創価学会はあまり教材を提供していなかった。基本的な教科書は一九五二年の全一巻の『御書』で、これですら東京以外では当初なかなか手に入らなかった。金部さんの話では、大阪本部の当時の総支部部長白木義一郎が東京出張の際に彼女に一冊買ってきてくれたという。白木は一九五〇年代の日本では野球のピッチャーとして有名だった。政治家として初めて選挙に出馬したのは一九五六年で、その後の数十年を公明党の国会議員として過ごした。彼の若いいとこが池田香峯子、池田大作の妻だ。戸田時代に活躍していた学会員へのインタビューでいつも驚かされたのは、高位指導者層の間の親密なつながりだ。今日の創価学会の幹部は、何千人もの職員

＊より正確には、日蓮教学では「五重相対」論（内外相対、大小相対、権実相対、本迹相対、種脱相対）で一切の宗教の高低深浅優劣を判定するが、文底とはもっとも重要な部分で、法華経の後半「本門」部分にある如来寿量品第十六の文の底に根本の法「南無妙法蓮華経」が秘し沈められていると解釈する。さらに日蓮は「観心本尊抄」において「五重三段」論を展開し、上記の五重相対の各部をさらに序分・正宗分・流通分の三つに分けた。

すべてを創価ファミリーと呼ぶが、学会形成の初期には、団体の中核メンバーはしばしば文字どおりのファミリーで、結婚や血縁で結びついていた。

　金部さんの仏教教義の学習は、日蓮の在家信徒への手紙を養母に音読するという形で始った。養母は字が読めなかったのだ。一九五〇年代の学会員はまた、『折伏教典』と『大白蓮華』も活用した。仏教教義に関しては戸田が相変わらず組織の最高権威だったが、彼の存命中に書かれた学会の教材を見ると、教学部長小平芳平の決定的な役割が浮かび上がる。学会の教学教材であった『折伏教典』は、監修者として戸田城聖を挙げてはいるが、奥付での編者は小平になっている。[*] 一九六〇年以降の版は、監修が池田で、著者は創価学会教学部だ。これは、組織の池田中心化が強まっていることと、彼の指揮下で教育の仕組みが組織化され、やがて匿名化されていったことを裏づけている。小平は、『折伏教典』を編纂するにとどまらず、支部の学会員たち向けに補助教材も作った。たとえば一九五四年に創価学会は『教学問題の解説』を発刊しているが、これも『折伏教典』と同じく戸田が監修、小平は著者となっている。『折伏教典』と同様に、この本は学会の哲学で始まる。小平の学習参考書は、牧口の『価値論』についての短い第一編で始まる。第二編は基本的な仏教の思想を解説するが、その冒頭は攻撃的な日蓮仏教の四箇(しか)格言[24]で、続けて仏教の伝統の定式化である三惑、五逆または五逆罪、四諦、十二因縁などが説明される。[25] その後の編は、法華経、日蓮仏教の基本原理、日蓮正宗の教義、中国と日本の仏教宗派略史、日蓮と日蓮正宗に連なる富士門流の主要弟子の伝記だ。

　この教科書の知識は、記憶と改宗キャンペーンにおけるツールとして使えるようにさらに細かく分けられている。創価学会は学会員に対し、布教の手段として競合宗教の教えを攻撃しろと告げた――

特に他の仏教宗派だが、神道、キリスト教、さらに立正佼成会、霊友会、金光教といった新宗教など、改宗者を求めて創価学会と競合する、改宗活動が盛んな他の組織だ。この意味で、この教科書はもっと広く読まれている『折伏教典』と似ている。どちらの本も、牧口や戸田の哲学に関する短い章で始まり、その後仏教教義の説明がくるからだ。だが小平の教科書は『折伏教典』とはちがい、きわめて学術的な日本語で書かれ、極度に難しい仏教用語にすら振り仮名はなく、読者がすでに日蓮『御書』を熟知していることを想定している。

『教学問題の解説』の内容を見ると、創価学会で指導的地位に就きたいと願う人々にとってのハードルを戸田が高く設定したことがわかる。「ひとたび教学部員の助師となって、地方の講義に出ると、その人は、わたくしの代理である」と、戸田は最初の任用試験受験者たちに警告した。[26] 池田時代になってからもかなりの間、学会員の教育水準は全国平均よりかなり低かった。一九六七年の「読売新聞」調査によると、学会員の回答者の五五%は最終学歴が中学校で、大学進学者はたった四%だった。[27] ほとんどの学会員の低い教育水準に合わせるよりも、戸田は潜在的なリーダーたちに、彼らの体験を超える教材を読ませただけでなく、それを教えられる水準にまで上がってこいと挑発した。そし

＊『折伏教典』の編著者は版により異なっている。初版は一九五一（昭和二六）年一一月に発行されているが、監修・戸田城聖、著者・原島宏治（創価学会教学部長）となっている。第五版が五三（昭和二八）年七月に出ているが、その際の著者は教学部長小平芳平となっている。戸田死去後の五八（昭和三三）年九月に一部内容を大幅に変更して校訂再版が出た。そこでは戸田城聖監修、編者・教学部長小平芳平となっている。

て小学校、中学校、高校水準に分けた仕組みを作り、それにあわせた学会刊行の教材も作った。小学校に相当する部分で、戸田は学会員たちが「聖教新聞」の体験談を読み、『大白蓮華』の初期の号に連載された日蓮の生涯についての小説『小説　日蓮大聖人』を読むように奨めた。[28] 中学と高校に相当する学会員には、「聖教新聞」の社説や、『御書』の一部を検討する「巻頭言」という『大白蓮華』のコラムを読むように奨めた。巻頭言はいまでも同誌で続いており、月次会合の教学勉強の中核となっている。大学水準の教学勉強は、『大白蓮華』の「観心本尊抄文段拝読」の勉強を含むことになっていた。こうした学習は、日蓮のもっとも重要な著作とされるものに集中していた。[29]

中核的な教えを作るにあたり、戸田の下での創価学会はほとんど日蓮だけに焦点を合わせた。戸田が金部さんの一九五三年試験で最後に出した、法華経の文底部分に関する追加質問は、日蓮の教えが異端の教えを含むあらゆる現象の根底にあり、これを正しく理解することが教学システムの最高位に値するのだ、という理解を示唆していた。こうした形の理解は、若きリーダーたちの手に強力なツールを与えることになった。受験者たちは、日蓮仏教を即興で説明し、新しい改宗者たちの忠誠心を育むレトリック的手法にたけていて、学会の訓練で磨かれて改宗努力の指導を任せられるほどになったということを、上級幹部たちに対して実証するよう求められているのだった。アイロニーはいくらでもある。幹部たちが妥協なき軍隊式で厳しく統制されていたときに、創価学会は若いリーダーたちの評価において、定量的ではなく定性的な手法に頼っていた。また、女性が運営の最高ランクに就くのを妨げている組織において、能力主義的な試験で最高点を獲得したのは若い女性だったのだ。[30]

## 二一世紀の任用試験

戸田が任用試験を作り上げてから数十年、創価学会は教学訓練のシステムを合理化していった。一九五三年に金部は、すでに選抜されて少数となった受験者の三分の一以上を落とす試験にすべて合格した。彼女は一〇〇点満点中の得点を告げられ、リーダー候補者の中からわずかなエリートを選別するためのランキング方式でトップクラスだったことが示された。二〇〇七年一一月には、一三万五〇〇〇人以上の学会員たちが任用試験を受け、二〇一五年一一月二三日の「聖教新聞」によれば、この年には日本全国一五〇七ヵ所で一一万人以上が受験した。受験者数が最近減ってきたのは、創価学会を含め日本全体で若者の数がピークを超えて減少傾向にあるからで、組織内での試験指向の訓練の重要性が下がっているというしるしではないだろう。[31]受験者数が減りつつあっても、創価学会はいまもまちがいなく、日本最大の仏教教学訓練システムを維持している。

この大衆指向の仕組みの構築には、コストがかかる。開始以来の変化について実感を得るため、二〇〇七年一一月試験の受験教材を見てみよう。戸田の下での筆記試験は記述式だったのに対し、二〇〇七年の試験はすべて多肢選択方式か、短答式だ。私の仲間の男子部受験者以外の学会員たちは半ば冗談とは言え「答えを思い出せなければ、南無妙法蓮華経と書いておけばいいよ」とアドバイスしてくれた。ほとんどの人は、笑いながらこれを言っていたが、この試験は仏教思想の包括的理解よりは、創価学会への献身表明という意味が強いため、この助言にも一理ある。大阪で会った上級幹部はこう言った。「ああ、楽勝でしょう。外国人の名前と会友という肩書きが答案にあれば、採点するリーダーはまちがいなく合格にしてくれます。英語で解答しましたか?」。私は、そんなことはしていないと告げた。「でも英語でもいいのは知っていたでしょう?」。知らなかった。いくつかの仏教用語について漢字を忘れ、ひらがなで一部の答えを書いたので恥ずかしい思いをしていたところだった。実は、英語で解答するのはずっとむずかしかったはずだ。試験はとにかく教材を暗記して、それを一言一句まちがえずに再現させるもので、それを説明するように求めるものではなかった。地元の男子部の指導を請け負っていた大村リーダーが、その月初めの勉強会で総括したとおり、「これは標準的な日本の試験なんです。退屈なものです」。

二〇〇七年任用試験は完全に、『大白蓮華』二〇〇七年一〇月号の六八―一一八ページに掲載された「任用試験のために」という特集教材から出題されていた。この特集は、三つの部分に分かれていた。『御書』からの三つの短い部分、「教学入門」、「世界広布と創価学会」だ。どの学会員にきいても、合格に必要なのはこの『大白蓮華』の特集号だけだと言う。自分で『御書』を買ったり他の参考書を手に入れたりする必要はないとのこと。これは衝撃的だ。私の知っている高齢学会員はみんな日蓮遺文集である『御書』を持っていて、それを読み込んでいたからだ。高齢学会員はしばしば、日蓮の一三世紀の日本語のページを丸ごと暗唱できるので私は驚愕した。二〇〇七年九月に千葉県でインタビューした高齢紳士は、日蓮の有名な著作をほぼすべて暗記したらしく、地元学会コミュニティでは「歩く御書」というあだ名がついていた。この紳士は秋田県出身で、戸田時代に創価学会に参加したが高校は出ておらず、それでも学会の教学で最高位に到達していた。歩く御書の異名を取る高齢学会員は彼ひとりではなかった。日蓮の著作を熱心に勉強する若手学会員にも何人か会ったが、そんな異名を取るほどテクストを内面化した人はいなかった。

創価学会は、仏教の教義を教える大量の本、マンガ、インタラクティブＤＶＤ、オンライン情報源を製作している。池田時代には教材が爆発的に増えた。これは学会メディア部門が全体としてふくれあがったためだ。池田の名前を冠した人気のある教学教科書としては、日蓮著作についてのテーマ別論説、たとえば『生死一大事血脈抄講義』（これは日蓮正宗が主張する系譜の独占を否定する論説だ）、『池田名誉会長の法華経方便品・寿量品講義』（法華経第二と第一六を、学会中心の師弟関係を元に位置づけたもの）などだ。こうした各種の本は、男子部が未来部の研修で使っていた。他の最近の教学に関する学会刊行物は、ほとんどが教学部員たちによって書かれている。たとえば『創価学会入門』（一九八〇年に、『折伏教典』にかわるものとして刊行）などだ。信濃町などの学会センターにある売店には、二〇〇二年刊行の『教学の基礎　仏法理解のために』を置いている。これは分厚い事典で、日蓮仏教と学会の創立三代会長の生涯を紹介するものだ。そして多くの学会書店には二〇〇七年刊の『実践のための教学入門』上下巻が置かれている。これは、重要な仏教概念を、学会実践者二人、蓮華くんという若い男性とその師匠大白博士の親しい対話形式で紹介する本だ。二人の名前を合わせると大白蓮華となり、本の著者は同名の雑誌編集部だ。二〇一五年から、受験勉強はオンライン講義が主体となった。ある学会員によるウェブサイトは試験準備教材の集積場となっていて、それによると任用試験用の参考書を使ってもいいが、いまはむしろオンライン講義を見るほうがよいと奨めている。短い読解問題が説明され、あらかじめ用意した多肢選択問題の正解が示されているのだ。[32]

創価学会の刊行物の中で、仏教教義の資料は数こそ多いが、全体に占める割合はごくわずかだ。そして学会員が仏教について読む時には、その材料はおおむね池田を中心に据えた形で示される。この傾向は二〇〇七年任用試験参考書の形式でもはっきり見られた。日蓮の著作の冒頭部は、三つの著作からの短い抜粋を示していた。「佐渡御書」「上野殿御返事」「持妙法華問答抄」だ。いずれの場合にも、日蓮からの抜粋は右側に大きく太字で書かれ、その下に現代語への翻訳があり、左側のページ（日本語の本は通常、右から左へと進む）ではその一節の重要性を論じて、池田大作からの引用で終わる。

試験用の「佐渡御書」抜粋は次のようになっている。

> 畜生の心は弱きをおどし強きをおそる当世の学者等は畜生の如し智者の弱きをあなづり王法の邪をおそる諛臣（ゆしん）と申すは是なり強敵を伏して始て力士をしる、悪王の正法を破るに邪法の僧等が方人（かたうど）をなして智者を失はん時は師子王の如くなる心をもてる者必ず仏になるべし例せば日蓮が如し、これおごれるにはあらず正法を惜む心の強盛なるべし[33]

創価学会の教学部は、いまの引用部分を次のようにまとめている（以下の翻訳は少し要約してある）：

**勇敢に立ち上がれ！　獅子*のように！**　日蓮の弟子は獅子の如く戦って、即身成仏の勝利に達するしかないのです。日蓮を弾圧した僧たちが得ている俗世の名声がどうあれ、彼らの「生命の本質」は「畜生」のものでしかなかったのです。[34] こうした邪悪な僧たちは、当時の腐敗した権力者たちと野合して、末法の条件にふさわしく真の仏教実践者を弾圧したのです。真の強さを実証するには、強い敵と戦うしかないと教わりました。「折伏精神」に則り、障害を乗り越えて仏法を守るために戦う者は、間違いなく仏性を実現します。獅子王の勇敢さを持つ者は、邪悪な敵を打ち砕く中で、優柔不断と疑念を叩き潰すのです。このようにして人は、日蓮のように素晴らしき即身成仏に達します。日蓮が説明するように、彼は弟子たちのお手本であり、他でも「弟子たちよ、師匠の如く勇敢に戦うのだ」と述べています。[35] 池田名誉会長は語っています。「状況が厳しいときこそ、勇気を出さねばならない。臆病者は成仏できない。獅子王の心を持たねば成仏できない。状況が厳しければ、それだけ鼓舞される。これこそ学会精神の真髄である。もっとも重要な点は、自らの前進によってのみ道が開けるということだ」。獅子王の勇気を奮い起こし、何も恐れないことで、人生の勝利と創価学会の広布の突破口を開こうではありませんか。[36]

試験の日蓮抜粋は三つとも、同じ形式で出題されていた。日蓮の文、次の教学部の釈義は信者の責務を強調し、最後に「池田名誉会長は語っています」で始まる段落。この行は、仏教経典の冒頭に登場する「このように私は聞いた」（如是我聞）という、釈迦牟尼の弟子アーナンダのものとされる形

＊引用原典では「師子」。

式を思わせる。池田は語り、アーナンダと同じように、学会の弟子たちは聞いて、真の仏法に関する権威からのご託宣を広めるのに献身する。日蓮の著作からの選択と、池田が弟子のためにそれを言い直すやり方は、学会信奉者たちの活動を、超越的な使命のために行う英雄的な自己犠牲と、真の仏法継承者に対する弟子たちの忠誠心へと昇華させるのだ。

　この文章構成のパターンは、私が受験勉強で出くわしたあらゆる教学部の指導シナリオで繰り返された。たとえば、二〇〇七年一一月初頭に名古屋にいたときに参加した、大規模文化センターでの勉強会では、教学部の東京本部で録画された指導ＤＶＤの上映があった。[37] 小さな部屋で、低い机の前にすわらされ（実は実際の試験と同じ形式だった）、他には学会員一六人――ティーン少女七人、少年五人、年配の男性三人、もう一人非日本人の参加者（この集会につれてきてくれた学会員の友人）だ。画面上で、何人かの学会幹部（教学部長を含む）が入れ替わり立ち替わり、『大白蓮華』二〇〇七年一〇月号からの用語解説を暗唱してみせた。『御書』の部分を「書けるように覚えてほしい」と述べてから、リーダーは先月の池田の演説を引用した。そこで彼は、人間革命のために日蓮の著作を読めと言い、戸田の下での自分の勉強を回想してみせたのだった。その後でＤＶＤの講師たちはそれぞれの『御書』引用を暗唱し、手短に説明して、それから日蓮の伝記と仏教用語へと進んだ。いずれの場合にも彼らは『大白蓮華』にある説明の最初の数行をそのまま読み、定量化できる内容を強調する。場所、名前、日付、番号を振った項目などだ。ＤＶＤはたまに、壇上の講師から切り替わって聴衆のほうを映すが、登場するのはネクタイとＹシャツ姿の少数の男子部員で、熱心にメモを取っている。こうした鑑となるべき若き男性の弟子たちのショットは、教学指導者たちの話が最後の日顕宗糾弾に移ると頻度が増した。

「悪について学んでいきましょう」と講師は切り出し、一九九一年以後の創価学会の、僧侶不要論を擁護するために『御書』の様々なくだりを引き合いに出し始めた。ＤＶＤの最後は、力をあわせて日顕宗と戦おうという訴えと、試験前に寒い中で健康に注意してくださいという話だった。上映中ずっと、まわりの若い生徒たちはＤＶＤに登場した若者たちを真似ていた。講義を聴きながら『大白蓮華』教科書をめくり、試験に出そうな用語を各種のマーカーで強調した。試験のためのキーワードはほとんどすぐにわかる。講師は名前や日付を強調するし、『大白蓮華』は一部の言葉を太字にしているからだ。このセッションでの生徒たちの戦略は明らかに、効率的な暗記を通じて試験の点数を最大化するという、学校教育で学んだ技法から出たものだった。

## 創価学会のキャンペーンサイクルへの取り込み

「筒井といいます。一九七二年四月二八日生まれ、日蓮が立宗宣言した記念日です」。一一月一八日に東京に戻ると、地域担当の教学部リーダーが、ある会員の家に集まった朝一〇時の小集会で、このように自己紹介した。私といっしょに、地元ヤングの受験者仲間たちに加えてリーダーの一部もいる。彼らはもうとっくの昔に任用試験には合格しているのだが。筒井はネクタイとスーツの立派な身なりをしている。明らかに、任用試験教材の説明には慣れている。「ガールフレンドや奥さんに実践するなと言われたら？　こういう勉強会にくるのを嫌がったら？　人生はこうした障害だらけです。創価学会ではこうしたものを三障四魔と呼びます」[38]。ビデオに登場した教学部の上司同様、筒井も暗記すべき学会刊行物の用語からはほとんど逸脱しなかった。即興は単に、学会員の人生体験を重要概念と結びつけるときだけだった。みんな声をあわせて『御書』の部分を読み上げ、その後講師は短い説明をしたが、それは『大白蓮華』の文をほとんど繰り返すだけだった。筒井は『御書』の三ヵ所の抜粋を、折伏を奨励する方法としてまとめ、即座に「教学入門」の部分に移った。これは十界や五重相対といった概念を含む[39]。そして締めは学会のスローガン、信心即生活だ[40]。最後は三代の師匠牧口、戸田、池田の生涯だ。筒井は強調した。「今日は特に重要な日です。学会創設七七周年記念日だからです」。

たしかに創価学会にとって重要な日だったので、私は筒井が日顕宗の邪悪について説明する前に勉強会を早退した。そして、信濃町の学会本部で日本全国からやってきた学会員たちと会った。それから世田谷で圭太郎と勉強会に出席した。これはこの記念日を祝うために二地区合同で行われた特別共同セッションだ。この後で、大村、圭太郎、洋、良介、私はまたもや試験勉強セッションにでかけた。今度は世田谷区の遠く離れた地区にある、別の地元リーダーの家だ。そこまでの道中の車内で、大村や他のヤングリーダーはクイズを出した。「三類の強敵の名前は？　三証とは何か？」[41]。ドアを入ると、迎えてくれたのは再び筒井だった。スーツからスエットシャツに着替えてはいたが、夜一〇時からの勉強を、一二時間前とまったく同じ精力的な形で始めた。私のまわりには若者が一〇人すわり、その半分は脱色した髪でぶかぶかの服を着ている。これは労働者階級の若者ファッションの美学を示すものだ。突っ立った金髪と、無数のイヤリングをした若者が地元リーダーと相談しており、漢字をきれいにノートいっぱいに書き込んだことでほめられていた。書かれていたのはどれも試験に出る仏教用語だ。筒井は講義を続け、地元リーダーたちは深夜一二時過ぎまでつきあってくれた。このセッションの終わりごろには、みんな疲れてめまいがしそうだった。

次の夜、地元の男子部学会員は再び洋の家のごちゃついた居間に集まって勉強した。みんなうつらうつらしていた。その夜遅く、大村は試験の意図をまとめた。「任用試験は創価学会の生活サイクルの一部なのです」と彼は説明した。

試験は一一月の一八日あたり、学会創立記念日頃に行われます。一二月は年末だし学会員が組織に財務をする時期です。一月は正月だし池田先生の誕生日です（一月二日）し、一月と二月は折伏改宗キャンペーンに専念する月間です。春には五月三日に池田先生の会長就任を祝い、七月三日は師弟の日、夏の八月二四日は池田先生の改宗記念日です。それで秋に戻って、また繰り返しです。こうした記念日の上に重なっているのは、学会の定期キャンペーン、たとえば公明党の選挙活動や、その他特別なイベントで、その一つがこの任用試験なんです。

大村はこうまとめた。「試験は根本的には、若い学会員を運動内部の生活周期に投入する手段なんです」。彼のコメントは、試験勉強といった厳しい活動を通じて学会員たちが加わる活動周期が、創価学会にとって国民的な行事の年間周期の模倣的な等価物なのだということを明らかにしている。大村のコメントは、創価学会での生活は何か特定の目標にだけ注目するものではなく、組織へのますます深まる献身を育成する、果てしないキャンペーンの周期で構成されている、という全体的な印象を強化するものだった。彼は金部さんが一九五三年に戸田の下での任用試験で悟ったものを裏づけてくれた。勉強への献身はあるプ、ロ、セ、スへの献身であって、何か単一の目標への献身ではないのだ。

何週間にもわたる厳しい訓練の後で、一一月二五日のたった一時間の任用試験はあっという間に終わった。『御書』の抜粋についての問題は、日蓮の著作からいくつか文章を持ってきて、単語を一部抜かしてあり、それを埋める。日蓮の伝記、教義問題——複雑だし現代の日本語とはかなりちがうため、試験勉強で圧倒的にもっとも時間がかかる部分——と学会史の問題は、短答か選択式だった。一番簡単なのは、最後の日顕宗についての問題で、本当に予想外だったのは、絶対的幸福と相対的幸福をめぐる戸田の哲学についての問題が含まれていたことだけだった。『大白蓮華』の教材では、戸田の著作には軽くしか触れていなかったのだ。この池田の師匠に対する敬意の表明は、師弟不二の重視を裏づけるものではあった。

二〇〇七年一一月二九日、任用試験のたった四日後、創価学会は全国テストの結果を発表した。一三万五〇〇〇人以上の受験者のうち、合格者は八万五〇〇〇人——私と、いっしょにヤング研修をくぐりぬけた三人も合格だった。受験者の六三％弱、三分の二ほどが助師の肩書きをもらった。それぞれの試験地で、その地の教授が試験を手で採点し、結果を教学部に伝え、そこが「厳正に合否を検討した」[42]。ある年配の学会幹部が後で話をしてくれたところによると、創価学会の師範会議（限られた上級幹部の委員会）がいまや事前に集まって試験の合格率を決め、それぞれの受験地毎に試験結果の分布曲線を見て、方針にあわせるのだという。[43] 戸田の下での試験では、受験者は一〇〇点満点での点数を知らされたが、二〇〇七年では合否しか伝えられない。

近年では試験はさらに合理化された。学会員は相変わらず日蓮仏教の教義や学会史、反日蓮正宗に関連した用語を暗記して受験勉強するが、もはや記述問題はまったくない。二〇一四年に教学部はマーク方式を採用し、スキャン対応の標準シートを使うようになった。いまや任用試験はすべて選択方式だ。もはや若手学会員は、特殊な仏教用語漢字の書き順を覚える必要はない。何時間もいっしょに受験勉強をする必要もない。こうした最近の、集団支援の訓練より個人のコンピュータ利用の勉強を強調する方法が、学会の何世代にもわたる育成プロセスにどう影響するかは、まだはっきりしない。

## 次世代の教育

任用試験はかつて、日蓮仏教の習得度を見ることで指導層を選抜するための、きわめて競争的で能力主義的な手法だった。だがいまやそれは、学会の若者に組織への参加に対してご褒美をあげる、比較的簡単な手段となっている。この試験は以前は、受験者の仏教教義の知識を測る透明性の高い手法で、はっきりした目標と一〇〇点満点中の得点が示されていた。いまや合否が組織的な責務に基づいて決められるので、個人の努力は組織内での計算にかけられてあいまいにされている。かつては学会員にとって、高いハードルだったからこそ重要だった試験が、いまやだれでも合格できるようにすることで参加者を募っている。

この逆転の理由はすぐにわかる。任用試験は学会の若き前衛を訓練する手段だったが、それがいまや主に、圧倒的に多くなった第二世代、第三世代の若者たちを創価学会へ参加させる手始めとして機能するようになっているのだ。外向きから内向きへの焦点変化は、試験範囲となる教学を見れば明らかだ。二〇〇七年には、他の仏教宗派や他の宗教に対する明示的な攻撃は消えた。競合宗派に対する日蓮の四箇格言への言及はなくなり、偽の教えを受け容れる危険性も言及されなくなった。以前は、試験では仏教史が出題され、競合宗派への攻撃を強め、日蓮正宗教義こそが決定的なものだとして、拡張主義的な布教を正当化していた。今日では、創価学会は外部集団との争いは回避して、日顕宗との戦いを奨励することで攻撃を内向きに振り向けている。現代の重点は、伝統の中での正統教義を明らかにすることであって、それをさらに広げることではない。

戸田時代の試験と二一世紀の試験との差はまた、日本社会の大きな変化と、それに対応した創価学会内部での模倣的な変化を示すものだ。今日の日本における教育機関は、最大級の大学からきわめて小規模な講習まで、両親たちほどの競争圧力に直面していない、減少しつつある若者人口に対し、試験の成功のための自己犠牲精神を植えつけようとしている。日本では、試験競争は相変わらず強い社会的な圧力である。日本の学校への入学を目指す者は、幼稚園から大学まで、試験準備に生涯のかなりの年数を費やす。それでも、試験文化がいかに日本で相変わらず根強くても、今日の日本の若者は、かつては志望者を選り分ける立場にあった教育機関が、いまや生き残りをかけて何とか生徒をかき集めようとしている中で願書を出すことになるのだ。入試はまだ普通に行われるが、重要性は下がっている。最上位の学校以外では、入試はますます形骸化し、ますます多くの教育機関が他の選抜手段でそれを補っている。二〇〇〇年以来、日本の大学は教育改革国民会議の提言に従って、暗記中心の試験を減らし、高等教育への門戸を他の形でより多くの志望者に広げるようにしている。二〇〇二年には、大学新入生の三四％は校長の推薦に基づいており、入試をまったく受けていない。[44] こうした、選抜から囲い込みへの移行トレンドは加速しているようだ。二〇〇〇年代半ばになると、日本の大学の五〇％は、まったく試験なしで学生を受け容れていると推定される——日本の若者人口がますます減る中、この数字は確実に増えるだろう。[45]

創価学会の任用試験は、終戦直後の日本のきわめて競争的な試験制度に基づいたものだったが、二一世紀においても日本の試験文化を反映し続けている。いまやこの試験は、エリート指導層の選抜ツールというよりは、減り続ける第二世代、第三世代の学会員要員を、創価学会の全体としての活動に引き入れるための手段なのだ。だが「試験地獄」はおさまっても、日本での地位はいまだに勉強でどれだけ秀でるかで決まる。人々はいまだに、自分や他人をこの仕組みが創り出す期待に基づいて判断するし、創価学会も試験に基づく教育の成功を訴えることで学会員を動員し続けている。成功は、記憶する仏教用語の数ではなく、勉強を通じて創価学会に示す献身ぶりで判断される。戸田時代の後で試験が拡大したため、学術的な期待は明らかに下がったとはいえ、学校に基づく慣習を通じて献身的な学会員を育成しようという、全体的な制度的意図は維持されつづけている。

創価学会は、近代国家としての日本の発展の中心にある試験指向モデルに注力し続けろと若い学会員たちに訴え続けると、苦労することになりかねない。戸田城聖の指導下で活躍した古参学会員の金部さんは、そもそも勉強ができる機会そのものに深い感謝を表明し、社会的正統性の基準となる仕組みに参加できたことを喜んだ。良介など、地区の仲間にひきずられてやっと勉強会にくるような、腰の引けた第二世代学会員は、二一世紀の学会の標準的な姿を表しているのかもしれない。彼らは、日本の国家台頭をモデルにした仕組みの中にあって自己犠牲にそれほど熱心ではないのだ。個別化された勉強への展開を受け容れつつも、創価学会は二〇世紀の教育の理想を援用し続けている。だがそうした学術的野心はますます古くさいものとなりつつあり、それが創価学会を未来へと運ぶ世代にとってどれほど意味を持つかは、まだはっきりしない。

# 第六章　良妻賢母と改宗の歩兵たち

二〇〇七年一一月一八日、私は婦人部の一行が信濃町に巡礼して創価学会の七七周年記念を祝うのに同行した。その学会員のひとり橋本さんは、九州北部の小さな町からやってきた。私が翌週の学会の任用試験を受けると知ると、彼女は日蓮仏教の三証概念について詳細な説明をしてくれた。文証(文書による証明)、理証(理論的な証明)、現証(実際の証明)だ。橋本さんは、文証は仏教の経典に見られるが、理証は御本尊に反映されているという。だがこれはほんの少数の人にしか説得力がない。というのも法華経を理解できる人は少ないし、御本尊は美しいが、実践がないと日蓮の教えを広めるのに効果的ではない。宗教を理解するには、信者、信仰者を通じてしかない、と彼女は言う。また、研究で信心深い人々とばかり話をしないように警告してくれた。「創価学会に同意しない人たちとも話をしたほうがいいですよ。学会の実践から離れていった人たちともね」と彼女は助言してくれた。

このアドバイスには本当に驚いた。学会員との長年のつきあいで、洞察を得るために組織の外も見ろと示唆してくれた人は、これまでひとりもいなかったし、まして学会を捨てた人と話をしろなどと言った人はいなかった。「九州のうちにいらしてください。息子に会っていただきたいんです。折伏させてください〔原文でもローマ字日本語表記〕」。この発言をきちんと理解できたのか確信がなかった。非学会員であるこの私に、学会員家族の子供である彼女の息子に会って、彼を折伏しろと言っているのか? これは興味深い。

## 婦人部——パラドックス的な強力さ

創価学会の基本単位は家庭だ。学会は国勢調査が設定した慣習にあわせて、日本の総会員数を世帯で測っている。現代日本語の新語「家庭」は一九世紀末に考案された。この言葉は、国家のモデルとして西洋的な中産階級の「ホーム」を意味するものだった。[1]戸田城聖が戦前の学会を戦後の宗教的大衆運動に変える中で、学会員個人ではなく世帯をもとにすると決めたのは、近代日本の核家族へのこだわりを模倣したものだ。戸田の決定により必然的に、妻や母親として定義された女性が、創価学会のもっとも重要な実践者となった。学会本部の最優先事項――改宗、学会刊行物の購読勧誘、地元レベルの定期集会サイクル、公明党の選挙活動、次世代信者の育成――は今でも相変わらず、婦人部に大きく依存している。

学会の日々の活動では女性が大半を占めているのに、学会の執行部の最上層には驚くほど女性がいない。女性は女子部と婦人部以外では学会の要職には就けない。その一方で学会指導部は絶えず、自分たちの使命における女性が果たす重要な役割について述べている。創価学会は二一世紀を女性の世紀と宣言し、女性学会員に無数の婦人会館を作ることで報いている。男性は婦人会館には立ち入り禁止なのだ。そして過去三〇年にわたり、学会は池田香峯子の存在を大いに強調してきた。彼女は池田大作の妻で、既婚女性の理想を体現した存在だ。学会が組織における焦点として池田香峯子に注目しているのを見れば、家庭的な女性という理想を推進しているのは明らかだ。これは二〇世紀日本の国家が支持した規範と整合したものだ。明治時代（一八六八―一九一二）から国家改革者は「良妻賢母」を倫理的な原理として、母親に新世代の忠実な臣民や兵士を育成するよう促した。[2]西洋の帝国主義競合国が採用した出生主義的政策と、新儒教原理に啓発され、明治の政治家たちは、女性の主要な仕事は家庭管理と家族教育だと宣言した。良妻賢母の理想は明治エリート層から二〇世紀初頭の中産階級の感覚へと移植され、女性は従順な家庭の守り手とされた。[3] 一九四七年憲法で女性が選挙権を得てからも、戦後は良妻賢母の理想が拡張されて、専業主婦の称揚が行われた。これはサラリーマンの夫のために安定した家庭基盤を作り、子供の教育を行う存在だ。[4]

創価学会は日本のジェンダー化された社会区分を制度化している。だが以下のケーススタディで見るとおり、学会女性の生活は専業主婦の理想が示唆するものよりはるかに複雑だ。学会女性は抑圧的な権力構造にだまされて従属を強いられた、受動的な追従者ではない。むしろ野心と価値観の複雑な網の目から出てくる、自覚的な主体なのだ。その意味で彼女たちは、父権主義的な権威をあやつり、最終的には一変させることで権力を行使する、他の宗教コミュニティの女性たちと似ている。エジプトの女性イスラム敬虔運動研究について、サバ・マフムードはミシェル・フーコーとジュディス・バトラーによる指摘を拡張し、権力は単なるトップダウンの支配様式ではないし、ある独立主権の個人が保有して他人に対して行使するようなものだけではないと述べる。むしろ権力というのは生活のあらゆる面に充満する戦略的な力関係であり、独自の欲望形態を作り出すのだ。社会的に保守的な宗教組織における女性信者を、解放を求めて不満を抱く未発達な個人だと考えるのは非生産的だ。マフムードは階層的な権力構造の底辺における主体性を同定し、主体性の行使で社会規範はしばしば不安定になるのみならず、改変されるのだと示唆する。また、そもそも個人にたいして解放指向の政治を押しつけること自体が問題だという。というのもそれは、規範的な理想が存在するのだと想定してしまい、その対象となっている女性をだまらせてしまうからだ。[5]

女性信者についての他の学者の研究も、マフムードが描いた権力関係を裏づけている。マリー・グリフィスは、アメリカの女性アグロー運動の女性伝道師たちが、キリスト教の妻や母親としての再生を祝う中で家庭内権力関係にどう対応しているかを述べている。日々の信仰実践の中で、彼女らは男性権威の行動に影響を与えつつ、「総合的で喜びに満ちた自己」を実現する。[6]日本の例では、ヘレン・ハーデカーの、日蓮仏教を基とする霊友会における女性の研究は、この集団が忠実な信者を獲得できた理由の一つが、社会の基盤を構成する職能として主婦を認めたことだと強調している。[7]ハーデカーは、霊友会――そしてその延長として創価学会を含む日本の他の新宗教――は既婚女性に主婦としての職能をもとに活動を広げる機会を提供するのだ、という重要な点を指摘している。地元リーダーとしての彼女たちの役割は、主流のジェンダー規範を問い直すよりは強化するものだが、こうした集団の女性たちはその組織への献身から深い個人的な意義を引き出すし、無給ながらきわめてやる気のある労働力を形成するようになる。[8]後にマフムードが行うものと呼応する形で、ハーデカーは女性霊友会信者が「弱さの戦略」を発達させるにつれて、私生活の方向性を左右するようになると記述している。霊友会の女性たちは育児や家庭運営といった分野で文句なしの権威として自分を確立しつつも、誇張した敬意を示すことで生活の中の男性たちを自分に依存させ、社会関係を構築し、やがて「規範的な不平等があっても、それが家庭内の夫婦関係での権力バランスにおいて支配的なものにはならず、妻が主導権を握ることができるようになる」。[9]ハーデカーの結論は不平等な社会関係の底辺にいる人々が「嫌々動いてみせたり、偽装したり、放棄したり、手ぬきをしたり、くすねたり、無知を装ったり、中傷、放火、サボタージュなどを行ったりする」プロセスを通じてシステムを自分に有利に変えてゆくというジェームズ・C・スコットの「日常的抵抗」をめぐる理論とつながる。[10] 霊友会と創価学会の女性が編みだした戦略は、スコットが確認したものよりはもっと細やかでそんなに破壊的ではないが、こうした集団の一般女性会員が引き起こす小規模な変化が組み合わさると、スコットが観察したものと似たような形で、大きな累積効果を引き起こす。

学会の女性は個人的な従属性を、信仰活動を通じて形成する。こうした信仰活動は、男性が支配する権力構造を反復すると同時に、女性主導の権力関係形成をも行うものである。創価学会は日本の家庭指向の女性理想像を再生産する。これは組織の形成期にあたる数十年間に支配的だった理想像だ。学会女性の役割はまた、ジェシカ・スターリングが「家庭における宗教専門家」と呼ぶものによって維持されている規範とも整合する。スターリングは、日本最大の寺院仏教宗派である浄土真宗における坊守（住職の妻のこと）についての研究でこうした役割に光を当てる。浄土真宗の寺は通常、男性住職の領域と思われているが、檀家との儀式や非公式なつながりを通じて坊守が作り出す、家庭的でありながら公共空間でもある場所として理解したほうがよいのだ、と主張する。日々の付き合いを通じて、坊守は親としての責務と宗派の存続を任された宗教専門家としての責務を実施する中で、公私の区分をあいまいにするのだ。[11]

学会女性が発達させる従属性は、創価学会が課す、相反する要求から生まれてくるものだ。学会女性は、宗教専門家として見られるべきだ——国の主婦の模倣的な等価物だ。彼女たちは、公的なものと私的なものが組み合わさった困難な役まわりを引き受けている。学会の女性が家を家族の空間と学会活動の公共の場の両方として維持するにつれ、相容れない部分が生じてくる。彼女らは時間のかかる創価学会活動、公明党の選挙活動などの責務にひきずりこまれ、それが家庭の責務と対立する。このパラドックスは疑問を引き起こす。学会女性に対する主婦と学会活動の両方に貢献しろという要求は、どんなふうに彼女たちの日常生活を形成するのだろうか？　学会女性は、家庭、社会、創価学会がもたらす責任と、自分の個人的な野心とのあいだで、どのように折り合いをつけているのか？　そして創価学会の家庭モデルが破綻し、家庭生活が家庭破壊となるときには、女性に何が起こるのだろうか？

## 「育児は修行」――対立する責務のコスト

二〇〇八年六月一四日の早い午後、橋本さんは福岡から急行列車で九〇分ほどの駅で私を迎え、近くの自宅までつれていってくれた。この風光明媚な九州北部で再会を約束した、青木さんと熊野さんもお待ちかねだった。家に入ると、橋本家へのちょっとした手土産が、お馴染みの南無妙法蓮華経三唱とともに御本尊に捧げられた。家族の仏壇の前にある畳にすわった私たちは、橋本さんが大きな本棚に保存している本を眺めた。すべて学会の刊行物で、ほとんどは学会本部が多額の献金をした人に贈る記念版だ。二〇年前に発行された写真集を眺めると、そこには池田大作と香峯子が自宅らしき場所にいる写真が載っている。橋本さん、青木さん、熊野さんはみんな、池田の円満な結婚生活の写真を見て、うっとりしたようなコメントを口走る。ある写真では池田夫人は座卓に向かってノートに書き込んでいる夫にお茶を運び、別の写真では二人が家の仏壇の前に座って手を合わせ、祈っているが、池田夫人は夫の数歩後ろだ。名誉会長も普通の人だというのがわかりますね、と集まった女性たちが言う。全員が池田がきわめて慎ましいことを強調する。受け取るものの九九％はすぐに創価学会に返し、夫婦は私たちみんなとまったく同じ普通の生活を送っているんですよ、と彼女らはお互いに、そして私に強調してみせる。

話の途中で、橋本さんは自己紹介してくれと言う。他の婦人部員とのこれまでの会合と同様に、彼女と部屋にいる他の人々は、私の両親、妻、将来の希望についていちばん聞きたがる。しばらくそういう話をした後で、彼女は部屋をちょっと離れ、すぐに即席の手書き書式を持ってきて、これを記入してくれと言う。名前、家族の名前と年齢、将来の希望を書くようになっている。私はそれに記入し、将来は論文を刊行する学者になりたいと述べる。そこにいた人はみんな、私の将来の希望についてメモを取ったが、橋本さんは彼女たちに、家族についての個人情報は広めないようにと警告する。これは私的な問題だから、池田名誉会長に直接送る報告にしか書かないのだという。私はここでも、創価学会を作る単位が家庭であり、それが実際にはどういう意味かを思い知らされる。ちょっとした集まりですら、学会運営上の責任で満たされているのだ。ときには、創価学会の仕組みはほとんど露骨なまでに、ミシェル・フーコー『監獄の誕生』で有名になった相互監視を通じた規律権力の仕組みの見本となっている。実際、地元の学会員たちは情報の獲得と共有をとんでもなく重視する。たとえば、引退した学会幹部と二〇一一年末にアメリカで出会った際に、シンガポールで数ヵ月前に創価学会について行ったプレゼンテーションについて、いい評判を聞いていると言われた。この講演には、シンガポール創価学会の婦人部の集団が出席していたのだ。

この九州の町への訪問は、学会コミュニティの中でかなりの興奮を引き起こし、訪れた学会員たちは私の到着を布教の機会として扱った。熊野さんはいつもながら話を大きくしたがるので、いっしょに何人かつれてきた。八五歳の母親と姉だ。姉はこの地域で若い頃の貧乏暮らしがトラウマだったので、もう三〇年も九州を訪れたことがなかった。もう一人参加したのは野口さんという人で、熊野さんの姉の友人だった。野口さんは非学会員だが、熊野さんの姉と三重県（名古屋の近く）からやってきて、近所の温泉で数日過ごすつもりだったのだ。みんなで近くのレストランに向かい、そこで橋本さんは若い頃に創価学会に入った体験を語りはじめた。直接野口さんに語りかけ、同年代の女性として訴えている。橋本さんは一家の貧しさを強調し、創価学会の信仰が、兄の左翼過激派への関わりや、ティーン時代の自分の共産主義への関心に比べるときわめてまっとうだったと述べる。そして若い頃の愚行や両親の苦境について熱心に語ったが、なんだかいきなり証言を打ち切ってしまった。一つにはみんなが勉強会に向かうところだったのと、もう一つは野口さんが橋本さんの話にまったく共感を示さないようだったからだろう。

食事の後で、ますます居心地悪そうな野口さんを含め、みんなで車修理工場の裏の家で行われた地区の勉強会まで車ででかけ、その後みんなで橋本さんの家に戻ってコーヒーとケーキを食べた。「みなさん、うちの息子と会っていただけるといいんですけど」と彼女はみんなに言いつつ、ちょっと不安そうに笑う。彼女の息子康男はまだ登場しない。瀬戸物会社で働いているのだ。これは北九州の産物として何世紀にもわたって有名で、また彼は中学校のサッカーコーチでもあるという。橋本家の囲炉裏を囲む広い居間に集まって、橋本さんはまた野口さんに話しかける。「勉強会はどう思いましたか?」。野口さんはとぼけてみせた。「なにもかも知らないことだらけで。何が起きてるのかさっぱり」。橋本さんは哀れんでみせ、自分も最初に創価学会に出会ったときには、何が起きているかわからなかったと述べる。「一八歳のときに福岡に出たんです。人生の選択をめぐって父と大げんかして。父はその翌年死んで、話をする機会もなく、最後に会ったのはお葬式のときでした。親孝行を果たすために、一九歳のときに創価学会に改宗したんですよ」。橋本さんはもう少し野口さんにプレッシャーをかけるが、このお客は明らかに事態のなりゆきに当惑している。雰囲気を少し和らげているのは、ケーキがとてもおいしいとしゃべり続けている熊野さんの母親だった。その娘は彼女をだまらせようとして、信心の話が進行中なんだと注意する。お客はみんなその後すぐに辞去して、彼らが立ち去ることで部屋の重苦しい雰囲気が解けた。康男はまだ帰ってこない。

「世界平和だって? 世界平和のために戦いにでかける前に、なんで自分の家の平和を守らなかったんだよ?」。次の晩(六月一五日)の午後八時四五分、橋本さんと康男が声高に口論している。囲炉裏で焼肉と貝焼きを楽しんでいたところだった。みんなかなりビールを飲んでいて、特に康男は大量に飲んでいた。彼は社交的な三五歳で、私がいてもひるむ様子もなく歓迎してくれた。いまはさらに遠慮がなくなっている。彼の母親が私に、自分の学会活動と、自分の小さな努力が世界平和をもたらそうという創価学会全体の使命に貢献している話を始めたら、彼の内部から何かが湧き上がってきたようだった。彼は母親と、一家の過去について激しい口論を始めた。康男は厳しい糾弾を投げつけ、母親は弁解に回っている。〔夫の〕橋本氏は、優しいおとなしい男性だったが、静かに部屋から姿を消した。

「自分があれやった、これやったとか、創価学会のおかげでいろんなことができたと言うけどさあ、その代償はどうよ。犠牲は？　「創価学会のおかげ」と言うけど、それってつまり、自分の行動で自分はいい目を見たってことだろ。自分勝手じゃないか」と康男は糾弾する。

橋本さんはやり返した。

「そんなことありませんよ。確かにあたしは自分勝手かもしれないけど、でもあたしは世界平和のためにやったんだから」

「世界平和だって？　それが創価学会の狙い？　それならさ、なんだって母さんの家族はその目標のためにこんな苦労させられるわけ？」

何度も何度も、康男は創価学会に対する根深い恨みを表明した。今にして思えば、昨晩彼が家にいなかったのは、布教熱心な信者の一団と話をしたくなかったための、計算ずくの行動だったのだろう。私は「あなたは創価学会員ですか？」と尋ねた。「いいや。創価学会は大嫌いだ。仏教には大反対だよ」というのが答えだ。全体として、康男はおおらかな人物だ。いっしょにビールを飲んで笑いながら彼はタバコを半パック吸って、将来の計画をあれこれ放談してくれた。いまの会社での仕事にはそこそこ満足だが、いつか自分で開業したいのだという。アメリカに引っ越して、フィラデルフィアでレストランでも開こうかな、という。「たしか『ロッキー』を撮影したとこですよね？」。だがその気安さと、気楽な生き方にもかかわらず、康男は明らかに強い意見の持ち主で、特に一家の宗教の話ではそれが強い。両親ともに若いころから創価学会員で、いまや地域の学会運営で上級のポストを持っている。姉は東京の創価大学を卒業し、別の学会員と結婚して、いまは名古屋で息子二人と娘二人とで暮らしている。康男以外は、学会家族のお手本といっていい。それなのに橋本さんは何よりも私に、一族の中でもっとも強情な息子に会わせたがったのだ。母と息子は口論を再開した。

「なんで創価学会の仏教をやってるのか説明してよ」

「人間革命のためですよ」

「人間革命？　自分の人生で起きたことをそう呼ぶわけ？　その人間革命って、ずばり何なの？」

「人間革命は革命的な、真実の変革です」

「だからそれってどういう意味？　そのもったいつけた宗教用語なんか嫌いだね。普通に説明してよ。できないんだろ？　その変革って何？　人間革命とかなんとか言う前に、自分自身の人間革命を証明してみろよ。自分にどんな変革があったわけ？」

「そりゃあたしにはいろいろ問題はあるけれど、この哲学は正しいものなのよ」

「創価学会が正しいって？」

「創価学会は正しいんです」

「そうは思えないね」

康男は子供時代を回想する。「ゴールデンタイムには一度も家にいなかったよね」と苦々しく言う。「夜の六時から九時、両親が子供といちばんいっしょに過ごして、宿題を手伝ったり、話をしたり聞いたりするときだよ。いつも外で学会のために戦ってたよな。おれたちが家に帰ったら、台所は空っぽ。オレ、自分の食事は全部自分で作ったぜ。学校の弁当も自分で作ったぜ。子供の頃はいつもひとりぼっちだった」。いまでも、コーチをしているサッカーチームの子が、親が週末の試合に連れて行ってくれないとか、夕方の練習の後で迎えにこないとか言うと、「ああ、ご両親は創価学会なのか」とまっ先に思ってしまうそうだ。

「あの頃、毎晩どこ行ってたんだよ？」

「広宣流布のために戦ってたんです」

「だから仏教用語は嫌いだって言っただろ？　それってどういう意味？　そもそも広宣流布って何なの？」

「創価学会のために戦い、公明党のために戦うの」

「自分の家族の犠牲はどうなるんだよ」

犠牲の話で、橋本さんは康男が姉のためにしてあげたことをふり返ると、彼と母親の話は少し静かになったが、目に見えて辛辣さが増した。娘は小学校の頃からすでに創価大学を目指して勉強を始めていた。学会の私立大学の学費を貯金するため、橋本さんは近くの飲み屋で九年間ぶっ通しで夜は働いた。長期にわたり、彼女はいつもの学会の責任を犠牲にして、子供と過ごす時間も犠牲にして、日本の電気通信会社NTTの回線敷設用の穴掘りで夫が稼ぐ、乏しい収入を補っていたのだった。

その後、口論は少しおさまる。もう夜の一一時近くで、みんな眠いのだ。橋本さんは皿洗いを始め、私は火が消えかかった囲炉裏端に寝転がり、その向かいで康男はまたタバコに火をつけた。私は、彼が母親とやりあった様子について考えた。彼は学会の本部と仏教は嬉々として攻撃したが、一度たりとも池田大作の名前は出さなかった。創価学会が大嫌いだと叫んだときも、どこまでが許容範囲かはわかっているようだった。執行部を非難するのはかまわないし、教えを攻撃するのは問題ないし、母親ならいくらでも罵倒できる。でも池田はこの争いの上に静かに漂いつつ、まったく触れられない。

母親は風呂を沸かしに部屋を出た。「唱題することはありますか?」と尋ねた。「いや、一度も」と彼。そして長い沈黙のあとでこう付け加えた。「うん、ときどき。一一年前、友だちが重病になったんですよ。家で何時間も、延々と唱題して、友だちがよくなるように祈りました。おかげで治りましたけどね」。それについて尋ねてみた。創価学会は大嫌いだと公言しつつ、御本尊に向かって唱題するのか、と。彼は言う。「創価学会はぼくの一部なんです。その中で育ってきたんです。知ってることなんです」。

翌朝、康男が出勤した後で橋本さんと朝食を食べながら、康男が唱題の話をしてくれたと告げた。

「そのときだけじゃありませんよ。姉が二番目の子供を妊娠したときは難産で、康男は家で何時間も唱題して安産を祈願しました。その頃はあの子も貧乏で、なんとかやりくりしている状態だったんです。何か姉にあげたかったのに、唱題しかできなかった」。

「お見せしたいものがあるんです」と彼女は、しばし部屋を離れ、小さな本を持って戻ってくる。二〇〇〇年六月六日から始まる、日付と短いメモ、そして数字の列でいっぱいの罫線つきノートだ。毎日彼女が唱えた南無妙法蓮華経の回数が記録されているのだ。橋本さんはその日記を牧口常三郎の誕生日に始めていた。二〇〇〇年は私の信心の転換期だったんです、と彼女は語った。その時点で何が起きたのかは明言しなかったが、夫と離婚しようかと思ったとは言う。「地獄に落ちたんです」と、仏教の宇宙論にある十界の比喩を持ち出し、自分が怒りに満ちて、学会実践の意図から遠ざかってしまったのだと匂わせた。こうした困難を乗り越えるため、彼女は題目を唱えるのに没頭した。日記では二つの目標を設定した。一つは唱題の進捗を細かく記録することだ。これは自分の活動を学会の上の人々に報告できるようにするためもある。そして第二に、自分の個人的な目標を、学会創設者の人生における道標とつなげるような自己改善の目標をたてることだ。

最初は、夫との争いを解決するため、南無妙法蓮華経を一〇〇万回唱えるという目標を設定した。このため、彼女は二〇〇〇年二月二三日に本気で唱題を開始した。池田の創価学会入会記念日である八月二四日までに百万題目を達成できるという計算だった。十分な回数の唱題をしつつ、いつもの責任も果たすため橋本さんは自己懲罰的なスケジュールを自分に課した。何ヵ月にもわたり、毎晩三時間しか眠らなかった。ふとんに入るのは朝の三時か四時で、六時には起き出して朝食の準備をする。

学会活動と唱題の時間で毎日一一時近くまで活動が続き、その後はもう起きていられなくなるまで唱題を続けた。冬は特につらくて、正座で凍えそうだったし、全身がその後何時間も痛んだという。だが八月二四日に、彼女は百万題目という目標を達成した。

橋本さんは即座に、次の百万題目に向けて目標を定めた。スケジュールを少しゆるめ、翌年の八月二四日までに二百万題目を目指した。このときは自分の宿命の転換実現を目標に定めた。最初のものよりは具体性に欠ける目標だ。この目標の変化は夫との関係改善のおかげかもしれない。彼もいっしょに唱題を始めた――彼女ほどの厳しいペースではないが、支援を示すには十分なほどだ。二百万題目に到達して、生活を振り返ると、もはや個人的な問題などないことに気がついた。意外なことに、それに気がついたら、唱題を続けられなくなってしまったという。唱題そのものが困難になってしまったのだ。仏壇の前に何時間も座るが、南無妙法蓮華経という言葉が出てこないのだという。ついに二〇〇二年一二月三一日、涙を流しつつ、彼女は唱題を再開した。その後は楽々と三百万、四百万、さらに五百万題目に到達した。五〇〇万回で、彼女は自分の困難について忘れた。なぜなら「まったく解決した」からだ。

そのまま六百万、さらに七百万題目へと唱え続けた。七百万題目に到達したその日、夫は三百万に到達した。橋本夫妻はそれで、驚異の法華経題目一千万回を誇れるようになった。彼女は、夫婦でリズムを確立したのだと話してくれた。いまや毎朝三〇分と夜に一時間ずつ唱題をするのが通常運転で、それが日常生活の自然な一部になったのだという。橋本さんは二〇〇七年六月二一日に単独一千万題目を達成した。

駅に向かう前に、橋本さんは、信濃町の学会本部に連絡して、この学会員たちとの出会いについて告げてくれと懇願した。「是非ともこの情報を伝えていただきませんか」と彼女は言う。というのもすべてはいずれ池田名誉会長に上げられるからだ。車で駅に向かい、橋本さんは急行列車で私といっしょに福岡に戻った。車中で橋本さんは、池田と出会った日付を暗唱してみせるが、その流暢ぶりを見ると同じ話を何度も繰り返してきたはずで、まちがいなく証言となるよう暗唱されたものだ。だがときには彼女はずっと即興的になり、あまりリハーサル済の印象がなくなる。特にそうした会合でいっしょにいた友人について話す時はそうだった。その何人かはいまは病気か、すでに他界しているのだ。旅路の終わりに、橋本さんに息子との関係について尋ねた。彼女は笑ってみせようとする。「息子とは似たもの同士なんです。どっちもB型だから、情熱的で頑固なんですよ」。昨晩のような口論はよくあるのか尋ねた。「いいえ、めったにありません。ああいうケンカは前にもあったけれど、昨日のは特にひどかった」。私がいたことが、少し神経にさわったらしい。やがて福岡の博多駅に近づいた。「育児というのは」と彼女は間をおいて言った。「一種の修行です。この修行に取り組まないと、子供は救えません」。

## 創価学会史における婦人部の曖昧な位置づけ

家庭重視と自己犠牲という婦人部のエートスは、この集団最初期の歴史から生まれてくる。学会が抱く女性の役割をめぐるビジョンが、戦時中の日本で形成されたときだ。[12] 一九四〇年一〇月、牧口常三郎は学会の婦人部を、当時まだ小さかった在家団体の運営改革の一環として設立した。当時の会員総数は会員およそ五〇〇人で、戦後、本部婦人部長や参議院議員として活動した柏原ヤスも、この年に入信した。この時点から一九四三年に創価教育学会が強制解散させられるまで、この集団はたびたび独自の集会を開き、そこで牧口と戸田が日蓮仏教における女性の立場について講義を行った。*

牧口が一九四三年に逮捕されても、戸田は師匠への支持を撤回するのを拒否した。他の創価教育学会指導者は、集団との関係を放棄した。こうした人々は、夫が投獄されたときに家族にふりかかる影響を恐れた妻たちにより、棄教を説得されたというのが通説だ。一九四五年七月三日、戸田が豊多摩刑務所**を出ると、東京は連合軍の空襲で荒廃していた。一九五一年五月三日の第二代会長就任演説で、戸田は刑務所の外で待っていたのがたった二人だったと回想している。柏原ヤスと、同じく婦人部の和泉ミヨだ。[13] 一九四三年の学会解体は女性のせいにされたが、それでも一九四五年七月に戸田を待っていた忠実な学会員は女性だったのだ。この出来事のため、学会は女性学会員たちを信頼できない裏切り者であると同時にもっとも信頼できる献身者と見なしており、戦後に創価学会を再建した後も、学会は組織の活性化を女性に頼りつつ、女性を周縁化してきた。

一九五〇年代に戸田は、学会の初期の発展の鍵は女性会員だとすぐに訴えた。彼は女性に対し、対立宗派の偽の教えを捨て、法華経唱題を通じて自分の仏性を認識すれば宿命の転換の可能性があると講義した。創価学会に改宗した女性は、法華経を受け容れれば、学会活動への貢献を通じて女性のことさら重い業を克服できるのだと教わった。戸田時代の初期、女性は教学講師に指名され、男女両方の教育を担当した。一九五七年二月、戸田は婦人部向けに教学についての演説を行い、そこでは支部の婦人部長は、男性支部長と同じ階級とみなされるべきだと宣言した。これは長年にわたる、女性学会員こそが創価学会の真の強みだという主張のあとで述べられたものだ。こうした主張は「婦人こそ学会の原動力」「広宣流布は婦人の手で」といった宣言で繰り返されてきた。戸田はこうした女性支援の裏づけとして、日蓮仏教の伝統を参照した。彼は法華経の提婆達多品に書かれている竜女の話を論じた。これは仏教経典において女性の悟りの可能性を検討するとき、古来典拠とされてきた。竜女

＊戦前に婦人部が結成された経緯については不明な点が多いが、一九四一（昭和一六）年一二月六日に「婦人部例会」が学会本部で行われ、約二〇人が参加したという記録がある。戦後、戸田城聖が第二代会長に就任した一九五一（昭和二六）年五月三日に、婦人部長に和泉ミヨを任命している。同年六月一〇日に第一回本部婦人部委員会が開かれ、五二名が参加して、実質的な婦人部結成となる。一〇月二五日には第二代婦人部長として石田ツカが就任した。翌五二年六月五日に、新体制の婦人部組織が発表されたが、婦人部長は石田ツカが留任したようだ。戸田が死去した翌年の一九五九年六月三〇日、本部婦人部長に柏原ヤスが任命され、その後九年間、参議院議員となってからもその立場にあった。創価学会が衆議院に進出した翌年の六八年七月に多田時子（旧姓港）が新しい本部婦人部長に就任した。しかし翌年一〇月には男性の山崎尚見が本部婦人部長となった。同年一二月二七日に第三二回衆議院議員総選挙が行われ、多田は東京三区から出馬し、当選している。

＊＊一九四五年六月頃、戸田は豊島区西巣鴨の東京拘置所から中野区新井の豊多摩刑務所に移送され、そこから出所した。戦災にあった司法省の一部を東京拘置所内に移転させるためで、同拘置所内の大部分の収容者が移送された。その中には戸田以外にも、神山茂夫や内山浩正、三木清がいた。

は法華経説法の場で、舎利弗(しゃりほつ)らが畜生や女性の成仏は信じられないと言うと、即座に即身成仏したという。[14]戸田は「御義口伝」の結論を引用する。「所詮釈尊も文殊も提婆も竜女も一つ種の妙法蓮華経の功能なれば本来成仏なり」[15]。彼は『御書』に立ち戻って、学会女性が男女を問わず他のみんなよりも優れているのだと論じる。引用したのは、四条金吾の妻に対して一二七五年第一の月に日蓮が送った返事だ。「此の法華経計りに此の経を持つ女人は一切の女人に・すぎたるのみならず一切の男子に・こえたりとみえて候」[16]。

女性を学会の強さの核心だと賞賛したのと同時に、戸田は何度も女性信者が直面する問題を診断するにあたり、女性蔑視的な仏教の説明を用いる。彼は日蓮による、女性がその内在する仏性を実現できるのだという含意を展開する。戸田は学会員にこう警告した。「竜女は竜女で、これは直らないのだ。女からヤキモチとか、貪欲とか、グチを取ろうったって、取れない、あるのが当たり前なのだ」[17]。戸田の下で学会の女性リーダーたちは、女性が本質的に欠陥を持つというイメージを永続化させた。彼女らは、学会の実践を通じて女性は業を変えられるが、男性にはない欠陥により永遠に苦闘し続けるのだと教えた。東京の文京支部婦人部長井上シマ子は、創価学会により「婦人訓」として採用された論説を書いたが、その中で、私達婦人は「視野が狭く、非常に愚痴*の多い」この重荷を克服するため「自分自身の欠点を認め、その欠点に泣きつつ御本尊様にすがろうではありませんか」と書いた。[18]

パラドックスめいた話だが、学会指導部は一九五〇年代には女性を組織の正役職に指名したことがあったが、のちにそれをやめた。学会指導者たちは女性を運営上位の役職に指名しつつも、明示的に女性を見下し、さらに後にはそうした役職に女性をつけなくなった。一九五〇年代初頭に、女性は支部幹事や地区部長の地位についたが、学会の運営組織が拡大していくにつれ、女性は女子部と婦人部の役職にだけまわされた。柏原ヤスは、いまだにトップ幹部職についた唯一の女性だ。彼女は牧口と同じ小学校で教え、創価教育学会の創設会員でもあった。柏原は一九四六年三月の創価学会設立時の理事六人のひとりだった。彼女は教学の教授の地位を得た初の会員のひとりで、戦後創価学会の婦人部長に任命され、一九六八年までその地位にとどまった。さらに一九五三年には、東京杉並区の男性学会員の上に立つ支部長に任命され、一九五六年には選挙に出馬した初の学会員のひとりとなった。一九五九年には無所属で参議院議員に当選し、一九六四年に公明党が創設されると、党の中央幹部会に指名された一八人のうち唯一の女性となった。一九六五年の時点では公明党の婦人局長となっており、一九八四年の引退までその地位を維持した。

二〇〇六年に八九歳で死亡するまで、柏原は学会指導部トップの上級顧問を続けた。彼女はいまだに池田香峯子に次いで学会史でもっとも大きく採り上げられる女性だ。彼女は『人間革命』『新・人間革命』で清原かつとして大きく採り上げられ、それ以外にも多くの学会刊行物が、彼女の講演や証言を採録している。学会女性が組織の中で台頭し、家庭の外の専門活動でも見事に成功できる可能性を持つと実証した柏原は、絶えず女性学会員に家庭内での役割を広げるように促した。一九六〇年に池田大作初の海外ミッションに同行したとき、彼女は元米軍人と結婚した日本人女性に対し、アメリカの「トップレディ」になって外国に学会世帯を作り出すことで「家庭革命」を引き起こせと訴え

＊原著での引用では ignorance（無知）とされていたが、出典に合わせて修正した。

た。日本での柏原は、女性に政治家や社長、博士になれと言い、自分の家族を支配せよと言った。「女は亭主を座布団にせよ」。それでも学会が池田大作の下で組織拡大すると、女性の家庭性はますます強調されるようになり、女性信者たちは学会運営の中で女性専用の役割に押し込められた。その理由の一部は、国民国家の装置を再現しようという創価学会の狙いだと言える。国家官僚制の模倣的等価物としての職員確保を行う中で、子供に学会の教育装置をくぐりぬけさせるために妻や母親が必要とされたのだ。

戸田から池田への移行で、創価学会は日蓮仏教へ比較的限定的な焦点をあてた運動から、文化を通じたもっと包括的な社会への取り組みに転換した。学会が文化運動へと変身したことで、女性の各種機会も増えた。会長就任一年後の一九六一年に、池田は文化局を設立し、これが女性にとって、草の根の結びつきを強化するための文化活動にたずさわるフォーラムとなった。最初期の女性の文化活動例は、全国に女性コーラス・グループができたことだった。一九六二年九月五日、一〇〇人編成の白ゆり合唱団が東京で創設された。この名前は戸田が婦人部に贈った和歌から採られている。[19] やがて合唱団は他の地域でも組織され、すべて花のイメージを通じて女性性を強調する名前となっている。たとえば関西地方のあけぼの合唱団、中国地方の白菊合唱団などだ。白ゆり合唱団創設を記念する講演で、池田は「ユーモアを交えて」師匠の仏教まみれのレトリックを引き合いに出し、合唱団で歌うことで女性が得る便益を次のように述べた。

婦人部に合唱団ができるということは、ひとしお意義があると私は思う。

惰性に流された婦人は、たいていヌカミソくさくなって、生活に負け、グチとヤキモチで、真実の進歩がなくなってくる。残念ながら、それが現在までの婦人の姿である。婦人部が文化活動の先駆として、この合唱団が母体となって、どうか、これからの婦人部の大きい、世界的な文化活動の第一歩になっていただきたい。[20]

だが一九六〇年代以降、女性の天性を見下す創価学会の用語の使用はいくぶん和らぎ、女性学会員はますます社会政治的な関わりを増すように言われた。一九六六年一月に、婦人部員六〇人はその後何度か続く討論会の第一回に招かれ、池田と面会した。ここから新世代の婦人部リーダーたちが誕生した。一九六八年に柏原は婦人部長の座を退いた。これで戦後に成人した女性への門戸が開かれた。婦人部はその年、新しいスローガンを採用した。「生涯青春」だ。これは若さに熱意を燃やす新世代には魅力的だった。婦人部女性は「哲学ある女性」となるよう奨励され、学会男子部と同じくらい情報豊かで活発になれと言われた。

一九六八年の日本は大混乱の年だった。主要都市の街頭は、ベトナム反戦と日米安保条約改定に反対するデモだらけだった。学生たちは東京大学などのキャンパスを封鎖し、創価学会婦人部は社会革命という国民感情にあわせて集会を開いた。一〇月に婦人部は「東京主婦同盟」と「働く婦人の会」を創設した。働く婦人の会には無数の下位集団があり、すべて花の名前をつけている。なずなグループはホステスや、酒場やレストランで働く女性、ひまわりは衣服業、さくらは美容師、なでしこは看護師や助産師、あやめは保険、営業と、その関連産業、つつじは作業員や学校食堂の従業員、すみれは会社員や店舗従業員、たんぽぽは請負仕事の女性だ。同時期に創価学会は婦人部に属する学会員の中で、社会部と文化部にいる人々のために新しい下位グループを作った。こうした区分のやり方は、女性を花のシンボルでコード化することについての学会の強いこだわりを見事に示している。今日でも、花の名前が女子部や婦人部の下位集団で大量に使われ、白ゆりはいまでも学会女性のもっとも有力なシンボルだ。池田香峯子は白ゆりを自分個人のハンコで使っている。

働く婦人の会は、妻や母親たちが家の外で働き、公明党の選挙活動をしつつも、家庭ベースの責任を温存するのを支援しようとした。これはすべて、当時の創価学会が「中道主義」と呼んだものの見本だった。この原理は、仏教の理念を援用して、戦後の資本主義社会への疑念と社会主義のデモ隊の過激活動への反発との間にはさまれた人々に訴えかけるものだった。[21] 当時の婦人部の活動は、創価学会が婦人部を主要な政治力として組織しようという、もっと大きな運動の一部となっていた。「聖教新聞」一九六八年一月一日付は、学会女性が連帯して同年の衆議院選挙で公明党の票を確保しようと呼びかけた。一九六八年九月、学会女性は地方市議会に出馬した候補者たちに、増税と商品価格の急激な高騰といった懸念に対応するよう要求した。創価学会は、女性が組織の主要な動員力だと認識し、公明党の選挙活動は絶えず、商品価格上昇に反対し、政府汚職と闘い、市民の福祉を改善することで女性に訴えかけた。[22] また同年に創価学会は、初の中学校と高等学校を東京に開校し、大石寺に壮大な正本堂を建設するためのすさまじい資金集め活動を開始した。こうした活動はすべて、その女性会員たちが重視する課題を反映したものだった。家庭を維持する者へ影響を与える政策や、学会の若者の教育、無数の個人信奉者の犠牲を祝福しつつそれに依存する、壮大な記念碑の創建である。

一九六九年には、婦人部長にはじめて男性が任命された。これは女性学会員抑圧の動きだと解釈できるが、男性部長はまた、学会の男性支配文化の中で、婦人部が重視されるようになったとも見られるし、学会指導部が婦人部を組織の権力構造に強く統合しようとしたこともうかがえる。この一九六九年までに創価学会はすさまじい成長をとげたが、それはかなりの部分が女性の活躍のおかげだった。二月二六日の会合で、創価学会は日本で七〇〇万世帯を折伏したと発表され、一万人が任用試験に合格して教授の位を獲得し、すでに正本堂建立に驚異の三五五億円を集めたとされた。公明党もまた大躍進をとげた。一九六九年時点で、県会議員一〇七人、市会議員一二一一人、東京区部の区議会議員一三二人、町議会議員五九〇人、参議院議員二四人、衆議院議員四七人を輩出していた。

一九六九年に藤原弘達の批判的な『創価学会を斬る』の出版を妨害しようとした学会の手口をめぐるできごとで、組織内の女性の役割も影響を受けた。このスキャンダル以前からかなりの悪評にさらされていた創価学会は、その政治活動でさらに評判を落とした。このスキャンダルで、婦人部は学会が神権支配を確立するための突撃隊だと一般メディアから悪者視された。一九七〇年五月三日、池田大作は政教分離（政治と宗教の分離）の新しい創価学会方針を打ち出し、その三日後の婦人部幹部会で、池田は女性学会員の新しい優先事項を発表した。今後婦人部は、子供の教育、家庭の経済的安定確保、文化と仏教教理の学習促進に専念することとされた。

こうした目標は、家庭重視への退行を示すもののように見えた。しかし同時に、創価学会は婦人部員たちを家の外に動員するためのリソースを増やした。一九七一年に婦人部は、「地域で信頼される女性」というテーマを発表した。このために彼女たちは婦人部員を年齢別のサブグループに分けた。

二〇代と三〇代の既婚女性は、ヤングミセスに割りふられ、六〇歳以上の女性は指導部に指名された。こうした区分は、青年部と壮年部の区別に対応したものだ。一九七〇年代を通じ、婦人部はその使命を拡大してますます高度な政治的関わりも持つようになった。創価学会と公明党の名目上の分離にもかかわらず、学会女性は公明党選挙活動の大きな力で、婦人部の活動も政治路線に沿って形成されるようになった。社会福祉問題には特に強力な取り組みを見せ、校内暴力、登校拒否など教育や子供に関連する問題について、出版し講演を行った。この時代の婦人部スローガンの一つは「盤石な家庭」だ。これは婦人部がいまでも持ち出すモットーだ。そして女性は「家庭の太陽」になるよう奨励された。つまり一家の重心で、いつも明るい光源ということだ。

一九七〇年代に婦人部の重要性が高まるにつれて、池田香峯子の存在も大きくなった。池田大作が一九六〇年に第三代会長になったとき、香峯子は脇役でしかなかった。第三章で見たように『人間革命』でも弱々しい添え物でしかない。だが一九六四年からは池田の海外ミッションに同行するようになり、その頃から組織内で公式の役職を何も持っていないのに、学会上級幹部の集合写真の中心に登場するようになる。婦人部の任務が拡大されるにつれて、池田香峯子の公的な役割はますます大きくなった。何十年にもわたり、彼女は放送や大規模集会で学会員に呼びかけ、夫といっしょに各種の賞をよく受賞した。たとえば名誉市民、名誉博士号、名誉教授職などだ。学会員にとって、香峯子の存在感は二〇〇五年『香峯子抄』の刊行により急上昇した。これは彼女の大作との「運命の出会い」、結婚についてのインタビューや感傷的な回想に、幸福な家庭の育み方について読者へのヒントを交ぜた本だ。この本は学会系の出版社ではない主婦の友社から発刊された。この会社は二〇世紀日本における、優しい妻で倹約家の奥さんという女性のイメージに大きく貢献した会社だ。この会社の同名の雑誌は、戦時中に人気を高め、一九五二年には日本家庭で第三位の人気を誇る雑誌となった。[23]『香峯子抄』には確かに女性読者に対し、主婦以外の人生の道を選んでもいいと示唆する一節がある。だがこの本は、息子博正の序文で始まり、『夫婦抄』という箱入りセットの第二巻として、池田大作著『新婦人抄　こころに響く言葉』とセットになっており、そこから見ても、池田香峯子が学会指導部に占める地位は、日本の良妻賢母の理想を永続化させるアイデンティティに頼っているのはやはり明らかだ。

一九七〇年代と一九八〇年代には、創価学会は国際平和運動としての性格を強めようとした。創価学会はこの運動の起源を、一九五七年九月八日の戸田城聖による原水爆禁止宣言だとしている。そこで戸田は、原水爆利用を命じた者はすべて死刑にすべきだと論じている。それでも学会は、一九七〇年代後半になるまで、自分たちの使命の主眼を平和運動として位置づけたりはしなかった。この変化は婦人部が推進したものだ。一九七九年に青年部は「平和会議」を招集した。これは女性平和文化委員会を含んでいた。また同年に婦人部は国際部を創設した。その活動の一環として、中華人民共和国に婦人部の使節が派遣された。一九八〇年の初の創価学会インタナショナル総会では、婦人部平和委員会も開かれた。学会はこれを、学会の平和運動の本当の始まりだとしており、一九八二年のもっと包括的な創価学会平和委員会の元になったとしている。この時代から、婦人部は女性を戦争被害者として強調する出版物を刊行するようになった。一九八四年婦人部総会では、池田は女性学会員への指導を発表した。婦人部学会員は平和のために祈り、人生の活動において「叡智の開花」を作り出し、

「求道」と「進歩」を求めるべきだ、という。

平和の使節として、婦人部の責務は家庭から国際的な舞台へと広がった。一九八八年に池田は五月三日を創価学会母の日と宣言し、組織の女性は広布の母と宣言された。五月三日は創価学会の日で、戸田と池田が創価学会トップに任命された日でもある。そしてまた、池田香峯子と大作の結婚記念日でもある。一九八八年のこの宣言は、学会のもっとも記念すべき日を、女性学会員にとってさらに身近なものとした。この総会では、婦人部の旗を作ろうという提案が行われ、赤黄青の三色デザインが提示された。この旗はその後、創価学会と創価学会インタナショナルの旗として採用された。

学会旗が婦人部の発案だったということは、ほとんどだれも知らない。これは創価学会にありがちなことだ。多くの重要な学会行事——平和運動と公明党の選挙活動、さらに地元レベルの定期活動——は婦人部の活動から生まれてきたのだ。学会本部は、絶えず改組を続けて、活発な学会員の大半は女性だという現実に追いつこうとするが、その一方では学会の前進が女性にどれほど依存しているかを隠そうとする。一九九八年以来、女性学会員は地区担当員（地区担）の役職に就けるようになり、壮年部の地区部長と同じ権限で活動できるようになった。同年、創価学会は副地区婦人部長という役職を作り、地元女性リーダーの運営上の存在感を確固たるものにした。これらは地区レベルの役職でしかないので、女性と草の根のつながりは強化され、昇進機会は与えられない。学会本部の最上位では、女子部と女性部のトップだけが中央会議に参加する。創価学会は何百人もの副会長を持つが、一人として女性はいない。

おもしろいことに、女性会員を運営上の影響力を持つ地位から排除することで、創価学会は学会女性と池田名誉会長との情緒的な一対一の絆を強化したのかもしれない。多くの女性信者は、自分とのあいだに立ちはだかる、巨大でしばしば邪魔な官僚機構を飛び越えてしまう人物として、池田を見ている。彼女たちは、官僚的な経路を超越した親密な絆で池田とつながるのだ。橋本さんなどの女性信者は、運営上の手続きをこと細かに遵守するが、池田とのつながりは役職や規則に縛られるものではない関係なのだ。この絆は創価学会が一九九一年に日蓮正宗から破門されるとさらに強まった。もはや大石寺の大御本尊にお参りできず、いきなり宗門以上に日蓮の教えに忠実だと正当化する必要に迫られ、創価学会の女性は信仰を導く唯一の権威としての池田への傾倒を深めたのだ。

女性会員たちは池田との絆を、親との直接的なつながり、あるいは親友とのつながりのようなもので、超越的な力とのつながりなのだと表現したがる。導きを求めて御本尊に祈る中で、しばしば、自分と池田と御本尊のあいだの三角関係を持ち出す。かつて大石寺に群れ集った学会員たちは、いまや信濃町に集って池田とつながる。婦人部の創設時から女性の役割として定められた職務的責任に従って、女性会員は自分たちの家を学会の空間として形成する。そして、そこに池田が宿るのだ。

## 私的空間であると同時に組織の空間としての学会員の家

「中で育った人でないと、創価学会はすごく変に見えるでしょうね」と渡辺さんは、マンションの部屋の中を駆け回りながら語る。二〇〇七年九月末の火曜日の晩で、私は東京のすぐ外、千葉県郊外の渡辺家で何日か過ごしている。渡辺さんは小学校の先生というフルタイムの仕事で長い一日を終え、帰宅したばかりだ。夕食の準備をして、マンションの一室を今日の協議会向けに用意しつつ、私と七歳の娘文香に話をしている。今日の協議会は、地元の学会スケジュールをまとめるために、地区幹部が集まる計画会議なのだ。文香は放課後の活動から母親といっしょに帰宅した。〔夫の〕渡辺氏は東京都教育委員会の公務員として働く都心の職場からまだ戻っていない。

渡辺夫妻は第二世代の学会員だ。どちらも創価学園（高校）と創価大学を卒業した。渡辺氏は、東京の創価中学校にも通っていた。一九九〇年代初頭に、二人は大学生として創価大学のオーケストラ〔新世紀管弦楽団〕に参加したことで知り合った。渡辺氏は将来の妻にバイオリンを教えていたのだ。渡辺一家はいまや東京ディズニーランド近くの千葉郊外にある巨大な開発地の、立派なマンションの一〇階に住んでいる。文香の小学校は徒歩二分でベランダから見えるし、ディズニーシーのニセモノ火山がほんの数キロ先に見える。夫婦ともに長距離通勤をしている。仕事以外の時間はすべて学会の仕事に費やされる。毎日一分刻みでしっかりスケジュールをたてねばならない。

渡辺さんはカレーライスと味噌汁を用意する。ドア脇の発泡スチロール冷却容器から、番号つきの材料を順番に選んでくる。彼女は食品宅配サービスと契約していて、出来合いの食材が入ったドライアイス入りクーラーボックスが、詳細なレシピと栄養価の情報とともに届けられる。このサービスは、特に働く母親には魅力的だ。子供に「手作り」の食事を用意するという期待に応えられるからだ。手作り料理は、日本における母親の役割として決定的な側面なのだ。[24] 文香と私はすばやく食べる。渡辺さんが、さっさと食べ終えて片づけるのを手伝わないと、七時半の集会に学会員たちが来始めてしまうからだ。渡辺さんは立ったまま食べ、皿洗いや、洋服やおもちゃの片づけをして、居間の壁に設置した開いた仏壇の灯りをつけに駆け寄ったりする合間に食べ物を口に運んでいる。学会の儀式をさりげなく家事に含めている様子は、居間にあらわれている。そこは創価学会と日常生活のものがいっしょくたになった場所だ。仏壇は奥の壁に寄せられ、右手にはテレビ、左には小さなアップライト型の電子ピアノがある。仏壇左の壁には巨大なミッキーマウスの時計がかかっている。その下には低い棚があって、学会のビデオ製作会社シナノ企画のビデオテープが二、三十本ある。多くは「対話シリーズ」のもので、座談会での上映用のものだ。もっと古い（そしていまは珍しい）ものもある。一〇年以上前の文化祭回顧ビデオや、一九七二年正本堂建立の回顧などだ。棚はまた写真だらけで、多くは池田大作の写真だ。ブロンズ製のフレームに写真が二枚あり、一枚は池田がピアノを弾いているところ、もう一枚はおそらく池田が撮った、桜の花の写真だ。その上には「聖教新聞」購読者に配られるカレンダーがあり、渡辺さんの貢献に対して授与された学会の賞が二枚、どちらも池田大作の赤いハンコつきで飾られている。棚の前には渡辺氏の折りたたみ式譜面台があり、いくつかのバイオリン協奏曲の楽譜が積み重なっている。ピアノの上には文香の音楽レッスンのワークブックが積まれている。

渡辺家の御本尊は、モダン調の木製仏壇に収められている。これは閉じると普通の戸棚に見えるものだ。[25]渡辺夫妻は当初、自宅用の仏壇をどれにするかで意見が分かれたが、やがて渡辺氏がカタログから選ぼうとした、もっと伝統的な「仏壇らしい仏壇」よりも、渡辺さんの好みで目立たないモダンなデザインが選ばれた。[26]いずれにしても、それはどう見ても仏壇だ。御本尊前の棚と、仏壇前の低い机は標準的な儀式道具と、お手製の追加物が山盛りなので、閉じられなくなっているのだ。そのまわりの部屋と同様に、仏壇は組織的な目標と渡辺一家の生活とのパリンプセスト〔羊皮紙に長い年月にわたって何層にも上書きされた写本〕となっている。緑の工作用紙で文香が作った紙の時計が永遠に四時を指したまま、渡辺さんの手書きでていねいに書かれた唱題の目標一覧の束の隣にある。その一覧はある種の祈願の考古学となっていて、各ページははるか時をさかのぼる、学会の目標と個人の野心とが融合したものの新しい地層となっている。「日顕撲滅[27]」、夏の参議院選挙での公明党候補者の成功、渡辺さんの慢性的なリューマチ性関節炎快癒、文香がいつか池田大作に会えますように。

選挙勝利の祈願は線で消されていて「ありがとうございました!!」という言葉がその下に書かれている。とはいえ公明党は、学会員たちが追求した一〇〇〇万票の目標にはまったく到達できなかったのだが。[28]渡辺さんの一覧は、学会のキャンペーン美学を思わせる。困難な任務の完遂は祈念されるが、その成果、または二〇〇七年七月の選挙戦の場合は、失敗についてはあまりこだわらないように言われるのだ。古い目標は脇に置かれて、絶えず輝かしい未来に向けて前に走らねばならないのが常なのだ。この前向きな調子は、渡辺一家の中で静かに響いている。ここでの日常生活はさりげないものだが、渡辺さんの目標は学会の組織的な狙いを家族生活に改めて書き込むようになっている。

私たち三人とも手伝って、居間と台所を片づけた。日本の多くの主婦は、台所と掃除は自分だけの主権領域と考え、家事の手伝いを許すのは、本当に親しい女友達だけだ。だが渡辺さんはしばしば、床を掃いたり掃除機をかけたりするのを夫にやらせるし、集会の準備をする間に私が皿を洗っても平気だ。渡辺さんは娘に、仏壇前の床を片づけるように奨める。そこは今朝方、文香の巨大なぬいぐるみのコレクションが総出演する壮大なお芝居の舞台となっていたのだ。片づけていると渡辺さんは、彼女にとって創価学会は常に人生の自然な一部であり、そのため自分の信仰を非学会員に説明するのに苦労するのだ、と語ってくれた。だからこれまでに成功した折伏は一件しかないのだという。若い頃には多くの友人に創価学会を紹介したし、何人かにはいっしょに唱題を試すようにさえ説得できたのだが。

ちょうど午後七時半に、みんなが到着しはじめた。地元の婦人部員七人と、男性三人もやってきた。支部長松原氏、妻といっしょに来た村尾さんという七〇代の紳士、八時半までに帰宅するためいつもより仕事を早くぬけた渡辺氏だ。女性のひとりは娘をつれてきた。文香と同じ年で、ふたりはその晩は文香のベッドルームで遊び、部屋の中をキャッキャと笑いながら駆けずりまわって過ごした。その晩の会合はまず、大人たちが仏壇の前に正座して題目三唱する。南無妙法蓮華経を三回唱えることで、これは学会のイベントすべての儀式的な始まりを告げるものだ。この唱題を主導するのは松原氏だ。七〇代半ばの陽気な男性だ。その後、みんなは長い食事テーブルにすわる。これは渡辺家の活動拠点となる場所なのだ。テーブルは台所の隣にあって、テレビと御本尊に向いている。食事、宿題、学会活動はすべてここで行われる。松原氏はテーブルの上座にすわり、この地区の新聞啓蒙、つまり「聖教新聞」の購読数の数値を報告するグラフのコピーを配る。そして、三つの議題をすばやく処理する。潜在的な改宗者、マンションの隣に住んでいる高齢の紳士の話をする。その人物のために彼は「希望カード」を記入した。学会本部に送る入会申込書だ。松原氏はこの潜在的な改宗者の細かい情報を披露する。フルネーム、生年（大正一二年または一九二三年）、住所、今日までの創価学会とのつながり（五年前の最初の接触も含む）、最近彼が直面している個人的問題、特に健康関連の問題だ。そして松原氏は、地区で一一月に任用試験を受験予定の五人を一覧表にした。名前と学会のサブグループとのつながりごとにまとめられている。みんなに、彼らの成功のために唱題するよう依頼した。最後に、二日前の青年部集会で千葉の学会員が行った、感動的な証言について論じた。この会合にきた潜在的な改宗者たちは、病気と離婚の間もくじけなかったこの若者の話にことさら感動していた、と彼は語った。

松原氏の報告は一〇分そこそこで終わった。その後、彼は吉田さんに場を譲った。この地区の婦人部長で、学会の階級の中で名目的には松原氏より下だが、実質的には取って代わっていた。一時間以上もかけて、今後一ヵ月の課題を整理する。集まった学会員たちは地域フェスタを開く予定だ。これは学会員が非学会員の友人を招いて、創価学会コンテンツを露骨には示さない雰囲気でイベントを楽しめる家族イベントだ。男たちは何も言わないが、婦人部員たちはフェスティバルのアイデアをいろいろ議論する。たとえばシフォンケーキ作り、合唱コンサート、弦楽リサイタル、団子作り、東京ディズニーランドへのバスツアーなどだ。女性みんなの意見を求めた議論の後で、みんなはベーコン作りに落ち着く。昨年も行ったアウトドアっぽい屋外料理で、人気が高かったのだ。参加した人はみんな、おいしいベーコンを山ほど持って帰り、学会員と非学会員が交流するよい環境を作り出したのだ。ベーコン作りに加えて、ちょっとした弦楽コンサートも計画され、渡辺さんは不在の渡辺氏を推挙する。渡辺氏はその数分後に帰宅して、自分が出ることになったコンサートについて知るが、ちょうどそのとき、松原氏が女性会員の計画を実施すべく、地元の店に電話してベーコン作りを予約するところだった。

そして吉田さんは、別の年に千葉県の地方選挙に出馬した公明党候補者のビラを引っ張り出す。彼女の自宅にファックスで送られたそのビラをまわし、そこにいるみんなが候補者の名前を確実に記録するようにして、その行政区にいる人みんなに彼女に投票しろという話を広めるように促す。こうした公明党候補者のための告知は学会集会でよくある。また選挙活動での一致協力の話も多い。名目上は、創価学会とその政治的な関連団体とは分離されているはずなのだが。[29] この後で、この月の残りについてかなり詰まったスケジュールが細かく議論される。学会活動は、この一ヵ月はほぼ毎日のように予定されている。このスケジュールは、サブグループ、たとえば男子部や女子部、壮年部、ドクターグループやアーティストグループなど、地区の会員たちが所属している他の部署が実施する多くのイベントは考慮していない。

地区婦人部長はさらに、松原氏が紹介した新聞啓蒙の結果について詳述する。九月に、地区の学会員は新規購読二六件を記録し、その月で六五点が得られた。集まった学会員たちはこのニュースを聞いて喝采する。今年の合計は六二四点だ、と彼女は言う。これは二〇〇七年の地区目標八二五点に二〇一ポイントたりない。[30]「これからは、毎月合計を一〇〇ポイントずつ上げていきましょう。そうすれば目標を上まわることになるから」と彼女はみんなに促す。話はそれから対話活動に移る。この対話は、学会員たちが今月アプローチした人々の一覧を作るという形になっている。ある女性は、ご近所の四〇代女性の話をする。公明党に票を入れてくれというと猛然と反発したのに、「聖教新聞」を一ヵ月購読してくれたのだという。テーブルの他の学会員たちからさらに話が出てくる。別の女性は、クラスメートにアプローチしたら、別の学会員がすでに二年前に、その同級生に新聞を購読させることで「かっさらわれた」と言う。松尾さんは、彼女と夫が千葉の太平洋岸の町に旅行して、甥たちのひとりを改宗させられないか試したが、反発されただけだったという。彼女はその会見を皮肉っぽくまとめた。「宗教に関心ない。やられちゃった」。婦人部のリーダーは潜在的な改宗者の情報を、名前、性別、年齢、住所ごとにまとめて、あらゆる学会員が家の仏壇に貼るようにした。渡辺氏はこうした情報のすべてを細々とノートに記録する。

集会の終わり、松原氏がリーダーシップを取り戻す。渡辺氏が創価学会の千葉県レベルで面接に合格し、創価学会の地区幹事に任命されたという。これで彼は、地区の学会員名簿と会計の責任者になった。松原は再びみんなに、任用試験受験者の合格を祈って唱題し、新聞啓蒙のために唱題し、改宗活動の成功を願って唱題するよう促す。集会は、松原氏が仏壇に向かって、一同を先導して南無妙法蓮華経を三回唱えて正式に終わった。

その晩遅く、お客が帰ったあとで、渡辺さんは仏壇の前の特製の低い座椅子にすわる。リューマチ性の関節炎の彼女は、それがないと正座に近いかっこうができないのだ。渡辺氏がその背後に座る。渡辺さんは、まだ居間とベッドルームのあいだをかけずりまわっている文香に、晩の唱題をいっしょにやらないかと尋ねる。「うーん」と文香は答える。「別にやらなくてもいいのよ」と母親。「どっちでもいいけど」と娘。「それじゃダメよ。本気で唱題したいと思うか、そうでないならやらないで」と渡辺さん。文香は居間で楽しげにおもちゃで遊び、母親は仏壇にある小さな鈴を三回ならして勤行の開始を告げる。彼女は背後で身ぶりをして、なんならいっしょに勤行しませんかと私を招き、小さな経本を渡してくれた。私は渡辺氏の背後に座り、手をあわせ、小さな経本を親指と人差し指で目の高さ近くに掲げて、視線を御本尊に向けた。後で渡辺氏に、唱題を主導したのが彼ではなく奥さんのほうだったことに驚いたと話した。他の家庭で観察したところでは、勤行を主導するのは夫だったのだ。すると彼はこう言った。「うちではいつもあのやり方ですよ。彼女のほうがえらいです」。彼はまったく本気で、いささかも皮肉はなかった。

渡辺一家は幸福で調和のとれた生活を送っている。だがその調和は、渡辺さんの驚異的な組織能力と、渡辺氏が家庭に関するあらゆる面についての権限を移譲することで成り立っている。渡辺さんが婦人部の理想を実現できているのは、彼女の頑張りと、時間を節約するソリューションを利用すること、さらに協力的な家族の日常活動スケジュールを、学会の優先事項が決めるスケジュールにあわせて編成しているおかげでしかない。渡辺さんにとって、日常生活こそまさに、創価学会の実践そのものなのだ。渡辺さんは、ご大層な役職は持っていない――この二〇〇七年九月時点ではかなり慎ましい「副地区婦人部長」だ。だが彼女は、仲間の婦人部員たちとともに、明らかに地元リーダーたちの中で主導的な地位を占めている。上座にいるのは松原氏でも、地元レベルでの学会活動を仕切っているのは渡辺さんたち女性なのだ。創価学会の舞台となる家は、女性が作り出した領域だが、家庭と組織の責務が融合しているために境界があいまいになっている。創価学会は世帯を基本単位としているため、私的な領域を、ひんぱんな来客に開かれた公共の場にするためにはどうしても女性に依存することになる。渡辺さんは、夫婦が娘を育てる親密なゾーンに吹き込まれる運営上の責任を中心に、家族の家庭内ルーチンを構築しなければならない。渡辺一家の日常は、明らかに学会のもっと大きな使命に編み込まれているのだ。

組織としての創価学会の成功は、家族の安定性に依存している。だが学会一家が崩壊したらどうなるだろう？　創価学会にとってもっとも頭が痛そうなのは、学会員がこれまた信者である両親の被害者となっている場合だろう。トラウマに満ちた学会家庭の生き残りは、どうやって人生を構築するのだろうか、そして彼女はどうやって信仰と折り合いをつけるのだろうか？

## 家庭が崩壊するとき——美穂の苦闘

「自分が受けていたのが虐待だとようやく学んだのは、何年も後になって、セラピーを受け始めてからのことでした」。いまは二〇〇七年一二月六日で、美穂と大阪のマンションで面会しているところだ。美穂は三〇代後半で、渡辺さんとほぼ同年代だし、渡辺さんと同様に学会家庭に生まれた。またやはり渡辺さんや、本章に登場した他の学会員女性と同様に、既婚で毎日唱題し、池田大作を崇拝している。だが他の女性とはちがい、婦人部とのつきあいはなく、組織内ではほとんど活動しない。

美穂はほとんどマンションから外に出ない。近所の公園から救ったネコ四匹と、長い海外出張の合間にたまに帰ってくるだけの夫と暮らしている。一年前に美穂は、一〇年以上にわたって何もできなくしていた強いうつ病から脱出し始めた。一九九八年に初めて美穂に会ったのは、日本で最初に出会った学会員のひとりである彼女の夫と親しくなってからだった。その夫が当時話してくれたのは、彼女がいささか問題を抱えているということだったが、何年もたって直接彼女と話して、初めてその問題の全貌がわかった。美穂は創価学会の一家の中で、学会の教えを虐待の道具に使う父親によって、心身ともに損傷を受けていた。それでも美穂は、精神疾患からなんとか脱出するために、学会の実践に頼ったのだった。

美穂の人生で最大の影響を与えた人物は父親だった。私たちの会話は父親像の話に終始した。彼女の父親はレストランのコックで、母親と美穂とその妹は、日本四島の最小のものである四国の小都市に住んでいた。母親は美穂が生まれる前に創価学会に改宗していたが、父親は長年抵抗していた。美穂が一二歳のときに、父親は『人間革命』第一巻を手に取った。正規の教育はあまり受けていなかったが、いつも本は読んでいたという。この小説はなかなかおもしろい、と彼は宣言して、全巻を通読した。その後、彼は基本的に自分で自分を創価学会に折伏した。日蓮正宗の寺にでかけて御本尊をもらい、統合失調症に苦しむレストランの助手も連れて行った。「父は改宗したその日に、すでに折伏一〔一人を折伏した〕だったんです。父らしいやり方です」と美穂。美穂の父親は、誇り高く、がむしゃらだった。改宗後に、勤行のやり方を学ばねばならなかった。彼は一年近く、ブラインドを閉じて仏壇のある部屋にとじこもるのだった。経本をとんでもなくゆっくりした速度で苦労して読んでいるのを家族に見られたくなかったのだ。

美穂の家庭は幸せな場所ではなかった。父親はアルコール依存症で暴力的だった。当初、彼女が子供だった頃には、両親は娘たちが寝ているときにしかケンカせず、目をさましたらケンカを止めた。やがて、父親は彼女の目の前で母親を殴る蹴るするようになり、美穂が大きくなったら、彼女も殴られるようになった。「それが変だとは知らなかったんです。子供の暮らしはそういうものだと思ってました」。でも、自分が不幸なのは知っていた。美穂にとっては学校も逃げ場にならなかった。数多くの校則に反発したし、教師たちは想像力がなく退屈だった。美穂の両親は娘たちを、中学高校生向けの学会活動に送り出したが、二人ともそういう活動が退屈だと思った。だからしばしば会合をさぼって、両親には出席したとウソをついた。「その意味では典型的な第二世代学会の子だったわけです」と彼女は笑う。あまり友だちもおらず、一〇代の時期にはますます内向的になった。日中は家にいて、ヘッドホンで何時間も音楽を聴き続け、お気に入りのロックの曲をあまりに大声で歌ったので、ご近所に警察を呼ばれることもあったという。一七歳になる直前に、『人間革命』を読みはじめた。特に感動したのは池田が、その分身たる山本伸一として、はじめて座談会に出席して戸田城聖と最初に会う話だった。この小説は彼女の視野を広げた。どうして私は自分という人間として生まれたのだろうか？　命はどこからきて、どこへ向かうのか？　自分の個人的な心配事など、こうした問題に比べればつまらないということに気がついたという。そして善い人間として暮らすと決意し、自分の幸福にもっと配慮しようと思ったのだ。「その時点で、家を出なければと悟りました」。

一七歳の誕生日に美穂は大阪の大企業の事務職に応募して採用された。そして最低限の持ち物で家を出た。仕事用のスーツ二着、職場に必要な化粧品、目覚まし時計だ。大阪は四国に近いのに、この会社で働いているときに父親は一回しか訪ねてこなかったし、それも自分が仕事の出張で大阪に来たときだけだった。そのときの父親は、乏しい持ち物を補うための荷物をいくつか持ってきて、さらに創価学会の書店に連れて行った。「読んだことのないのはどれだ？　買ってやろう」。美穂は父親の意図を理解した。娘が自分の監督の及ばないところに住んでいても、創価学会の導きが続いていれば大丈夫だと感じたのだ。父親に買ってもらったのは池田大作『女性抄』だったという。

会社の寮での最初の二年は試練だった。同室の同僚たちは創価学会を嫌い、御本尊を祀らせてくれなかった。朝の勤行は建物の石のロビーにひざまずいて行い、夜の勤行は、近くの日蓮正宗寺院か、婦人部リーダーの家で行った。その人は、美穂が入ってきて唱題できるように玄関を開けておいてくれたのだ。寮生活の二年目に、彼女は父親に電話をかけて、ひとり暮らしのアパートを借りるのを手伝ってくれと頼んだ。父親は、おまえの信仰が弱いんだと責めた。「問題ごとにいちいち電話してきて泣き言いうのを止めないと、ろくなことにならんぞ」と言われた。「御本尊を祀らせてくれともう一度ルームメイトたちに頼んでみろ」。それをやったが、再び断られた。それでやっと、父親はいやいや彼女の引っ越しを手伝ってくれた。

この頃の彼女は、熱心に女子部の活動に参加していた。「あらゆる活動とあらゆる集会に参加しました。もうとにかく全部」。特に公明党の選挙活動と「聖教新聞」購読の勧誘に熱心だった。美穂は会社の同僚に、新聞を一、二ヵ月購読するよう奨めて、地区が新規購読の総数を増やせるようにするのを楽しんだ。「あれは楽しかった」と彼女。日本の成人年齢二〇歳〔当時〕になったとき、父親は創価学会の大部の『日蓮大聖人御書辞典』を買ってくれた。これは教学研究の資料として作られたものだ。母親は文句を言った。成人した女性がもらうべきなのは着物であって、巨大な参考書なんかじゃない、と。「バカ言うな。これがあれば他に何もいらない」と父親は言った。『御書』を読んでいるときにこれを参考にしろ、と彼は娘に告げた。「父は迷いのない人でした。何か決めたら、全力でそれに取り組むんです」。そういう人は重要なのだ、と彼女は言う。「創価学会のために重要なんです」。

美穂の人生は、二〇代には改善したかのようだった。結婚し、会社を辞め、夫といっしょに大きなアパートに移った。一九九六年春、結婚直後に、二人は四国の両親に会いに出かけた。この訪問で彼女は精神に変調をきたした。一家の夕食で、彼女は父親と口論になったのだ。すると父親は、これまでにないほど悪意に満ちた口頭での攻撃を開始したのだ。「おまえなんか、まるで役立たずだ。さっさと死んじまえ。広宣流布の役に立たないだろ。ほら、いいから死ねよ」。五分過ぎ、一〇分過ぎる中、父親は虐待を続け、彼女はそれを聞きながら黙って立ち尽くしていた。やがて絶望し、彼女は家から夜の中へと駆けだし、近くの海に向かった。夫と妹が自転車で近所を探した。ついに妹が、溺れて死んでしまおうと沖に向かう美穂を見つけた。夫は飛び込んで彼女を岸に引き上げた。「なにやってんの!」と妹は叫んだ。やっとそのとき、美穂は泣き出した。父親に罵倒されている間ずっと、彼女は強さを維持していたという。「でも妹にそう言われて、涙が止まりませんでした」。

美穂は深いショック状態で大阪に戻った。自殺未遂から一年半のあいだは、基本的に緊張病症候群にかかっていた。布団から何日も起き上がれない日が続いた。アパートのベランダから身を投げたくなったり、首をくくりたくなったりするのが恐かったからだ。自分自身と夫に対して暴力的になった。夫を包丁で攻撃するようになり、やがて夫は家中のコードや鋭い刃物を袋に入れて仕事に持っていくようになった。留守中に自殺しようとしたり、帰ってきた自分を玄関で攻撃したりするのではと恐れたのだ。「当初は、すぐによくなると思いました。やがて、それが甘かったと気がつきました」。

セラピーと処方薬のおかげで立ち直ったとは言いつつ、美穂は自分を崖っぷちから引き戻したのが読書だったと強調した。精神の変調から一年半ほどして、彼女は近所で運営している移動図書館から借りた本についての感想文を日記に書くようになった。一九九七年九月から一九九八年七月にかけて、一〇一冊の本について、分厚い日記帳に何ページにもわたり感想を入念に書きためた。この集約的な自己流勉強の時期に、美穂は家庭内のトラウマ体験で道徳的に堕落したり、他人に暴力的になったりしてはいけないと決意した。一九九八年七月、彼女は宮本輝の小説に夢中になった。この小説家と自分に重要なつながりがあることを知ったのだ。彼は大阪を拠点にした熱心な学会員で、どうしようもない対人不安に苦しんでいたのだった。彼の小説は、家族の争い、喪失、自殺、うつを扱っている。美穂は宮本の談話を載せた学会刊行物を見つけ、彼が池田大作から直接受けた激励も読んだ。たとえば「妙法の作家よ出でよ」などだ。宮本が自ら、彼の作品を扱うオンライン掲示板によく参加すると知って美穂は驚いた。美穂が自殺してしまいそうだという恐怖について書いたメッセージへの返信で、宮本は自分の人生を宇宙の文脈の中に置いてみるように言った。自分が死ぬと思うのは、物事の大きな仕組みの中では大したことではないのだ、と。もっと下の界に何度もいた自分を想像してみなさい、畜生としての無数の生涯を。万人は生き、万人は死ぬ。あなたの「心の病気」がどうあれ、「大丈夫、生きていて大丈夫」と繰り返し言い聞かせて落ち着くようにしなければ、という。「宮本輝は父を思わせせました。なぜかわからないけれど、とにかくそんな感じがしたんです」。

その後、彼女は『人間革命』を読むことに戻った。二〇〇七年一〇月、私たちの会話の二ヵ月前に、彼女は珍しく家から出て地元文化会館での衛星放送に出席した。そこで有名なジャズミュージシャンのハービー・ハンコック（熱心な学会員である）が出演していたことに感銘を受けたのだった。

「このままじゃいけない」と彼女はその放送を見て思ったのだ。毎日ずっと家にいて、ネコにエサをやり、本を読むだけじゃダメだ、と。「十代にあの小説を初めて読んだときに受けた、大きな感動を思い出したんです。だからその体験をもう一度見つけようとしました。「原点に戻ろう」と決めて『人間革命』を読もうとしたんです。第二世代や第三世代の学会員は、第一世代の改宗者とはちがいます。この宗教がすごいんだというのを、改めて理解しなくてはいけないんです」。

学会の会合の中で育った子供として、学会に感情的なつながりを感じたことはなかった。本当に池田大作のすごさを理解したのは、小説についての個人的な思索を通じてだけだったという。学会の若者の集会で、子供たちは常に自分が池田と同じことをしたいという宣誓を行うように奨励される。「大人の演説を聞いて感情的に影響を受けたと称する子供を見ると、いつも怪しいな、と思っちゃうんですよ。「あの子、大丈夫かな」って。子供に型にはまった教え方をして――そんなことでは宗教の真価は学べないと思うんです」。美穂は、学会員が、自分でやる気を出さねばならず、「やろう！」という瞬間を引き起こすような実体験をしなければならないと強調する。大人を真似て絵に描いたような証言や宣誓をする子供の学会員は、危険で不自然だと彼女は考えている。「学会の学校の子供はみんなそういう育ち方です。「わたしは山本伸一になります！」と叫んで、池田の小説から長々と引用するように訓練されているんです。でもどうやって山本伸一になるんですか？　そのためにはずばり何をするんですか？　ただの模倣はまちがっています。自分にとって本物の信仰をどうやって追求するのか？　本当に言いたいことがますます言いづらくて、みんながいつも同じことを言って、仲間ぼめをする組織の中で、それができるんでしょうか？」」。

いまや美穂は、たまに衛星放送に出席するだけで、他の学会集会には決して出ない。放送こそが「本物」で、池田の「真剣さ」が伝えられるのだという。美穂は、型にはまった地元集会には感心しないという。「みんな月に一回、夜七時にやってきて、同じ一連のことをやって、当たり前のことを言って、すぐに帰るんです。出席したら、「そもそも何のために集まったの？」と思ってしまうんです。だれも「池田はすばらしい！　信仰はすばらしい！　もっと大きな希望を持って明日を迎えられる」と感じて帰ったりはしません。そういう集会は家でもやってましたよ。父は他の集会で一般的な「ひとり発言」（全員が何か言う）はやりませんでした。話したい人もいるし、何も言いたくない人もいます。話したくない人が話しても、それを聞いて誰が感動しますか？」。

美穂は精神の変調以来、父親に会っていない。二〇〇七年に彼女と会ったときには、日常生活が学会の習慣によって秩序づけられていた。学会刊行物を読み、毎朝毎晩、定期的に唱題をするのだ。最近、何ヵ月にもわたる集中勤行により睡眠薬を止めた。地元婦人部で何かやったかを尋ねた。「いいえ」と彼女。婦人部の人が家にきて確認しないんですか、と尋ねてみた。地区の慣行である家庭訪問が念頭にあったのだ。「一回か二回かな、二人でいきなりやってきました。たぶん、こっちが嫌がっているのは伝わったと思います」。

子供もおらず、婦人部に関心のない美穂は、女性学会員が組織に対する責務をどう実行すべきかという創価学会の期待に反する存在だ。だが彼女の学会実践に対する献身ぶりや、池田大作への忠義は疑いようがない。美穂の経験の上には、未解決の緊張がのしかかっている。創価学会の、日蓮仏教と人道主義という二つの遺産は、美穂に対しては父親により虐待の道具として使われたが、一方でそれは彼女が自滅を避けるための道としても機能した。学会の家庭が崩壊しても、その教えは創価学会のドラマチックな物語(ナラティブ)の中に信者を引き戻すことで、トラウマを抱えた個人が回復できるようにしてくれるのだ。

## 創価学会既婚女性の理想の未来

猪瀬優理は、学会世帯が信仰を次世代に伝えるためにどのような活動をするかという分析で、創価学会世帯に生まれた子供たちは、母親によって学会信仰が育くまれれば実践するようになることを大量のデータを元に実証した。父親もこの点で、重要度は劣るがそれなりの役割を果たす。子供の学会への忠誠心を植えつける重要な要因は、子供が中学生のときの母親の信仰水準だ。[31] これは学会の子供たちが、未来部でのリーダー役を担うようになる年齢なのだ。中学校は高校入試の受験勉強に費やされるのと同様に、一二―一四歳は創価学会の子供が学会の運営にたずさわって、集団の公務員教育の模倣版をくぐりぬけるようになる時期だ。高校入試と創価学会への参加の両方を可能にする仕組みは、母親の犠牲の上に成り立つ。猪瀬は、学会刊行物で子供が母親に感謝を述べるときの定型化した証言パターンを分析している。母親の行動は、子供たちが真似るべき自制のモデルとなっているのだ。[32] 母親と子供は、学会活動に参加して池田大作の著作と伝記を学ぶ中で、献身と忍耐を発達させるのだ。

だが婦人部員たちは、子供に信仰を植えつける責任を果たす努力を困難にする、対立する解決不能の優先事項により永遠に引き裂かれ続けることとなる。学会の母親は家庭を守るが、学会の活動は家庭的な役割から母親を引き離す。ときには、こうした忠誠心の対立が永続的な遺恨を作り出す。これは橋本さんと息子の康男との間の厳しい関係で見たとおりだ。橋本さんにとって、学会への献身は人生の危機を和らげると同時にそれを作り出し、創価学会への没頭で確かに康男は、自分の育ちについて恨みを抱くようになった。パラドックスは、美穂の学会体験にも見られる。父親が彼女の精神衛生を破壊するために使った信仰が、その虐待を生き延びるためのリソースも与えてくれたからだ。本章での幸せなケースとでも呼ぶべき渡辺一家の場合ですら、文香が母親の道をたどるかどうかは、まったく定かではない。自宅を地元の学会活動拠点に変えることで、文香を有機的な形で創価学会に触れさせ、唱題に参加するかどうかを彼女自身の意思に任せることで、確かに学会の実践は文香にとってストレスのない提案となっている。だが年を経て彼女が婦人部で要求される責務を引き受けるかどうかは、まだわからない。

創価学会の中で成人する女性は、今日では学会のジェンダー化された期待にますます違和感を覚えるかもしれない。女性のある一世代すべてが、母親たちの生活を形成した家庭と組織の相反する重点事項を積極的に引き受けるとは想像しにくい。まして非学会員が、女性信者を地元レベルの運営に制限し、前世紀に着想された母性的女性像の理想版にこだわる宗教に改宗したくなるとは、なおさら想像し難い。婦人部は歴史的に、部員たちの日常的な懸念を反映するかたちで発展してきたようではあるが、集団として既婚女性にかけている負担をどこまで認識しているのだろうか。幸福な文香のような子供と同じくらい、創価学会が要求する犠牲を恨みに思う康男のような子供がいて、信仰の中での歪んだ暮らしから生まれる対立した信条を抱えていることは想像に難くない。

創価学会が妻や母親としての女性という理念にこだわる理由は、納得できるものではある。次世代の学会信者を育てる役割を与えられた、主婦がまとめる世帯という社会的に保守的なモデルを維持するのは、創価学会としては便利だ。近代日本国家が、職業として主婦という選択を支持したのと同様に、創価学会の国に似た仕組みも主婦という理念にしがみついてきた。婦人部は創価学会において国の模倣となる多くの組織展開の先鞭をつけてきた。熱心な地区学会員たちの軍団は家庭を守り、学会中心の家族を育み、組織拡大追求のためにうまく仕組まれたキャンペーンを通じ、地元コミュニティも巻き込んでいるのだ。

だが創価学会がそのジェンダーに基づく運営方針を維持するのは、様々な理由でむずかしいはずだ。単純に言えば、創価学会は日本社会であまりに広がりすぎているので、必然的に国の人口学的なトレンドに従わざるを得ない。今日、日本は慢性的な労働力不足に直面し、経済の未来についても陰鬱な予測が出ている状況なので、女性は大量に労働力に参入しつつあり、晩婚かそもそも結婚しない女性も増え、子供を持とうとしないことも多い。国立社会保障・人口問題研究所（IPSS）が一八歳から三四歳までを対象に二〇一五年六月に行ったアンケートでは、専業主婦を理想の生活と答えた若い未婚女性の割合は、七・五％に下がった。もっとも割合の多かった回答は、仕事と家庭の両立を理想としていたが、これですら三分の一より少ない（二八・二％）[33]。日本の出生率は世界最低水準だ。二〇〇五年に日本の出生率は、女性ひとりあたり赤ん坊一・二六人で、二〇〇六年に一四歳以下の子供の割合は人口のたった一三・七%と、世界最低水準となっている。[34] 二〇一五年には結婚件数は史上最低の六三万五〇〇〇カップルで、これは長期的な低下傾向を見せている。二〇〇五年には二五―二九歳女性の五九%は未婚だが、一九七五年には九〇%が三〇歳前に結婚していた。二〇一五年に結婚した日本女性の平均年齢は二九・四歳だった。[35] こうした数字は、若い男女がますます交際すらしなくなっている事実のせいもある。IPSSによれば、二〇一五年には独身男性の六九・八%、独身女性の五九・一%が、異性との交際経験がまったくないと報告している。創価学会の激しいジェンダーギャップは古くさく見えるが、広範な日本の社会的分断を反映してはいるようだ。

現在の出生率だと、日本政府の予測では二〇五五年に人口は現在〔二〇一九年〕の一億二六〇〇万人から、八九九〇万人に減るという。そのときには、日本の人口の四〇%は六五歳以上となっている。この劇的な減少を前に、学会本部が日本での信者八二七万世帯という数字を調整するかどうかを見極める必要がある。この会員数は世帯に基づいているので、必然的に婦人部の献身ぶりにかかっているのだ。そして日本女性が家庭から遠ざかり、子供の数が減れば、妻や母親としてコード化された学会女性への依存はますます厳しくなる。創価学会のような組織は、女性がかつての世代の出生主義エートスを維持するように女性に奨励してはいても、家庭を守る女性という理想を永続化させる口実は薄れつつあるのだ。

美穂は明らかに極端な例ではあるが、今日の創価学会が直面するジレンマの一部の好例といえるかもしれない。近代日本の台頭を支えた良妻賢母の理想からの離脱を彼女は示している。創価学会の官僚的な枠組みの中での出世を目指し、自分の目標と学会の組織的な狙いを同一視してきたこれまでの世代とはちがい、美穂は自分の危機にしか対応しないのだ。この点で美穂はもっと若い学会員の典型かもしれない。彼らが実現しようとする個人的な野心は、創価学会が要求する組織への自己犠牲とは相容れないかもしれないのだ。組織は、日本の高度成長時代に驚異的な成功をもたらした大衆動員から離れる用意が十分にできているようには見えない。このため、創価学会の理想に忠実な学会員の一部ですら、疎外することになってしまうかもしれないのだ。

# あとがき――天職への道

二〇〇〇年にフィールドワークを始めて、最初に会った学会員は柴田さんだった。妻ローレンと私が、都心から電車で一時間ほどのところにある千葉県郊外の都市、習志野市にある小さなアパートに引っ越したとき、昔の職場を通じて知り合った学会員の友人に連絡をとって、「聖教新聞」を購読したいのだがと尋ねた。新聞を配達する人のために、自己紹介のメモを残しておいた。カナダからの研究者で、東京大学に所属しており、学会コミュニティ内部の生活について知りたいと思っているのだ、と。配達人は、五〇代の婦人部女性で、私のメッセージを好意的に受け取り、また地元の勉強会である座談会の様子を見せてほしいという追加の要望にも応えてくれた。柴田さんは自宅の門を開いてくれた。新聞を配達するときには、私と妻の様子を尋ねるとても親切な長い手紙を添えてくれた。彼女と仲間の地元学会員たちは、みんなの家で行われる集会にも喜んで迎え入れてくれたし、近くの創価学会文化センターでの衛星放送まで車で送ってくれたりもした。

二〇〇〇年一〇月二三日、ローレンは神経の問題を懸念して東京大学病院に診察を受けにいった。医者は、命に関わる神経学的状態という診断を下した。「がんならここでは手術できません」と、MRIスキャンで彼女の脳の真ん中から飛び出ている白い点を指さした。私たちは何が起こるのか震え上がった。ローレンはニューヨークに飛び、コロンビア・プレスビテリアン病院の神経外科に相談して、私は日本に残ってなるべく用を片づけてから、翌日の便で後を追った。ニューヨークへの便の前の晩一〇月二五日にアパートを片づけていると、ドアにノックが聞こえた。そこにいたのは地元の集会で一、二回顔をあわせたことがある、地区の壮年部リーダーである井上氏だった。その背後には柴田さんがいて、心配そうな顔を浮かべていた。「御本尊にお祈りすれば奥さんは良くなります」と井上は主張した。そして自分と柴田さんといっしょに、彼女の家で唱題しようと言う。「さあ行きましょう」。そんな暇はありません、と私は言って、そのままドアを閉めた。悲しみを利用しようとする井上のやりかたに嫌悪を催し、この訪問は井上の考えたことで柴田さんの思いつきではないのだ、と自分に言い聞かせた。だが柴田さんにも少し腹が立った。地元学会員たちには何度も、自分は研究者としてそこにいるのであって、学会員志望ではないと強調してきたのだ。

「医学校一年生にいつも言うことなんだがね。写真一枚見ただけで、何かを信じたりしちゃいけませんよ」。数日後のニューヨークで、ローレンと私は世界でもっとも有力な神経外科の一人と机をはさんで向き合っていた。いっしょに見ている新しいｆＭＲＩ画像には点はなかった。最初のスキャンには技術的な障害があって、東京大学の医師はそれに基づき誤診したのだった。「人にいい報せを伝える役まわりはめったになくてね。さあ、さっさと出てってくれ！」と彼は嬉しそうに叫んだ。千葉のアパートに戻ったのは、何週間か後のことだった。帰ってくるのは不思議な感覚だ。二度と日本に戻れないかもしれないと覚悟していたのだ。一一月末に、私は柴田さんのアパートの呼び鈴を鳴らした。彼女は嬉しそうに迎えてくれて、前回に会ったときのことを謝った。何よりも、井上に言いくるめられて、私の最悪の瞬間だとわかっているのに訪問したことで、友情を台無しにしたのではと懸念していたのだった。東京大学の医師の誤診について話すと、柴田さんはホッとしたようだったが、驚いてはいなかった。そして、ローレンのために地元学会員たちが唱題キャンペーンを行ったのだと話してくれた。「ローレンの健康状態について聞いてすぐに、予定をたてたんです」。六週間にわたり、地元学会員一〇人（ほとんどは婦人部員）が仏壇の前で朝七時から正午まで、三〇分ごとのシフトを組んで毎日唱題を続け、その唱題をローレンの回復祈願に集中させたのだった。一人が唱題を終えると、柴田さんがこの作業のために作った一覧の次の人に連絡する。ときには一同は唱題会のために集まった。ローレンのための、何時間にもわたる唱題セッションを開いてくれたのだ。柴田さんは、最近自分の娘が交際を始めた若者が、一家が——そんなことが起きているとはまるで知らない——非学会員の健康のためにいっしょに唱題しているのを見て改宗することにしたのだと話してくれた。彼はずっと、迷っていたのだ。やがて二〇〇〇年一二月二日に彼は御本尊を受け取った。

柴田一家との友情は、私の日本生活の礎となったが、それでも私達の関係は紆余曲折があった。柴田さんはそれから一年ほど後にも私を不意打ちした。このときも井上氏の指示を受けてのことだった。コーヒーとおしゃべりのつもりででかけたところ、そこには井上氏と、もっと上級の壮年部リーダーがいて、柴田さんは仏壇の前にすわっていた。井上氏は、三人とも私が御本尊を受持しなければどうなってしまうかと深く懸念していて、それまでの学会集会参加は学会員の資格を得るのに十分な時間の実践と見なされると言う。柴田さんは私のために「希望カード」まで記入を終えており、最近のブロック集会の写真から私の顔を切り抜いて貼りつけ済みだった。私が嫌がって立ち去ってから、柴田さんとは再び関係を修復した。「息子はあなたとほとんど同じ歳だったはずなんですよ」と彼女は静かに、涙を流しながら語ってくれた。その息子はわずか一歳のときに死んだのだった。

その後、私たちはある理解に達したようだった。柴田さんは、私をブロックや地区の集会に連れて行くし、そこで学会員たちの証言のリズムや学会文書への取り組みについて学ぶ。柴田さんは、「聖教新聞」の地元の配達人だ。彼女は二回、近所の会員宅を自転車で回る早朝配達ルートに同伴させてくれた。彼女は毎日、どんな天気でもそれを朝五時前に始める。まわりのアパートの人を起こさないように、静かに自転車のスタンドをたてるコツを教えてくれた。またどの世帯が他の刊行物、たとえば「公明新聞」(公明党の機関紙)を購読しているか、そして郵便受けに無音で入れるために慎重に新聞を畳むやり方も教えてくれた。この配達作業で、自分は選ばれた集団に参入できたのだ、と彼女は熱心に話してくれた。学会は配達部を持っていて、信濃町でその部員たちの安全を祈る特別唱題会まで行っているのだ。また、「読売新聞」と「朝日新聞」を配達する若者二人とも知り合いになった。普通の仕事をしている人々には十分にわからない、早朝労働者の特別クラブに入ったような気分だ、と柴田さんは語った。この若者たちは「聖教新聞」を購読してくれたが、学会の会合に連れて行こうとしたら断られたという。

次第に私にも、柴田さんは学会の責務を天職として理解しているのだということがわかってきた。私を改宗させようという試みは確かに個人的な動機によるものだったが、同時にそれは、彼女の宗教実践に伴う専門的な責務とも言うべき長いリストの一部でもあるのだ。二〇〇七年一一月に私は、しばらくご無沙汰だった柴田さんと再会した。彼女は千葉から、日本の中部地方にある名古屋の郊外に引っ越して、夫の柴田氏と同居するようになっていたのだ。柴田氏は会社の転勤により、この地域の工場に配属されたのだった。彼女は疲れ切っていた。ほぼ毎日、近隣の自治体を動きまわっていた。婦人部員たちに、公明党の選挙活動を手伝ってくれと呼びかけていたのだった。「名古屋は民主党王国と呼ばれているんです」と彼女はため息をついた。公明党はまったく見込みがなかった。選挙活動は、ブロックの婦人部リーダーや、地元座談会への出席など他の大量の責務に加えて課せられたものだった。「六〇歳くらいになったら引退したいんですけどね。ボランティアに参加して、社会福祉活動を手伝いたいんです。でもそれは学会の「役職」を辞められてからの話ですねえ」。

私のとっさの反応は皮肉っぽいものだった。「何から引退するつもり？」と私は思った。柴田さんは給料を稼いだことはない。でも私は考え直した。柴田さんにとって、創価学会の会員であることは、生涯を奉げた公僕が、よくやったと言われて面倒な責任から解放されるのと同じように、引退と呼ぶにふさわしい天職なのだ。柴田さんは六〇歳を越え、激しい学会活動からは少し退いたものの――心配した医者の助言を受け容れたのだ――彼女の人生は相変わらず、一日中婦人部の活動に左右されている。天職を放棄するのは、普通の仕事を止めるのよりはるかにむずかしい。同様に、学会員としての責務からの解放は、柴田さんとしてもそう簡単にできることではない。天職、つまり「天からの呼びかけ」は道徳的な約束を維持するのであれば、あっさり従うのを止めてよいものではないのだ。

学会員の一部は、自分の創価学会活動以外の労働を、自分の学会における天職に資するものだと考えている。熊野さんの場合はまちがいなくそうだった。彼女は、名古屋から九州に母親をつれてやってきて、橋本家で私と会った人だ。熊野さんは社交的な人物で大きな笑顔と、さらに大きな笑い声をしていて、無尽蔵のエネルギーを持っているようだった。彼女は自分の人生の役割を、創価学会に金銭的に貢献することなのだ、夫との間に子供がいないから、と語った。彼女と二〇〇七年一一月に信濃町にでかけたとき、知らない人も含む仲間の学会員たちに自己紹介するにあたり「私の仕事はご供養することです」（お金を寄付すること）と宣言して、ときに相手を驚かせた。熊野さんは、会社でのキャリアで頑張って稼いだ物質的な利益を、創価学会の資金集めキャンペーンへと流すのが自分の責務だと考えていた。

熊野さんは、三〇年にわたり名古屋の外れで機械部品を製造する中小企業で働いた後で、退職した。そこは彼女によれば、非学会員の同僚たちとも良好な関係を維持できた場所だったそうだ。二〇〇二年に熊野さんが退職すると、会社は日本のしきたりに従って、長年の勤めに報いるべく、かなりの退職金をくれた。彼女はその退職金全額、一〇〇〇万円を超える金額を、その頃新設されたばかりのアメリカ創価大学（ＳＵＡ）に寄付した。熊野さんはその寄付の日が、池田大作と香峯子の結婚五〇周年記念日つまり金婚式の二〇〇二年五月三日になるよう慎重に選んでいた。創価学会は五月三日を創価学会の日としているが、熊野さんにとってもっとも重要なのは結婚記念日なのだ。ＳＵＡは彼女の寄付を使って、学生ひとりの教育資金となる奨学金を作った。熊野さんは、自分の名前が英語で刻まれた、カリフォルニア校舎の壁の前にいる写真を見せてくれた。にっこりして、背の高い白人の若者を抱擁している。彼女の奨学金が授与されることになった学生で、卒業ローブを着ていた。「ピーターというんですよ」とのこと。彼は日本語がしゃべれず、彼女は英語ができないが、彼を見て熊野さんが真っ先にしたのは、涙にかきくれて大きな抱擁で彼を歓迎することだったという。「二人とも泣いていました」と彼女。

熊野さんは学会本部を年に数回訪れる。池田大作の人生における重要なできごとと対応する日を選ぶ。たとえば一月二日の誕生日、八月二四日の入会記念日などだ。毎回、池田の自宅用に贈り物や花を持っていくし、巨額の献金もする。熊野さんにとって、組織的なものこそが個人的なものなのだ。彼女の貢献は、学会組織がこうした個人的な絆のおかげで存在していることを改めて示してくれる。学会への献身の要求は面倒なものだし、それはまちがいなく組織の財務的な計算の一要素となっている。だがそれはまた、学会員の人生を定義づける、定量化不能な人間的絆を構成しているのだ。

組織的な要求は、積み上がるとかなりの個人的なコストにもなる。学会組織からの要求は、地元レベルの実践者たちが実施する日常活動（そのほとんどは、組織の教えに啓発された定性的な目標追求として行われる）を、学会の運営に利用される定量的な目標に変えてしまう。これで関心は組織の集合的な目標へと引き戻されてしまうのだ。私はフィールドワークの中で、このプロセスが展開するのを何度も目撃した。それがもっとも露骨だったのは、青年部の交響楽団でバイオリンを弾いていたときだ[2]。二〇〇二年初頭から、友人の安藤氏などの交響楽団員たちは、学会の集会で演奏する室内楽団を作った。彼らの演奏会は、池田大作が大好きな西洋クラシック音楽を、あまり音楽に詳しくない信者たちに紹介するものとなる。安藤のちょっとした演奏はすぐに人気が出て、首都圏で演奏してくれという依頼が大量に舞い込むようになった。すると、学会本部は安藤の活動を、定性的な文化活動から定量的な目標に仕立てはじめた。信濃町の本部が指名した交響楽団の部長は、二〇〇二年末までに室内楽コンサート一〇〇回という目標を発表した。一〇〇回のコンサートは、楽団が部の理念に従っているというシンボルとされ、交響楽団から池田名誉会長への、七五歳の誕生日である二〇〇三年一月二日の贈り物として提供されることになっていた。安藤はこの極度に厳しい要求に、文句も言わずに従った。週末や、常勤仕事の終業後に、首都圏全域を旅して、最大で一日三回も追加で演奏に参加したので、二〇〇二年末までに追加コンサートのほぼすべてに加わることになった。その年末近い交響楽団の会合で、安藤は公演一〇〇回を達成する努力を振り返る情熱的な証言を行った。ときには疲れ切り、へとへとで、涙にくれて倒れたこともあった。だが運営に計画変更を訴えたり、公演の出演を他の奏者に振り替えてもらったりするのではなく、安藤はストイックに、数値目標を個人的な挑戦として受け容れた。当初の活動が持っていた教育的な狙いを、池田に対する追加の点数稼ぎの実演に振り替えてしまったことで、学会本部を批判したりはしなかった。

創価学会そのものが個人的な困難の原因となっている例は何度か見たが、学会員たちはおおむね公式の期待に応えられないのを自分自身の落ち度と考えがちだ。多くの信者にとって、学会は挑戦を提供するが、まちがいは犯さない[3]。学会組織の存続は、自分たちの定性的な活動を、定量化できる集合的な目標に組み込んでもいいと思っている参加者たちの存在次第なのだ。彼らはその集合的な目標を、有意義な自己犠牲の機会と考える個人の挑戦へと変換することになる。定量化された目標はこうした責務を明確化して、体系だった活動へと流し込む。その活動は、組織の教育システム内で受ける訓練を通じて、信者たちにはおなじみのものとなっているのだ。

だが一部の信者はこうした師弟関係を疑問視する。「結果のある話は信用するな」と友人の園田は、二〇一五年六月末のある夜に彼の家でビールを飲んでいるときに警告してくれた。「幹部たちはその手の話が大好きだけれど、現実の人生はそんなふうじゃないから」。園田は大阪の熱心な学会員の母親の下に福子として生まれ、私がフィールドワークを始めたときには、知り合いの中でももっとも熱心な会員だったが、指導者たちがあらゆる個人的な出来事を、池田大作への忠義という枠組みに押し込めたがるこだわりぶりを、次第に嫌うようになってきたのがわかった。この会話から数ヵ月後、彼は脱会者と名乗りはじめた。園田にとっては、自分の実践を池田との師弟関係の枠組みに位置づけるという組織的な義務に従うことが、もはや維持不能になったのだった。「結果のある話」は確かに、学会物語（ナラティブ）がたどる道筋をあらわす適切な表現に思える。抵抗に打ち勝って、創価学会の使命への個人的犠牲を通じてまちがいない勝利に到達するというパターンの繰り返しなのだから——そしてこれはさらに、学会の使命を池田への献身と同一視することで裏づけられることが多い。このモデルは実は、多くの学会員の実体験とはあまり整合しない。本書の読者は、本書の関心が正典の物語（ナラティブ）から非エリート学会員の記述へと進むにつれて、ヒロイズムから離れて曖昧さに向けて漂う傾向を感じたかもしれない。園田は正しい。現実世界は、ヒロイックな理想を裏づけるような結果を確実に生み出したりはしない。学会員のジレンマが、彼らの人生を構造づける学会活動により、解決されると同時に生み出されもする中で、パラドックスが強まる。

こうしたパラドックスは、創価学会が池田大作への直接アクセスを失った後の未来を考える中で、さらに深まりかねない。学会の構造は、池田と信者との情緒的な一対一のつながりに依存するようになっている。男子部の部員が子供と過ごすはずの日曜日を犠牲にして地区の会合に出席したり、学会の資金調達キャンペーンのために貧しい婦人部員が財布を空にしたり、気の弱い信者が、断られて恥をかくと知りつつそれを圧し殺して友人を折伏しようとするたびに——そうした決断は、時間、資金、尊厳を犠牲にするのは先生（池田大作）の望みだから有意義だったのだという確信に依存している。池田との師弟関係は、創価学会内での人生を定義づける貢献を永続化させてきた。このため、池田大作を失うというのは、個人的な悲しみという観点から理解するべき出来事となる。何百万もの学会信者たちは、彼の他界を、愛する親の他界と同じくらい切実に感じるはずだ。ポスト池田の世界になると、学会本部は、「先生もこれを望まれたはずだから」と言って学会員に何かをやらせ、自己犠牲を要求するのがむずかしくなるかもしれない。池田大作を学会員の生活の中に内在する存在として神格化するのに成功したとはいえ、物理的にアクセス不能なカリスマ的権威を持ち出すのは、学会の官僚にとって困難を引き起こしかねない。学会員たちは生涯にわたり池田との一対一のつながりを構築してきたから、数字しか見ない学会官僚たちがこのつながりを当然のものとして扱おうとすれば、恨みを買うことになるだろう。[4]

また、創価学会が日本の二〇世紀国民国家の模倣的再現で温存しようとする理想化された社会秩序と、現在に生きる学会員たちとの間の、体験のギャップもまた拡大し続けている。第二次世界大戦後に創価学会が再結成されたとき、「神々のラッシュアワー」と呼ばれた戦後の宗教復興の先頭に立ったのが創価学会だった。戦時中の弾圧から解放され、日本市民は迫害の恐怖なしに宗教的な取り組みを行えるようになって喜んだ。宗教すべて、そして特に新宗教は、一九九五年に広報活動での大激動に直面した。一月一七日の阪神・淡路大震災後に宗教的な動員が悪評を買ったこと、そして終末論セクト、オウム真理教による、三月二〇日の東京の地下鉄でのサリンガス攻撃のせいで、信心深いと自任するのはテロ支持者も同然と思われたからだ。宗教組織は、二〇一一年三月の東日本大震災後の有益な貢献で、多少はよい評判を取り戻したが、日本はいまだにほとんどの人が宗教をいぶかしんでいる。[5]二〇〇八年に「読売新聞」が行った宗教への態度をめぐるアンケートで、宗教を「信じている」と答えた人は回答者のたった二六・一％にとどまり、七一・九％は信じていないと答えている。[6]日本人は特に宗教団体を警戒している。二〇一〇年世界価値観調査の日本人回答者のうち、宗教団体を信用すると主張した人は一〇％に満たなかった。つまり日本は宗教に対する信頼が最低の国だ——公式には無神論の中華人民共和国よりも低い。[7]二〇一一年震災後の宗教団体による支援キャンペーンの後ですら、信心深いと自任したがる意欲は低いままらしい。[8]だが日本の人々が圧倒的に宗教を拒否してはいても、その多くは宗教的と呼べる活動に参加するし、そうした心性を維持している。回答者の七割が宗教を信じていないと答えたのと同じ「読売新聞」のアンケートで、四人中三人近くは神社かお寺に正月に初詣に行ったし、半分近くが日本人は宗教心が薄いとは思わないと述べた。日本の人々はますます、そうした気持ちを宗教ではなくスピリチュアリティの諸形態と表現しがちになっている。これは漠然とした分類だが、実際には多くの人が宗教的と考える要素、たとえば儀式、超越的なものへの配慮、聖地への巡礼、死後の世界への信念などを含んでいる。[9]

スピリチュアリティに関してもっとも重要なのは、それが集団ではなく個人に訴えかけるという点だ。この個人への焦点の拡大は、集団指向の組織手法を永続させようとする創価学会にとっては課題となりかねない。創価学会の組織拡大の原動力となる集団活動に対して日本人のかなりの部分が不快感を示すようになったら、過去の世代において理想化された日本の模倣であり続けるのはむずかしくなるだろう。だが創価学会はその創設以来、例外的な存在であり続けた。戦時中の創価学会は、宗教的な原理を護るために迫害を受けることも厭わなかった数少ない集団だった。終戦直後の数十年で、創価学会は宗教的なライバルを大きく引き離し、日本史上最大の新宗教へと成長した。そして一般日本人の宗教そのものに対する受容が衰退する中で、圧倒的な存在感を維持し続けてきた。

それでも日本での創価学会の会員数は、何十年にもわたり基本的には横ばいで、日本の人口減少と、世間的に宗教嫌いが根強い中で、学会員八二七万世帯という公式の主張はますます疑問視されるようになっている。かつては改宗者の宗教だった創価学会は、いまや家族を基盤とする信仰となり、世代から世代への引き継ぎで維持されている。その文書や組織的実践は、めくるめく急成長の日々の創価学会が持っていた社会的価値を温存している。その硬直した階級や型にはまった活動は、第二世代や第三世代が主流の学会員たちの価値観では、ますます縁遠いものとなりつつある。創価学会一家に生まれた学会員たちを動かす願望は、必ずしも創価学会という中央集権組織の集合的な目標で対応できるものではないのだ。

だが結局のところ、創価学会は日本社会への決定的な影響力として残り続けるだろう。この集団が、社会的正統性を獲得したいという切望の実現の場としての魅力を完全に失うとは想像しにくいし、近代国民国家の正統性付与技法をここまでうまく再現できる組織が、どうでもよい存在になってしまうとも考えにくい。創価学会は何百万人もの信奉者を集めたいと願う他の組織が真似るべき、お手本であり続けるだろう。

# 注

監修者による補足を〔　〕に示しました。

## ■第一章

0 Balibar, *The Nation Form*, 345.

1 創価学会会員数についての最も詳細な情報源は、学会のウェブサイト（https://www.sokanet.jp/info/gaiyo.html）と、創価学会広報室が発行する独自の『年次活動報告』である。それ以外に学会の会員数を推定するのは困難だ。創価学会は政府に会員数を報告しないし、会員数統計は文部科学省文化庁宗務課発行の『宗教年鑑』にも登場しない。島薗進はNHK研究所が一九七八年に行った三万二〇〇〇人への宗教アンケートで、三・三%が創価学会員だと述べたことを挙げる。この数字は、当時もいまも、日本の学会信奉者の数字として現実的な評価に近いようだ（島薗「総説 宗教の戦後体制」一八—一九）。もっと最近では、マイケル・ローマーが日本の宗教信者数の定量調査を見直して、現代日本での個人の信仰についてもっと高度な見方を提供している（Roemer, "Japanese Survey Data" and "Religious Affiliation"）。これによると、二〇〇〇—二〇〇三年の回答者のうち、四・五一%は仏教徒だと答え、三・三二%が新宗教信者と答えている。ここから、創価学会の日本での会員数は、人口の二—三%ほどと推定できる。

2 日本の新宗教に関する包括的な研究と、「新宗教」およびそれ以前の侮蔑的な「新興宗教」という用語の利用については井上他『新宗教事典』およびAstley, "New Religions" 参照。また本書第四章も参照。

3 日蓮宗が迫害は自分たちの教えの正しさの証明であり、自分の日蓮に連なる血脈の裏付けだとしてきた様子についてはStone, "Atsuhara Affair" 参照。

4 一九九一年の分裂後に学会が勤行に加えた変化の分析については玉野『創価学会の研究』二〇—二四参照。

5 東アジアの仏教伝統は仏陀の誕生を現代の日付方式よりも五〇〇年ほど古いものとしている。Natier, *Once Upon a Future Time* 参照。

6 謗法払いを、日蓮仏教の正統性を評価する基準とした比較研究としては大西『本門佛立講』参照。

7 日蓮がこの手紙を書いたのは、月経中の儀式参加を禁じる地元のご不浄禁忌を守るべきか懸念していた在家の女性信者（比企能本〔大学三郎とも呼ばれた〕の妻）を安心させるためだった。こうした伝統は神道の範疇のものである。創価学会『御書』一一九九―一二〇三参照。

8 それでも随方毘尼は、創価学会についての学術研究内では主要な説明となっている（Seager, *Encountering the Dharma* 参照）。

9 女子部の民族誌的な研究としては猪瀬『信仰はどのように』と Fisker-Nielsen, *Religion and Politics*.

10 マサオ・ミヨシは『オフ・センター』で帝国日本での座談会の普遍性を指摘している。

11 公明党と創価学会の関係の分析は Ehrhardt et al., *Kōmeitō* にある。

12 創価学会の職業別グループをクラブとして描く手法は一九七〇年の創価学会『創価学会四十年史』ですでに見られる。

13 池田は第一警備により保護されている。これは特別警備から選ばれた部隊で、この特別警備は金城会のエリート部隊となる。金城会は、主要な学会施設の防衛を監督する専門警備組織だ。終末論宗派オウム真理教による池田暗殺活動の後で、池田とその家族を取り巻く警備は極度に厳しくなった。創価学会の中核を除けば、池田大作と妻香峯子がどこに住んでいるかはだれも知らない。McLaughlin, "Did Aum Change Everything?" 参照。

14 Gentile, *Politics as Religion*.

15 McLaughlin, "Sōka Gakkai in Japan."

16 創価学会分析に模倣／ミメーシスを含めるよう奨めてくれたプラセンジット・ドゥアラに感謝する。

17 Gerth and Mills, *From Max Weber*, 176.

18 Hobsbawm, *Nations and Nationalism*.

19 Duara, *Rescuing History from the Nation*, 8.

20 Duara, *The Global and Regional*, 4.

21 Balibar, "The Nation Form."

22 Calhoun, *Nations Matter*, 27.

23 Mitchell, "Society, Economy, and the State Effect," 89-90.

24 Anderson, *Imagined Communities*, 3.〔邦訳〕『定本

想像の共同体』二〇

25 Calhoun, *Nationalism*, 4-5.

26 一部の学会員が最近、公明党が日蓮仏教のルーツなど結党時の理念から遊離していると考えられることを問題視している様子についての議論はMcLaughlin, "Komeito's Soka Gakkai Protesters and Supporters"を参照。

27 Asad, *Formations of the Secular*.

28 Calhoun, *Nationalism*, 6.

29 Tilly, "War Making and State Making," 175.

30 Gerth and Mills, *From Max Weber*, 77-128.

31 Geuss, *History and Illusion*, 21.

32 Russell, *Power*, 23, Geuss, *History and Illusion* での引用。

33 Althusser, *Lenin and Philosophy.*〔邦訳〕『レーニンと哲学』

34 Ibid., 104.

35 McLaughlin, "Komeito's Soka Gakkai Protesters and Supporters." これら学会抗議者の証言は野口裕介、滝川清志、小平秀一『実名告発　創価学会』に登場する。

36 DiMaggio and Powell, "Iron Cage Revisited," 152.

37 Ibid., 151.

38 Meyer et al., "World Society and the Nation-State," 161.

39 マーク・ラヴィナは日本が「世界と肩を並べられるように」明治時代のイデオローグたちが制度的同型性を実現した様子を詳述している（Ravina, "State-Making in Global Context"）。

40 Gerges, *ISIS*.

41 Fiddian-Qasmiyeh, *Ideal Refugees.* イスラム教徒が多数を占める状況で国民国家形成への指向が普遍的である点の探究と、近代国家がイスラム的イノベーションを促進する方法の検討としてはSalomon, *For Love of the Prophet* 参照。

42 Givens and Barlow, *Oxford Handbook of Mormonism.*

43 Urban, *Church of Scientology.*

44 Knight, *Why I Am a Five Percenter.*

45 Hoskins, *Divine Eye and the Diaspora.*

46 Chandler, *Establishing a Pure Land.*

47 Huang, *Charisma and Compassion.*

48 西山『近現代日本の法華運動』、塚田『宗教と政治の転轍点』

49 Garon, *Molding Japanese Minds*; Stalker, *Prophet Motive*.

50 Duara, *Sovereignty and Authenticity*; Ownby, *Falun Gong*.

51 Reader, *Religious Violence*, 200-201.

52 McLaughlin, "Did Aum Change Everything?"; Lobreglio, "Revisions to the Religious Corporations Law."

53 Girard, *Girard Reader*, 9.

54 Bhabha, "Mimicry and Man." バーバの模倣議論を現代日本に適用した例としてはBrightwell, "Refracted Axis" 参照。

55 「不気味の谷」はジークムント・フロイトの「不気味なもの」概念から出たもので、ロボット学者森政弘が、ヒューマノイド型ロボットが人間に近づく——が完全に再現はできない——ときに急激に高まる不安の表現として用いているものだ。森の理論についての宗教的なインスピレーションはBorody, "Japanese Roboticist" を参照。

56 Josephson, *Invention of Religion in Japan*, 29.

57 〔「池田大作の軌跡」編纂委員会〕『池田大作の軌跡』一：一一に再録。

58 長年にわたり週刊ゴシップ誌『週刊新潮』は専門の創価学会デスクを設けて派手な暴露記事を書き続けてきた。もっと最近では月刊誌『テーミス』が、池田王国と呼ぶものについて準定期的な報道をしている。

59 Tamura and Tamura, "Reflexive Self-Identification."

60 Appadurai, *Fear of Small Numbers*.

61 この点で私はフィスカーネルセン・アネメッテの、創価学会はいわば自分自身に対する市民社会の一種として機能するという示唆には同意しない（Fisker-Nielsen, *Religion and Politics*）。日本の国家が遍在して市民社会を包囲している様子についてはGaron, "From Meiji to Heisei" を参照。またHabermas, *Structural Transformation*, 特に三〇―六〇頁を参照。

62 Pekkanen, *Japan's Dual Civil Society*；またGaron, *Molding Japanese Minds* も参照。

63 LeBlanc, *Bicycle Citizens*.

64 こうした大災害に対する創価学会の対応については

65 McLaughlin, "Hard Lessons Learned" 参照。模倣国家モデルを使っているので、学会信奉者を戦後市民ではなく、戦前の臣民に相当する存在として記述するように注意している。これは Avenell, *Making Japanese Citizens* で論じられた臣民と市民の区別に従ったものである。
66 島田『民族化する創価学会』二八〇―二八一
67 島田、矢野『創価学会　もうひとつのニッポン』
68 西山『近現代日本の法華運動』
69 塚田『宗教と政治の転轍点』
70 塚田『宗教と政治の転轍点』一七
71 浅山『内側から見る創価学会』
72 Das and Poole, "State and Its Margins."
73 Fassin et al., *At the Heart of the State.*
74 Berlant, *Queen of America,* 4.
75 池田『人間革命』一：三

## ■第二章

1 日蓮はこの法華経からの一節について「御義口伝」で論じている（創価学会『御書』七八一）。池田は二〇一三年一一月八日に大誓堂の正式な宣言で、この『御書』の一節を引用している（「聖教新聞」二〇一三年一一月九日に掲載）。
2 ジャンブードゥヴィーパ（薔薇リンゴ島）はサンスクリットで、人間が暮らす大陸を仏教経典でこう呼ぶ。日蓮はその日本語の音写「一閻浮提」をこの世を指すのに使う。
3 この一節が右側に書かれた紙製の御本尊が、一九五一年に戸田城聖が第二代会長になったとき創価学会本部に祀られたという。また「聖教新聞」によれば、この銘を刻んだ板御本尊が一九七五年に学会信濃町本部に祀られたとのこと（「聖教新聞」一九七五年一〇月二四日）。
4 立正安国は、当時の政府を糾弾すべく日蓮が書いた一二六〇年の『立正安国論』への言及であり（創価学会『御書』一七―三三）、ここではそれが世界的な使命へと拡張されている（また Stone, "Nichiren's Activist Heirs" も参照）。
5 三障四魔は仏陀への道を妨げるもので、創価学会の教義訓練の中に出てくる。第五章注38参照。
6 創価学会『御書』三二九。日蓮はこの文書を一二七六年に、亡き師匠道善房への供養として執筆した。

7 地涌の菩薩は、法華経第一五の一節に登場し、そこでは最初の仏陀の無数の弟子が、地の裂け目から湧き出でる。戸田城聖はこの一節を、創価学会会員の比喩として使った。

8 碑文の写しは二〇一五年六月二四日に大誓堂で私がもらったもの。池田がこの二〇一三年の声明で第三代会長を名乗っているのは驚くべきことだ。池田は第三代会長を一九七九年に辞して、名誉会長になったからだ。

9 「会則」SOKAnet, https://www.sokanet.jp/info/kaisoku01.html 参照。

10 前掲「会則」。また、西山「創価学会の基礎思考Ⅰ」も参照。

11 以下の牧口常三郎と創価学会についての説明は、Bethel, *Makiguchi*；熊谷『牧口』；牧口『牧口』；宮田『牧口常三郎の宗教運動』；宮田『牧口常三郎獄中の闘い』；Murata, *Japan's New Buddhism*；島田『創価学会』；上藤、大野『創価学会四十五年史』；創価学会『創価学会年表』；東京大学法華経研究会『日蓮正宗』；東京大学法華経研究会『創価学会』、その他引用出所を利用している。

12 二〇世紀になるまで、日本人が成人後に何度も改名するのは珍しくなかった。これはしばしば何か立場が変わった記念に行われた。たとえば常三郎という名前は、常という字を含むがこれは尋常小学校の「尋常」の一文字だ。牧口の新しい名前は教育制度への注目に触発されたらしい。これは常三郎としての人生で明らかに重視されていたものだった。

13 村上『創価学会＝公明党』九四

14 村上『創価学会＝公明党』九五

15 興味深いことに、創価学会が選んだ出発点には国民国家とのつながりがある。『創価教育学体系』第一巻の序文のエピグラフは、犬養毅が漢文で書いたものだった。犬養は政治家で大臣であり、一九三一年一二月に首相となった。一九三二年五月一五日、彼は帝国海軍の青年将校らに暗殺された。これは戦後になるまで文民統制の終わりを印したも同然の出来事だった。

16 三谷は『立正安国論精釈』を一九二九年に発表したが、これは日蓮の教えの中心を在家信者に説明しようとするものだった。

17 島田『創価学会』二八。日隈威徳も、牧口の日蓮正宗への改宗を「牧口君入信の動機」という小文からの引用で、柳田の結論を記録している。日隈『戸田城聖』四四参照。

18 村上『創価学会＝公明党』九二

19 牧口は『人生地理学』への影響として内村『地人論』を挙げている。『牧口常三郎全集』第一巻所収『人生地理学』序文を参照〔例言か緒論のことかと思われるが、該当箇所は定かでない〕。

20 田中智学の生涯、顕本法華宗管長で改革者だった本多日生とのつながり、組織としての活動については大谷『近代日本』参照。

21 国柱会はこうしたイノベーションの多くを他の日蓮宗在家組織、特に本門佛立講から採用している（西山『近現代日本』参照）。

22 その頃には、合同により天台宗三派、真言宗八派、浄土宗三派、臨済宗一三派、日蓮宗三派、法華宗三派、本化正宗（不受不施）二派ができていた。これで仏教一三宗、二八派ができて、戦前の五六派から減った。

23 創価学会『創価学会年表』二〇；創価学会『創価学会四十年史』六九―七一の記述。

24 牧口が転向を拒否した警察の尋問記録を見ると、彼が考えるヒエラルキーの中では法華経は常に日本国家の現世法を超えるものだったのは明らかだ（『特高月報』一五二参照）。戦争と国家権力に対する彼の態度の文脈検討がMiyata, “Critical Comments on Brian Victoria's ‘Engaged Buddhism: Skeleton in the Closet?’” に見られる。

25 終戦直後の戸田と創価学会の記述は、浅山『内側から見る創価学会』；日隈『戸田城聖』；Murata, *Japan's New Buddhism*；西野『伝記　戸田城聖』；佐伯『戸田城聖とその時代』；島田『創価学会』；創価学会『創価学会四十年史』；創価学会『創価学会年表』；玉野『創価学会の研究』；戸田『戸田城聖全集』などの出版物をもとにしている。

26 牧口や戸田の時代における立身出世の理想の深掘りとしては、竹内『立身出世』参照。この問題についての英語で最もよい検討はいまもKinmonth, *The Self-Made Man in Meiji Japanese Thought* である。

27 創価学会『創価学会四十年史』二〇

28 戸田の生命論と、それが戦後の創価学会エートスに占める位置づけについては島薗「仏すなわち生命」

参照。

29 広告の大見出し前文は「中学一年用　二年用　三年用　数学・物象の学び方　考へ方　解き方」となっている（「朝日新聞」一九四五年八月二三日）。

30 日隈『戸田城聖』一〇一

31 創価学会『創価学会四十年史』一五八に再録。

32 日蓮宗の伝統によれば、この日に三二歳の日蓮は天台宗寺院清澄寺で、朝日に向かってまず法華経の題目七字南無妙法蓮華経を唱えたという。日蓮自身は、自分がこの日に清澄寺で教えを説きはじめたとしか書いていない（創価学会『御書』一一八九）。

33 創価学会の戦後成長期における草の根学会員についての包括的な研究としては鈴木『都市的世界』とWhite, *Sōkagakkai and Mass Society*.

34 謗法払いの一つの影響は、日本の文化遺産に与えたすさまじい被害だった。この手口は基本的に何世紀にもわたる草の根レベルの仏教史を消し去ってしまったからだ（日蓮宗研究者中尾堯との会話、二〇〇八年夏）。

35 Murata, *Japan's New Buddhism*, 97.

36 日隈『戸田城聖』二二二—二二三；Murata, *Japan's New Buddhism*, 100 で記述。

37 日蓮「三大秘法稟承事」（創価学会『御書』一〇二二）を参照；また Stone, “Imperial Edict and Shogunal Decree,” 196 も参照。三大秘法すべての前についている本門という用語は、法華経の後半の、釈迦牟尼仏陀の真の正体は原初の大覚仏陀なのだと明かしている部分を指す。

38 戒壇をめぐるこうした発想は「三大秘法稟承事」の以下の部分の日蓮正宗解釈から発している。「王法仏法に冥じ仏法王法に合して王臣一同に本門の三秘密の法を持ちて有徳王・覚徳比丘の其の乃往〔むかし〕を末法濁悪の未来に移さん時勅宣並に御教書を申し下して霊山浄土に似たらん最勝の地を尋ねて戒壇を建立す可き」〔原著はStone, *Original Enlightenment*, 289-290 掲載の翻訳を載せている〕。

39 一九〇一年の『宗門之維新』という論説で、田中はすべての日蓮宗信者が一つの伝統として団結し、国の経済とインフラを支配しようと促している。戒壇建立の命は帝国議会からくるものとされ、それにより日本人の大半を日蓮宗に改宗させることで、衆議院も貴族院も、偉大な仏法闘争での権力の座となる国立戒壇で投票するようになり、その闘争の後で、全国が法華経を受け容れ、本門の戒壇建立が発表される（田中『宗門之維新』参照）。

40 池田は恩師戸田の言葉を『人間革命』三：一五六―一五七で伝え、戸田がすでに一九四八年には類似の発言をしていると示唆している（White, *Sōkagakkai and Mass Society*, 133）。

41 戸田『戸田城聖全集』一：二六―二九。王仏冥合という言葉は、「三大秘法稟承事」（創価学会『御書』一〇二二）からきている。Stone, *Original Enlightenment*, 444-445 n213 参照。

42 「聖教新聞」一九五四年一月一日。

43 翻訳は Murata, *Japan's New Buddhism*, 112 より〔邦訳は戸田『戸田城聖全集』一：二〇〇から引用〕。

44 島田『公明党VS.創価学会』三六―三八

45 創価学会に関する憲法関連の事項分析としては Ehrhardt et al., *Kōmeitō* 参照。

46 戸田『戸田城聖先生講演集』（上）八一

47 島田『創価学会』九一

48 日隈『戸田城聖』二四〇―二四五。池田が第三代会長になると石田は学会指導部から外され、一九八〇年には創価学会を離れて日蓮正宗の僧侶集団に味方して、正信会という新宗教団体を形成した。これは一九七八―一九七九年の池田と日蓮正宗宗門との最初の対立への反発として設立されたものだ〔日隈著にはこれについての記述はない。また石田次男が正信会を形成したというのは誤りである〕。

49 以降の池田大作と一九六〇年以降の創価学会発展についての記述は以下をもとにしている。AERA『創価学会』；浅野『私の見た創価学会』；浅山『内側から見る創価学会』；別冊宝島『となりの創価学会』；別冊宝島『池田大作なき後』；「池田大作の軌跡」編纂委員会『池田大作の軌跡』；Machacek and Wilson, *Global Citizens*; Murata, *Japan's New Buddhism*；七里『池田大作　幻想』；島田『創価学会と公明党』；創価学会問題研究会『創価学会婦人部』；創価学会四十年史編纂委員会『創価学会四十年史』；上藤、大野『創価学会四十五年史』；創価学会年表編纂委員会『創価学会年表』；杉森『研究・創価学会』；玉野『創価学会の研究』；東京大学法華経研究会『日蓮正宗創価学会』『創価学会の理念と実践』

50 池田は一九四七年三月に東洋商業学校を卒業している。四八年四月に大世学院（後の東京富士大学短期大学部）の夜学に入学したが、学業よりも戸田の下での弟子活動に献身した。

51 創価学会『創価学会四十年史』三六五に再録。

52 Murata, *Japan's New Buddhism*, 133.

53 この事件は杉森『研究・創価学会』、Ehrhardt et al., *Kōmeitō*, など、一九七〇年代以降に出版された、創価学会と日本の政治を扱うほとんどの資料で採りあげられている。

54 浅野『私の見た創価学会』二

55 西山『正当化の危機』二六六に再録。

56 トインビーは『人間革命』〔英語版〕の序文も書いていて、池田を賞賛して学会の信仰に基づく使命を、歴史的・宗教的に正統な改革運動だと擁護している。

57 玉野『創価学会の研究』一五二—一六一

58 日蓮正宗の三宝解釈は、古典仏教の三宝である仏法僧（サンガ）についての、この宗派固有の拡大解釈である。

59 創価学会『御書』七三六

60 「聖教新聞」一九七七年一月一七日

61 血脈という用語は、一般に日蓮正宗などの日本の仏教伝統では「ケチミャク」と読まれる。創価学会ももともとこれをケチミャクと読んでいたが、一九九一年以降は「ケツミャク」と読んでいる。これは学会の日蓮正宗との決別からの変化を示すもので、特化した読み方が系譜へのつながりを示唆するというもっと広い日本仏教の手法を反映している。

62 「生死一大事血脈抄」は創価学会『御書』一三三六—一三三八にある。この手紙は一二七二年第二の月第一一日の日付で、日蓮は、多くの身体が心の中で一つになると（異体同心）生死一大事の血脈が伝えられるのだと述べている。

63 内密の話として細井日達は、両集団の関係に懸念を表明していた。池田が仏教史の見方について演説をした翌日の一九七七年一月一七日の時点で日達は「これは問題だ。将来日蓮正宗は創価学会と袂を分かつことになる」と述べたという（西山「正当化の危機」二七二で引用）。

64 妙信講は、一九四二年に品川の妙光寺所属講中として結成された日蓮正宗在家組織だが、一九七〇年五月に日蓮正宗が国立戒壇建立の目標を捨てたことに抗議した。妙信講は田中智学が提唱した思想に沿った、急進的な国粋主義的解釈を採用していた。正本堂は、日本全体が日蓮正宗に改宗した後の政府や国民の総意ではないから、冒瀆であると糾弾した。妙信講が一九七四年に東京の明治公園で大規模な反創価学会デモを開いたことで、日達は妙信講を破門した。妙信講青年部の集団はこれに対して一九七四年一〇月に創価学会本部に押し寄せ、池田会長との面会を要求した。彼らは創価学会本部の門に車を突っ込ませて本部棟を占拠しようとしたが、機動隊に排除された。妙信講は一九八二年、日蓮正宗顕正会として宗教法人となり、その後急成長した。

65 元信者として創価学会の目の上のこぶとなり、極度の攻撃対象となったのは山崎正友（一九三六―二〇〇八）だ。山崎は弁護士で、元々は忠実な池田信者であり学会の理事で主任弁護士でもあった。一九八〇年に創価学会を離れると、山崎は学会幹部の指示で日本共産党議長と妙信講の電話を盗聴したと告白した。創価学会は、三億円以上払って団体の内部事情について黙らせたことを認めた。山崎が追加で五億円を求めたら創価学会は訴訟を起こし、山崎は恐喝で懲役三年となった。一九八〇年以来、創価学会のメディアは絶えず山崎を、学会を脅かす腐敗した現世権力の代表として悪者視している。これに対して山崎は、創価学会の曝露を死ぬまで大量に発表し続け、反学会の最も有名な論者であり続けた。

66 原島『誰も書かなかった』参照。

67 ちょうどこの頃、創価学会は日蓮正宗からの漏洩文書を入手した。それは阿部日顕が考案した「C作戦」（Cはカット cut のC）を説明したものだった。
創価学会は、日蓮正宗が一九九〇年七月の会合で学会指導層を潰そうとし、学会内に分断を作り出そうと企んだと糾弾した。これは宗門が苦情の手紙を送るずっと前だ。

68 創価学会は、日蓮正宗を「日顕宗」と執拗に呼び続けているが、阿部日顕は二〇〇五年一二月一五日に六七世法主を引退し、後継者として早瀬日如を指名している。

69 学会最大の霊園は静岡県の富士山近くにある富士桜自然墓地公園で、一九八〇年に運営が開始された。

70　別冊宝島『池田大作なき後』八八参照。戒名は一九九一年の決裂につながるもう一つの争点だった。創価学会は日蓮正宗寺院が、立派な戒名に対してとんでもない金額を遺族から巻き上げていると糾弾しているが、学会の公式方針では戒名はつけないとされているが、青年僧侶改革同盟所属の僧侶たちは、求められれば無料で戒名を与え続けた（青年僧侶改革同盟僧侶インタビュー、東京、二〇〇七年一二月二二日）。

71　日蓮は「聖愚問答抄」という一二六五年論説で、死身弘法という表現を持ち出している（創価学会『御書』四九六参照〔「秋元御書」、「乙御前御消息」にも登場する〕）。

72　二〇〇二年四月一日付創価学会会則（「会則」創価学会ｗｅｂサイト）。

73　前掲「会則」

74　「朝日新聞」二〇一六年九月二二日

75　「聖教新聞」二〇一六年六月二六・二七日

## ■第三章

1　創価学会『御書』一三九三。池田の著作には獅子と獅子吼への言及が頻出し、獅子像は創価学会施設に登場する。たとえば創価大学の敷地にあるブロンズ製の天の獅子などだ。

2　元の『人間革命』は一九五一年四月から一九五四年八月まで全一二〇回の連載だった。それが一九五七年七月三日に初刷一〇万部の単行本として発刊された（池田『随筆人間革命』三二）。池田は、戸田が妙悟空というペンネームを使った理由を説明している。戸田は玄奘法師が登場する『西遊記』主人公である孫悟空の名をもじったのだという。池田によれば、孫悟空という名前は「仏法に説く、〝空〟を孫ほど（小さく、わずか）に悟った」ことを表すという。戸田は「孫」を「妙」で置きかえ、牢獄の中で仏法の真髄である〝妙〟ともいうべき空観を、悟達した者として己を提示したのだとのこと（池田『随筆人間革命』三二）。

3　池田『人間革命』一：一九六五年、一―四。ここでは同版および一九七一年聖教文庫版に依拠する。これはベストセラーとなり、この小説のバージョンの中で最も広く流通しているものだ。

4　クラーク・チルソンは、刊行された日記の精読を通じて、池田のカリスマ的なリーダーシップと個人的な成長の鋭い分析を提供している。池田の日記は興味深い文書だが、今日の学会員たちにはあまり読まれていない（Chilson, "Cultivating Charisma" 参照）。

5 Brennan, "National Longing for Form," 49.

6 Renan, "What Is a Nation?"〔邦訳〕『国民とは何か』。国民の創設ナラティブを可能にするために必要となる忘却についての深掘りを、特に東アジアの文脈で行ったものとしては Feuchtwang, "Memorials to Injustice" を参照。

7 Anderson, *Imagined Communities*, 40.〔邦訳〕『定本想像の共同体』六二。またアンダーソンの洞察の有用な応用については Carey-Webb, *Making Subject(s)* を参照。

8 Anderson, *Imagined Communities*, 35.〔邦訳〕『定本想像の共同体』五六

9 現代文学と作家性の構築に全集が重要な役割を果たした議論としては Nash, *Culture of Collected Editions* 参照。

10 Brennan, "Longing for Form," 50.

11 『人間革命』文庫版の出版は、『創価学会を斬る』の出版を妨害しようとする学会の企てを取り巻く広報上の大失敗の後で、潮文庫から聖教新聞社に変更された。

12 一九九二年に全一二巻セットが聖教文庫として刊行されたとき、『人間革命』は一九九二年と一九九三年の売上一位の書籍シリーズとなった（『ザ・ベストセラー』参照）。

13 名古屋の創価学会中部池田記念講堂で私が聴いた講演中継放送、二〇〇七年一一月九日。

14 池田は自分の作中名の由来について短いエッセイを書いている。一九四九年、彼は終戦直後に戸田が設立した出版社で編集者をしており、『冒険少年』という児童雑誌に執筆していた。人気のある戦時中の少年雑誌『少年倶楽部』に登場した作家山中峯太郎に触発されて、池田は山本伸一郎という名を作り上げ、それを後に縮めて山本伸一にしたという。戸田はこの名前を了承し、山に一本の大樹が、一直線に天に向かって伸びてゆくとして読めると指摘した（池田『随筆人間革命』一五七—一五八）。

15 この系譜の皮肉な延長として、不満を抱いて学会を捨てた創価学会幹部が、蓮悟空という仮名で『変質

した創価学会』という告発書を発表した。蓮は、南無妙法蓮華経で妙法に続く字だ。この本は、集団が日蓮仏教に背を向けて池田教と化していると苦言を呈し、創価学会は脱会者が他の日蓮正宗の在家組織に入れないよう日蓮正宗の協力を取り付けたのだと具体的に糾弾している（梁取『創価学会』三五―三六参照）。

16 七里『池田大作 幻想の野望』二三―二四

17 二〇一五年六月二四日、信濃町の創価文化センターでの著者の観察。

18 Hammer, Olav and Mikael Rothstein は、新宗教内部での正典づくりの調査において、学会の手口と有意義な比較となるサイエントロジーのテキスト生産について観察している。彼らの計算によれば、サイエントロジー創設者L・ロン・ハバードは、彼が書いたとされる大量の文書を本当に生産するには、一日七〇ページもの執筆が必要となる。ハバードの名前を冠した絶え間ない文書の死後出版は「その遺産のみならず、組織内部と個々のサイエントロジー信者たちの生活の中で、創設者の存在を維持するのである」（Hammer and Rothstein, "Canonical and Extracanonical Texts," 122 参照）。

19 こうした批判の有益な概観は島田『『人間革命』の読み方』にある。

20 創価学会内部での篠原の暮らしは山崎『懺悔の告発』に登場する。また島田『『人間革命』の読み方』一八〇―一八三も参照。

21 七里『池田大作 幻想の野望』八九―九〇

22 Reader, Ian and George Tanabe は *Practically Religious* で、この認知＝情緒パラドックスを適用することで、日本宗教を理解しようとする。認知的、情緒的、道徳的な理解の間に存在するパラドックスの議論としては Geertz, "Religion as a Cultural System" を参照。

23 『人間革命』は最初は全一〇巻で刊行され、その後の二巻は二年の間をおいてから学会の新聞に登場した（一九七八年に完結）（七里『池田大作 幻想の野望』八七―八八参照）。

24 仏意（サンスクリットでブッディサーヤー）は、仏陀が教えようと意図したもの（経典の意味）であり、仏勅（サンスクリットでシーサーナー）はその教えそのもの。

25　池田『人間革命』第二版、聖教ワイド文庫、二〇一三年、一：三―四

26　この章での『人間革命』第一一巻は一九九二年聖教文庫版を参照している。二〇一三年の第二版でも、第一一巻の大阪の章はほぼそのまま再録されている。編集者たちは、場所や人物について注という形で説明を追加している。おそらくはこの物語を、ここでの出来事よりはるか後に生まれた読者にもわかりやすくするためだろう。

27　創価学会問題研究会『創価学会婦人部』三五―三七

28　溝口『池田大作「権力者」の構造』一五八

29　池田『人間革命』一一：二〇九〔参考：『人間革命』第一一巻、単行本では二〇〇頁、聖教ワイド文庫版二二三頁〕

30　このエピソードに登場する年配の女性は明らかに、矢追のお母さんとして学会信奉者に知られる人物だ。一九五〇年代初頭に関西地方で初めて学会に加わった強力な女権的存在で、初期の改宗活動の中心となっている。学会史についての会話で、大阪の学会員たちはしばしば彼女を関西のお母さんと呼ぶ。

31　これ〔原書のDay of Mentor and Discipleを指す〕は「師弟の日」の創価学会による〔英語への〕公式翻訳だ。

32　池田『人間革命』一一：二一五

33　猶多怨嫉（「今なお、怨みと嫉妬は大きい」）は法華経「法師品」第一〇に登場する。日蓮はこの表現を「開目抄」（創価学会『御書』二〇一）と「如説修行抄」（五〇二）で使っている。猶多怨嫉は〔『人間革命』の〕この章に何度か登場し、戸田が創価学会に対する政府の有害な脅威に注意を促すのに使われる。

34　仏教の文脈で命とは規則、原理、運命を指す。

35　池田『人間革命』一一：二五七

36　これら三類の強敵は、法華経の「勧持品」第一三に登場する。日蓮が僭聖増上慢に特別に注目しているのは「開目抄」下（創価学会『御書』二一〇―二三七）。

37　池田『人間革命』一一：二六四

38　これは戸田のお気に入りの取り組み手法だった。牧口の下で弟子として発達させた教育技法の実践継続を反映したものとなっている。戸田の質問会は、録音されてLPレコードとして発売までされている。

たとえば一九五九年日本ビクター『創価学会々長戸田城聖先生の教え』などだ。『新・人間革命』は、学会員たちが似たようなやり方で池田とやりとりをする例をいくつか記録している。これは特に会長初期の時代には多かった。だが池田は公衆の前に出る最後の数十年では、ほとんど即興の質問には答えなかった。最近では、低位の学会指導者ですら、文化センターなどでの勉強会では事前に質問を文書で提出させてスクリーニングするようになっている。

39 池田『人間革命』一一：二七九

40 男子部長で創価学会系の学校卒業生である弓谷照彦は、信濃町総本部での学会女性職員との性的不品行のため二〇〇五年に池田が自ら解任した。そして二〇〇六年には池田の信頼する英語通訳大森涼子（旧姓・矢倉）とその夫、人気バンドであるサザンオールスターズの元ギタリストが覚醒剤所持のために逮捕され、後に学会から除名された。私がインタビューした二〇代後半のある学会員は、大森に憧れて創価女子短期大学で英語を専攻したとのこと。このスキャンダルで衝撃を受けたが、大森の追放ともっと広い教義上の意味合いとの関係については考えなかったという（千葉県習志野市でのインタビュー、二〇〇七年一二月一八日）。

41 Durkheim, *Elementary Forms*, 特に “The Negative Cult and its Functions” 321-325 を参照。現代日本の文脈では、シェルドン・ギャロンは「正統性を最もよく定義するのは、それが何を排除しようとするかである」と述べる（Garon, *Molding Japanese Minds*, 70）。

42 Stone, “Rebuking the Enemies,” 237-238 参照。

43 こうした刊行物の例としては吉村『人間の中へ VOL．5』がある。大阪が拠点の学会員たちに池田が書いた手紙や詩の寄せ集めで、それが学会員たちの回想と入り交じっている。また別の例は複数巻にわたる『池田大作の軌跡』で、これは雑誌『潮』に登場したエピソードの集成だ。『人間の中へ』は関西学会員たちの回想を引用して、この地域の名誉会長への献身ぶりを賞賛する。関西における学会の歴史を熟知していない人には、こうした文章はまったく理解不能だろう。

44 この展示を学会がどれほど重視しているかという示唆として、恩師記念室を訪問したいという私の要望書は、創価学会会長原田稔の会長室の検討を受けたとのこと。

45 二〇〇七年一一月二三日に私がインタビューした大阪市上本町の学会員は、法廷や拘置所で働いていた学会員たちは建物を荒らすようなことはせず、自腹できちんとそれらに支払いを行い、それを通じて正しい行いのお手本を示したのだと慎重に指摘した。

46 McLaughlin, "Faith and Practice" 参照。

47 池田『人間革命』一一：二九五

48 慈愛は仏教の文脈では親の愛情を示す。

49 また「池田大作の軌跡」編纂委員会編『池田大作の軌跡』一：八七も参照。

50 日蓮の著作の中で最も広く読まれている文書の一つとして、この一文はしばしば学会刊行物に登場し、批判に直面しても頑張るよう学会員を促すものとなっている（創価学会『御書』一三〇〇）。

51 池田『人間革命』一一：三〇〇

52 池田『人間革命』一一：三〇二

53 池田『人間革命』一一：三〇二

54 例えば日隈『戸田城聖』の至るところに見られる記述参照。

55 池田『人間革命』一一：三一一

56 『大白蓮華』一九六五—一九六六年版からの引用が七里『池田大作 幻想の野望』八五—八八にある。

57 この小説の教義指導における利用についての議論が原島『人間革命』に登場する。

58 七里『池田大作 幻想の野望』八七

59 七里『池田大作 幻想の野望』八三—八四

## ■第四章

1 『水滸伝』はパール・バックによって『万人は兄弟』として、シドニー・シャピロによって『沼地のアウトロー』として英訳された。『水滸伝』は中国古典文学の名作の一つとされ、いまでも日本では人気が高い。宋時代に当局と戦うアウトロー一〇八人の物語である。

2 会の名前は『華陽国志』を思わせる。これは晋朝（二六五—四二〇）に編纂された、長い地誌で、英雄的な活動を記録している。戸田時代の女性学会員涵養をめぐる議論としては薄井「女性と宗教と組織」および猪瀬『信仰はどのように』参照。

3 サー・トーマス・ヘンリー・ホール・ケイン（一八

五三―一九三二）はイギリスの小説家、劇作家で、かつてはベストセラー作家だったが、いまや日本の創価学会以外では完全に忘れ去られている。潮出版社は『永遠の都』ソフトカバー版を出しており、同社のマンガ部門希望コミックスはそのマンガ版を出している。ホール・ケインは人気があったが、同時代人にはあまり重視されていなかった。G・K・チェスタトンはホール・ケインを「安手駄作の擁護者」と名指しで批判している。「ダメな物語を書くのは犯罪ではない。ホール・ケイン氏は公然と外を歩き、つまらなさのために投獄されることはないのだ」(Chesterton, *On Lying in Bed*, 78)。

4 水滸会の歴史は、『創価学会四十年史』一八九に概略が述べられ、山崎『創価学会と「水滸会の記録」』で詳細に批判されている。この山崎の本は、創価学会を政治的経済的権力奪取の道具として使おうとする戸田と池田の陰謀が水滸会なのだと述べる。

5 McDonald and Sanders, *The Canon Debate*, 11 参照。

6 正典を正統性をもたらす形式として捉える議論としてはGuillory, *Cultural Capital* 参照。

7 宗教的な手法の中でこの考え方には大きな例外もある。たとえば現代日本では、幸福の科学は現代の人々を、過去の有名人の化身として述べる(Winter, *Hermes und Buddha*)参照。

8 Anderson, *Imagined Communities*, 40.〔邦訳〕『想像の共同体』六二

9 これは病気と離婚についてことさら痛々しい個人的な体験談を語った学会員を、地元のリーダーが誉め称えたときのせりふだ（千葉県習志野市での会合にて、二〇〇七年九月一四日）。学会員たちがこうした気持ちを述べるのは何度も耳にした。

10 たとえば八〇代前半の学会員は、私がアメリカから創価学会の研究にきたと聞いて、『新・人間革命』の初版を持ってくると、一九六〇年の自分の会話が載っているエピソードを教えてくれた（大阪府都島での会合、二〇〇七年一一月一二日）。

11 英語で読める新宗教の手法と研究についての深い概観としてはUrban, *New Age* 参照。

12 Barker, "Perspective: What Are We Studying?" and *The Making of a Moonie.*

13 Zeller, *Heaven's Gate.*

14 Reader, *Religion in Contemporary Japan*, and "Perspective"；島薗『現代救済宗教論』『新新宗教と宗教ブーム』、*From Salvation to Spirituality*。在家中心性は、Hardacre が *Lay Buddhism in Contemporary Japan* で展開している概念である。

15 Tsushima et al., "Vitalistic Conception of Salvation." 日本でのスピリチュアリティ研究という急成長中のサブ分野の先進的な例としては伊藤、樫尾、弓山『スピリチュアリティの社会学』と堀江『若者の気分』参照。

16 Hardacre, *Kurozumikyō*, chapter 1 参照。

17 塚田『宗教と政治』

18 創価学会教学部『折伏教典』

19 Hammer and Rothstein, "Canonical and Extracanonical Texts" 参照。

20 学会の文学依存についてさらなる分析をするにはマーカス・ダヴィドセンがフィクションに基づく宗教と呼ぶものの議論を発展させるべきだ。フィクションに基づく宗教とは、『スターウォーズ』『ダ・ヴィンチ・コード』などからヒントを得ている宗教集団だ。創価学会は、フィクションに基づく宗教と歴史に基づく宗教というダヴィドセンの分類をややこしくする。彼らは宗教からフィクションを創り出しているからだ。創価学会はまた彼の、宗教を「ハイパーリアル」なシミュラクラに還元するジャン・ボードリヤール由来の手法にも異論をつきつける。というのも学会の組織や慣行は、単なる象徴的なものにとどまらず物質的な現実をも構成しているからだ。ダヴィドセンは、国民〔ネーション〕はシミュラクラの例としては適切でないと認めている。「というのも国民を構成する人々は、慣行、記憶、ときに遺伝子も含め、きわめて現実的なものを共有することが多いからだ」。同じことがまちがいなく創価学会について言えるし、他の宗教コミュニティについても言えるはずだ（Davidsen, "Fiction-Based Religion" 参照）。

21 名古屋の創価学会中部池田記念講堂でのビデオ放送、二〇〇七年一一月四日。

22 この種の証言は、潮『東日本大震災』と聖教新聞『負げでたまっか！』にも登場する。

23 日本における写経の最初期の実施に関する研究については Lowe, "Contingent and Contested" 参照。

24 関西創価学園 https://www.kansai.soka.ed.jp/main.html（二〇〇八年一月一八日アクセス）。この報告書は投稿直後に学校のサイトから消えた。

25 「聖教新聞」二〇〇七年九月一五日

26 創価班は、輸送班を改組したものである。輸送班は青年部のエリート幹部で、何百万もの学会巡礼者を日蓮正宗の総本山大石寺に輸送する担当だった。これは一九五〇年代から、創価学会が一九九一年に破門されるまで続いた。

27 Fujitani, *Splendid Monarchy*；また Geertz, "Centers, Kings, and Charisma" も参照。

28 Fujitani, *Splendid Monarchy*, 25.

29 池田はしばしば、学会組織の永続性を宣言するのに「盤石」という言葉を使った。盤石は仏教の盤石劫（サンスクリットのパロヴァトパーマ・カルパ）、つまり天女の衣装で一〇〇年に一回ごとに撫でられた四〇里四方の岩がすり切れるのに掛かる時間から来ている。

30 『グラフSGI』二〇〇七年一一月号、二四―二五

31 『滝の如く』

32 文字どおりに解釈すると、生徒のだれかは池田が祈ったおかげでノーベル賞を取るということになる。

33 文字通り「お題目を送る」。南無妙法蓮華経を唱える行為はしばしば特定の目的に向けて行われ、題目は時間も距離も超えて伝わる贈り物という形で、独立した構成単位として認識されることも珍しくない。

34 Collins, "On the Very Idea," 89.

35 Blackburn, "Looking for the Vinaya."

36 同様に、キリスト教の正典の中のテキストを検証しようという活動は、ポスト啓蒙主義西欧の延長と、現代歴史学の厳密性の原理を適用したがるアメリカの熱意から生じた。キリスト教の伝統が、啓示から近代的な科学的合理主義に移行した議論については、Thomassen, *Canon and Canonicity* 参照。

37 高楠が大正経典の刊行を促進したのは、欧米帝国列強が創設した教会関連の各種大学に匹敵しつつも全く別の近代教育システムに向けた活動の頂点に仏教哲学を据えようとする、もっと広い活動の一部で、マックス・ミュラーとともに文献学の訓練を受けた後での思いつきだった（クラウタウ『近代日本思想』）。日本の仏教経典集の歴史を、日本に登場して

以来、絶えずオープンエンドで政治や資金提供者の好みに左右されてきたものとして見る方法については、Lowe, *Ritualized Writing* 参照。

38 Klautau, "Nationalizing the Dharma."

39 島田裕巳は、学会創設者たちの著作について、初期のバージョンと改訂版とのあいだの差を、ここに登場した以上に詳細な比較を行い、創価学会幹部たちが牧口、戸田、池田のテクストを、変わり続ける教義上、政治上の環境に沿うようにいつも書き換えてきたと指摘する。彼の分析は、学会の編集プロセスについて、価値の高い洞察を与えてくれる。島田『『人間革命』の読み方』参照。

40 Murata, *Japan's New Buddhism*, 79；また Dator, *Sōka Gakkai* も参照。

41 池田『人間革命』第一巻（一九六五）一八二―一八七；（一九七一）一八九―一九五。一九六五年版と一九七一年版はほぼ同じで、違う点は主に書式である。また一九七一年版は特に大仰な部分いくつかについての説明文を引き締める傾向がある。

42 池田『人間革命』第一巻（一九六五）一八三；（一九七一）一九一

43 『人間革命』第二版第一巻、二一九

44 McLaughlin, "Komeito's Soka Gakkai" 参照。

45 西野との文通、二〇一五年九月二四日。日蓮は「開目抄」でこの五つの相対を挙げており、後に日蓮の支持者がこれを五重相対としてコード化し、法華経だけを受け容れる点で、他のあらゆる教えに比べて優越しているという日蓮の議論を強化するのに使った。日蓮の分類の分析において、ジャクリーン・ストーンは日蓮が独自の教判を行ったのだと指摘する。これは彼が訓練を受けた天台宗の伝統を実質的に発展させたものだった（Stone, *Original Enlightenment*, 265-266)。

46 獅子身中の虫とは、仏法を仏教コミュニティ内部から破壊する邪悪な僧を指す梵網経からのアナロジー。

## ■第五章

0 Cutts, *An Empire of Schools*, 3; Gellner, *Nations and Nationalism*, 34.

1 私は、この記述に登場する男子部員の仮名を、私とのつきあい方を再現する形で姓と名を使い分けている。良介、信也、圭太郎、洋はみんな、下の名前やあだ名でつきあうようになった若者たちだ。島田、大村などのもっと年配の学会員たちとは、姓でのつきあいだ。

2 「聖教新聞」二〇〇七年一一月二六日

3 SGI―USAのメンバーたちは、仏教概念、日蓮大聖人の生涯、池田の講演集、創価精神といった分野別に、クイズ番組ジェパディー!のようなオンラインクイズのサイトすら作っている（https://jeopardylabs.com/play/sgi-usa-buddhist-learning-review 参照）。

4 この一節は日蓮『諸法実相抄』より（創価学会『御書』一三六一）。

5 「聖教新聞」二〇〇七年一一月二六日に掲載。

6 試験の全問と解答は「聖教新聞」二〇〇七年一一月二六日に掲載された。

7 「他国侵逼難」（外国からの侵略による騒乱）と「自界叛逆難」（自分の領土内における反乱による騒乱）は、日蓮が一二六〇年『立正安国論』で予言した災厄。

8 村上『創価学会＝公明党』一〇六

9 創価学会年表編纂委員会『創価学会年表』五四

10 猪瀬『信仰はどのように』六四、一七八―一八五、注五八、注一三三

11 猪瀬『信仰はどのように』六六―七七

12 Durkheim, “Social Bases of Education,” 203.

13 猪瀬『信仰はどのように』七八

14 創価班のメンバーは、白シャツの上に青いジャケットを着る。牙城会は赤いジャケット、白蓮グループは若草色として知られる淡いパステル調の青緑色の、上下マッチしたスカートスーツを着ている。この色は日本の舞楽の伝統で若い女性と関連づけられているものだ。婦人部もまた、学会を守る責任を持つサブグループを持つ。たとえば香城会（これは牙城会と対になる形で運営される）と白樺会（大規模な学会集会で医療上の問題があったときのために待機する、ボランティアの看護師たち）などだ。

15 会話、二〇〇七年一一月二四日

16 「聖教新聞」二〇〇七年一二月六日。「名字の言」（「えらい教師たちの言葉」とでも翻訳するべきか）は、学会のお気に入りの人々（池田、日蓮、ヨーロッパのルネサンス期の人々がほとんど）からの引用

や、熱心な学会員の啓発的な物語を毎日載せている。

17 Gellner, *Nations and Nationalism*, 29. ウェーバーは「専門試験」の台頭を、合理化された行政組織の中で官僚たちが権力を独占しようとする計算ずくの企みだと嘆いてみせた。この例にしたがって、ロナルド・ドーアは現代日本の「学位病」なるものの台頭を嘆く。Weber, "'Rationalization' of Education and Training"; Dore, *Diploma Disease* を参照。

18 Gellner, *Nations and Nationalism*, 32.

19 Ibid, 34.

20 日本などの近代工業社会における試験文化の発達をめぐる議論としては Cave, *Schooling Selves*; Eades, Goodman, and Hada, *'Big Bang'*; Zeng, *Dragon Gate* を参照。

21 金部さんへのインタビュー、二〇〇七年一一月二九日。

22 小平は、東京で最初期の学会改宗者のひとりで、一九五〇年代の折伏大行進を計画したひとりだ。また一九四七年に池田大作を改宗させたひとりとされている。一九五六年七月に小平は参議院選挙に立候補して落選したが、一九五九年六月には無所属で当選した。一九六一年には公明政治連盟の創設者のひとりとなり、一九七〇年からは一八年にわたり公明党公害対策本部長を務めた〔小平の経歴について著者の誤解を修正した〕。

23 創価学会年表編纂委員会『創価学会年表』七二

24 日蓮の、競合する仏教の教えに対する四箇格言「真言亡国、禅天魔、念仏無間、律国賊」(Stone, "Rebuking the Enemies of the *Lotus*" 参照)。

25 三惑とは見思惑（まちがった見方や考え）、塵沙惑（ガンジス河のほとりの砂粒ほど無数にある妄想）、無明惑（現実の知識やありのままの姿を見るのを邪魔する妄想）である。五逆（五逆罪）とは、父親殺し、母親殺し、阿羅漢殺し、仏陀の血を流す、サンガに不和をもたらすこと。四諦は、すべてが苦しみだという真理、煩悩や妄執が苦しみをもたらすという真理、執着を断つと苦しみがなくなるという真理、苦しみをなくす道の真理。十二因縁は無明、行、識、名色、六処、触、受、愛、取、有、生、老死。

26 戸田『戸田城聖先生講演集』（上）二〇四

27 この時代の学会員たちの社会経済分析の詳細については McLaughlin, "Electioneering as Religious Practice"; 中野「民衆宗教」; および White, *Sōkagakkai and Mass Society* 参照。

28 この小説はいまでも聖教文庫版で手に入る。

29 戸田『戸田城聖先生講演集』(上) 一七八

30 一九五〇年代に金部が教学部に入ったとき、女性は学会の運営役職において支部長にまで到達できたが、その後はこの役職からは排除された (猪瀬『信仰はどのように』注一三五参照)。

31 「聖教新聞」二〇一五年一一月二三日。

32 "The Merit of Challenge: Why Does Prayer Come True?" 参照。

33 創価学会『御書』九五七。日蓮はこの手紙を一二七二年第三の月二〇日目に執筆した。佐渡島に流刑になってから五ヵ月後のことだ。彼の最も熱心な在家信者である富木常忍宛てのもので、日蓮の帰還を待つ他の信者とこの手紙を共有するよう書かれている。この手紙は学会員たちの基本的な御書とされ、地元リーダーは学会員たちに折伏をもっと頑張れと言うときにここから引用する。

34 畜生は、十界の三番目にあたる。日蓮宗の伝統では、最初の三界である地獄、餓鬼、畜生、別名三悪道に住む生き物たちは、題目を自分で唱えられないため自力では仏陀になれないとされる。

35 教材は日蓮からのこの引用について出所を挙げていない。

36 『大白蓮華』二〇〇七年一〇月号 (第六九三号) 六八—六九。最初の一行は原文では太字。

37 名古屋文化センターでの上映、二〇〇七年一一月四日。

38 三障とは、煩悩障 (現世的な劣情の障害)、業障 (過去の行いによる障害)、報障 (国主や父母などによる障害)。四魔とは、まず陰魔 (五陰、つまり形態、知覚、認識、意思、意識に影響する魔)、煩悩魔 (現世の劣情の魔)、死魔 (存命中の仏性の可能性を断つ死の魔)、天子魔または他化自在天在魔 (サンスクリットでパラニルミタヴァサヴァルティンと呼ばれる魔)、あるいは第六天の魔王で、これは日蓮仏教の実践者にとって最大の障害となる。受験者は勉強セッションで、こうした魔がこの世の人々の身体に宿り、しばしば権力者の形をとって学会実践者を弾圧しようとするのだと述べる。

39 日蓮はこの十界の概念を智顗〔ちぎ〕の思想から、天台宗の伝統で考えられている形で受けついだ。十界とは次の通り。地獄界、餓鬼界、畜生界、修羅界、人間界、天界、声聞界、縁覚界、菩薩界、仏界。十界はさらに三悪道（地獄、餓鬼、畜生）、六道（地獄から天界）、四聖（声聞から仏）に分かれる。任用試験は、用語の暗記と、それに伴う各界の性質をまとめた日蓮の著作の記述を覚える必要がある。たとえば「瞋〔いか〕るは地獄」は「新池御書」の一節。創価学会『御書』一四三九（「瞋るは地獄」は、正しくは「如来滅後五五百歳始観心本尊抄」の一節。『御書』二四一）。

　五重相対とは、日蓮が「開目抄」で題目の優位性を実証するために持ちだした、五段階の比較である。①内外相対（仏教の教えが仏教でない教えより上）。②大小相対（大乗仏教が小乗仏教より上）。③権実相対（法華経のほうが他の大乗経典より上）。④本迹相対（法華経の本門部分つまり最後の一四章のほうが迹門部分つまり最初の一四章よりも上）。⑤種脱相対（経典の外から得られた仏法か、経典から得られた仏法か、これは釈迦牟尼よりも日蓮とその教えのほうが上と解釈される）〔この説明は誤解を含んでいる。より正しくは以下のとおり――下種仏法か脱益仏法かという相対。下種とは成仏するための原因を明らかにしていることで、それは法華経の後半「本門」部分にある如来寿量品第一六の文底に秘沈された根本法「南無妙法蓮華経」であると日蓮は主張する。脱益とは成仏した結果、姿のみを示すだけで、その原因は明らかになっていない。日蓮は下種仏法を説いたので、釈迦より上位の本仏と解釈する〕。試験は分析を求めてはおらず、それぞれの相対の名前を書ければいい。学会員がこの五重相対に自分で追加して池田の教えを加えている様子は第四章参照。

40 学会の考案物で、煩悩即菩提という東アジア仏教で人気のある一節を真似たもの。学会員たちは、組織のための信仰中心の活動と日常生活を不可分なものにすることで、「御みやづかいを法華経とをぼしめせ」と奨励される（「大白蓮華」編集部『実践のため』（上）一五、一九、一一五—一一六参照）。

41 三類の強敵と、それが『人間革命』でどのように持ち出されているかは第三章参照。三証は、文証（文書による証明、つまり経典に沿った教義）、理証（理論的な証明、理性や論理に沿った教義）、現証（実際の証明、結果で示された教義の中身）である。日蓮は初めの二つよりも現証が重要だと強調した（「三三蔵祈雨事」創価学会『御書』一四六八参照）。

42 「聖教新聞」二〇〇七年一一月三〇日

43 大阪の上級学会幹部へのインタビュー、二〇〇七年一一月二九日。

44 Eades, Goodman, and Hada, *'Big Bang'* 参照。

45 Goodman, "Rapid Redrawing of Boundaries"; Cave, "Education after the 'Lost Decade(s)'" 参照。

## ■第六章

1 Sand, *House and Home in Modern Japan* 参照。

2 良妻賢母について詳しくは Garon, *Molding Japanese Minds*；および Sekiguchi, "Confucian Morals" を参照。

3 戦後にあらわれた良妻賢母の議論については Goldstein-Gidoni, *Housewives of Japan*；および Kondo, *Crafting Selves* 参照。

4 明治時代と大正時代（一九一二―一九二六）の国家がこうした理想をどのように吹き込んだかについては Sand, *House and Home* 参照。

5 Mahmood, *Politics of Piety*, 特に chapter 1 参照。

6 Griffith, *God's Daughters*, 200-202.

7 日本の宗教において、不平等な権力構造の中で主体性を行使した女性の歴史的調査としては Ambros, *Women in Japanese Religions* 参照。

8 仕事と価値は所得を指標にすべきだというありがちな前提を疑問視する二〇世紀の女性をめぐる議論としては Borovoy, "Not 'A Doll's House'" 参照。

9 Hardacre, *Lay Buddhism*, 217.

10 Scott, *Weapons of the Weak*, xvi.

11 Starling, *Guardians of the Buddha's Home*.

12 以下の記述は創価学会刊行の情報源（創価学会婦人部『白ゆりの詩』；創価学会四十年史編纂委員会『創価学会四十年史』；創価学会年表編纂委員会『創価学会年表』）、二次的な学術研究（猪瀬『信仰はどのように』；創価学会問題研究会『創価学会婦人部』；薄井「女性と宗教と組織」）および明示した情報源からまとめている。

13 戸田『戸田城聖先生講演集』（上）五一
14 この逸話の解釈をめぐってはかなりの論争がある。批判者は、法華経は竜女が成仏の前に変成男子をとげたと述べており、したがって両性間の業のギャップを強調している。この逸話を歴史的、教義的な文脈に置く分析としてはNattier, "Gender and Hierarchy" 参照。
15 創価学会『御書』七九八
16 創価学会『御書』一一三四
17 『大白蓮華』七八（一九五七年一一月）、薄井「女性と宗教と組織」一五二に再録。戸田が女性のものとした属性は、三毒または三根（サンスクリットでトリヴィシャ）、あらゆる迷妄の源とされる。
18 創価学会婦人部『白ゆりの詩』（四二―四三）
19 この歌は「白ゆりの　香りも高き　集いかな　心の清き　友どちなれば」。翻訳としては「白ゆりの香りよ、おおなんと集まって強まることか／まるで純粋な心の仲間のように」とでもなる。
20 創価学会四十年史編纂委員会『創価学会四十年史』三一八―三一九
21 池田大作は中道主義の方針を『政治と宗教』で述べた。
22 Ehrhardt et al., *Kōmeitō* 参照。
23 Garon, *Molding Japanese Minds*, 185.
24 日本の母親のアイデンティティが、手作り料理による子供とのつながりを通じて作り出されるという分析と、このやり方が第一章で私が導入したアルチュセールの指摘する国家の「呼びかけ」を施行する方法の検討はAllison, "Japanese Mothers and Obentōs" 参照。
25 日本における現代の仏壇文化についての議論はNelson, "Household Altars" 参照。
26 創価学会向けの仏壇と仏具を作る会社はいくつかある。最大のものは、大阪を拠点とする金剛堂で、日本中に支店を持ちオンラインでも販売している。金剛堂は各種の仏壇を販売しており、渡辺さんが選んだヨーロピアンシリーズもその一つだ。
27 日顕撲滅の標語はしばしば仏壇に見られる。この用語は創価学会の脱講運動の一部として使われている。この運動は一九九一年に、元創価学会員を引き戻すために始まったものだ。地域の創価学会は、よく地元の日蓮正宗寺院の一覧を配布して、毎日の唱題でそれに集中し、創価学会の敵打倒を御本尊に祈願する。脱講運動は主に渡辺一家が見せたような形を取る。直接的な対決ではなく、御本尊への定期的な唱題の中での内省的なプロセスなのだ。

28 公明党は二〇〇七年七月二九日の選挙で参議院一二議席のうち三議席を失い、比例代表制では七七六万五三二四票、つまり一三・一八%を獲得したが、これは二〇〇四年選挙の一五・四%より低下している(「朝日新聞」二〇〇七年七月三一日)。二〇〇七年夏、日本中で私が出席した学会の会合では、一〇〇〇万票の目標が宣言され、池田大作自身が重視している目標だとして推進された。その後の公明党選挙活動はもっと慎ましい目標を定めるようになっている。

29 公明党の選挙活動の場としての家庭ベースの会合をめぐる議論は McLaughlin, “Komeito's Soka Gakkai” 参照。

30 購読一ヵ月につき一ポイントを獲得できる。だから「聖教新聞」一部を一年購読してもらうと一二ポイント得られる。

31 猪瀬『信仰はどのように』一〇三―一〇五

32 猪瀬『信仰はどのように』五五―五六〔当該箇所に、このような記述は存在しない。七〇―七一頁、一二一―一二三頁、一七四―一七五頁に、それぞれ関連する調査結果が記されている〕

33 National Institute of Population and Social Security Research, *The Fifteenth Japanese National Fertility Survey.*〔邦文〕国立社会保障・人口問題研究所『第15回出生動向基本調査』

34 日本政府は二〇〇六年に出生率が一・三二に上がり、二〇一二年に一・四一になったことで少し上昇傾向が見られると発表したが、この数字は人口を維持するのに必要な二・〇七をはるかに下まわる(Ministry of Internal Affairs and Communications, *Statistical Handbook* 参照)。

35 Ibid.

### ■あとがき

1 職業(Beruf)を、宗教的な責務を果たすための倫理的な義務なのだとしたマックス・ウェーバー自身も、職業における「天職」を見極めるにあたり、キリスト教以外の例も挙げている(Weber, *The*

*Protestant Ethic*〔邦訳〕『プロテスタンティズムの倫理』；Gerth and Mills, *From Max Weber*, 129-156参照)。

2 創価学会青年部の中の音楽隊に関する私の研究としては McLaughlin, "Faith and Practice" 参照。

3 この仕組みは日本宗教すべてで一般的であり、随所で記録されている。主要な例としては Hardacre, *Lay Buddhism* and *Kurozumikyō*；および Shimazono, *From Salvation to Spirituality*.

4 池田の死後に創価学会がどう変わるかという予測は、日本の通俗マスコミにおけるサブジャンルにまで発展している（たとえば別冊宝島『池田大作なき後』；島田他『創価学会Xデー』；『週刊ダイヤモンド』二〇一六年六月二五日号)。

5 ポスト一九九五年とポスト二〇一一年の日本における宗教的態度の分析については McLaughlin, "Hard Lessons Learned" 参照。

6 この調査の結果（日本語）は以下に掲載されている：http://www.rikkyo.ne.jp/web/msato/ReligAnth/Religion%20of%20the%20Japanese2008.pdf

7 こうしたデータを二〇一〇年世界価値観調査から抽出したアルファ社会科学株式会社の本川裕によるまとめ（日本語）は http://www2.ttcn.ne.jp/honkawa/5215.html.〔二〇一〇年当時の結果は、https://honkawa2.sakura.ne.jp/5215y.html〕

8 堀江「震災と宗教」参照。

9 島薗『精神世界のゆくえ』；Shimazono and Graf, "Rise of the New Spirituality" 参照。

# 参考文献

AERA編集部編［一九九六］『創価学会解剖』、東京：朝日新聞社

Allison, Anne. 1991. "Japanese Mothers and Obentōs: The Lunch-Box as Ideological State Apparatus." *Anthropological Quarterly* 64(4): 195-208.

Althusser, Louis. 2001. *Lenin and Philosophy and Other Essays*. New York: Monthly Review Press. 〔邦訳〕ルイ・アルチュセール『レーニンと哲学』、西川長夫訳、一九七〇、京都：人文書院

Ambros, Barbara. 2015. *Women in Japanese Religions*. New York: New York University Press.

Anderson, Benedict. 1983. *Imagined Communities: Reflections on the Origin and Spread of Nationalism*. London: Verso. 〔邦訳〕ベネディクト・アンダーソン『定本 想像の共同体 ナショナリズムの起源と流行』（底本二〇〇六年版）、白石隆&白石さや訳、二〇〇七、東京：書籍工房早山

Appadurai, Arjun. 2006. *Fear of Small Numbers: An Essay on the Geography of Anger*. Durham, NC: Duke University Press.

Asad, Talal. 2003. *Formations of the Secular: Christianity, Islam, Modernity*. Stanford, CA: Stanford University Press.

浅野秀満［一九七四］『私の見た創価学会』、東京：経済往来社

浅山太一［二〇一七］『内側から見る創価学会と公明党』、東京：ディスカヴァー・トゥエンティワン

Astley, Trevor. 2006. "New Religions." In *Nanzan Guide to Japanese Religions*, edited by Paul L. Swanson and Clark Chilson, 91-114. Honolulu: University of Hawai'i Press.

Avenell, Simon A. 2010. *Making Japanese Citizens: Civil Society and the Mythology of the Shimin in Postwar Japan*. Berkeley: University of California Press.

Balibar, Etienne. 1990. "The Nation Form: History and Ideology." *Review* 13(3): 329-361.

Barker, Eileen. 1984. *The Making of a Moonie: Choice or Brainwashing?* Oxford: Blackwell.

——. 2004. "Perspective: What Are We Studying? A

Sociological Case for Keeping the 'Nova.'" *Nova Religio* 8(1): 88-102.

Berlant, Lauren. 1997. *The Queen of America Goes to Washington City: Essays on Sex and Citizenship.* Durham, NC: Duke University Press.

別冊宝島編［一九九五］『となりの創価学会　内側から見た学会員という幸せ』、東京：宝島社

――［二〇〇七］『池田大作なき後の創価学会』、東京：宝島社

Bethel, Dayle M. 1973. *Makiguchi the Value Creator, Revolutionary Japanese Educator and Founder of Soka Gakkai.* New York: Weatherhill.

Bhabha, Homi. 1984. "Of Mimicry and Man: The Ambivalence of Colonial Discourse." *October* 28 (Spring): 125-133.

Blackburn, Anne M. 1999. "Looking for the Vinaya: Monastic Discipline in the Practical Canons of the Theravada." *Journal of the International Association of Buddhist Studies* 22(2): 281-309.

Borody, W. A. 2013. "The Japanese Roboticist Masahiro Mori's Buddhist Inspired Concept of '*The Uncanny Valley*.'" *Journal of Evolution & Technology* 23(1): 31-44.

Borovoy, Amy. 2001. "Not 'A Doll's House': Public Uses of Domesticity in Japan." *U.S.-Japan Women's Journal* 20/21 (December): 83-124.

Brennan, Timothy. 1990. "The National Longing for Form." In *Nation and Narration*, edited by Homi Bhabha, 44-70. London: Routledge.

Brightwell, Erin. 2015. "Refracted Axis: Kitayama Jun'yu and Writing a German Japan." *Japan Forum* 27(4): 431-453.

Calhoun, Craig. 1997. *Nationalism*. Minneapolis: University of Minnesota Press.

――. 2007. *Nations Matter: Culture, History, and the Cosmopolitan Dream.* New York: Routledge.

Carey-Webb, Allen. 1998. *Making Subject(s): Literature and the Emergence of National Identity.* New York: Garland.

Cave, Peter. 2014. "Education after the 'Lost Decade(s)': Stability or Stagnation?" In *Capturing Contemporary Japan: Differentiation and Uncertainty*, edited by

Satsuki Kawano, Glenda S. Roberts, and Susan Orpett Long, 271-299. Honolulu: University of Hawai'i Press.

———. 2016. *Schooling Selves: Autonomy, Interdependence, and Reform in Japanese Junior High Education.* Chicago: University of Chicago Press.

Chandler, Stuart. 2004. *Establishing a Pure Land on Earth: The Foguang Buddhist Perspective on Modernization and Globalization*. Honolulu: University of Hawai'i Press.

Chesterton, G. K. 2000. *On Lying in Bed and Other Essays,* ed. Alberto Manguel. Calgary: Bayeux Arts.

Chilson, Clark. 2014. "Cultivating Charisma: Ikeda Daisaku's Self Presentations and Transformational Leadership." *Journal of Global Buddhism* 15 (January): 65-78.

Collins, Steven. 1990. "On the Very Idea of the Pali Canon." *Journal of the Pali Text Society* 15: 89-126.

Cutts, Robert L. 2002. *An Empire of Schools: Japan's Universities and the Molding of a National Power Elite.* Armonk, NY: M. E. Sharpe.

「大白蓮華」編集部編［二〇〇七］『実践のための教学入門　大白博士の個人教室』（上・下）、東京：第三文明社

Das, Veena, and Deborah Poole. 2004. "State and Its Margins: Comparative Ethnographies." In *Anthropology in the Margins: Comparative Ethnographies,* edited by Veena Das and Deborah Poole, 3-33. Santa Fe, NM: SAR Press.

Dator, James Allen. 1969. *Sōka Gakkai, Builders of the Third Civilization.* Seattle and London: University of Washington Press.

Davidsen, Markus Altena. 2013. "Fiction-Based Religion: Conceptualising a New Category against History-Based Religion and Fandom." *Culture and Religion* 14(4): 378-395.

DiMaggio, Paul J., and Walter W. Powell. 1983. "The Iron Cage Revisited: Institutional Isomorphism and Collective Rationality in Organizational Fields." *American Sociological Review* 48(2): 147-160.

Dore, Ronald. 1997. *The Diploma Disease: Education, Qualification and Development*. Berkeley, CA:

Institute of Education.

Duara, Prasenjit. 1995. *Rescuing History from the Nation: Questioning Narratives of Modern China*. Chicago: University of Chicago Press.

———. 2003. *Sovereignty and Authenticity: Manchukuo and the East Asian Modern*. Lanham, MD: Rowman & Littlefield.

———. 2009. *The Global and Regional in China's Nation-Formation*. London: Routledge.

Durkheim, Emile. 1972. "The Social Bases of Education." In *Emile Durkheim: Selected Writings*, edited by Anthony Giddens, 203-218. Cambridge: Cambridge University Press.

———. 1995. *The Elementary Forms of Religious Life*. New York: The Free Press.〔邦訳〕エミール・デュルケーム『宗教生活の基本形態　オーストラリアにおけるトーテム体系』（上・下）、山崎亮訳、二〇一四、東京：筑摩書房（ちくま学芸文庫）

Eades, J. S., Roger Goodman, and Yumiko Hada, eds. 2005. *The 'Big Bang' in Japanese Higher Education*. Melbourne, AU: Trans Pacific Press.

Ehrhardt, George, Axel Klein, Levi McLaughlin, and Steven R. Reed, eds. 2014. *Kōmeitō: Politics and Religion in Japan*. Berkeley, CA: Institute of East Asian Studies.

Fassin, Didier et al. 2015. *At the Heart of the State: The Moral World of Institutions*. Chicago: Pluto Press.

Feuchtwang, Stephan. 2006. "Memorials to Injustice." In *Memory, Trauma, and World Politics: Reflections on the Relationship Between Past and Present*, edited by Duncan Bell, 176-194. Basingstoke, UK: Palgrave Macmillan.

Fiddian-Qasmiyeh, Elena. 2014. *The Ideal Refugees: Gender, Islam, and the Sahrawi Politics of Survival*. Syracuse, NY: Syracuse University Press.

Fisker-Nielsen, Anne Mette. 2012. *Religion and Politics in Contemporary Japan: Soka Gakkai Youth and Komeito*. London: Routledge.

Foucault, Michel. 1995. *Discipline and Punish: The Birth of the Prison*. New York: Vintage.〔邦訳〕ミシェル・フーコー『監獄の誕生』、田村俶訳、一九七七、東京：新潮社

Fujitani, Takashi. 1996. *Splendid Monarchy: Power and Pageantry in Modern Japan*. Berkeley: University of California Press.

藤原弘達［一九六九］『創価学会を斬る』、東京：日新報道出版部

Garon, Sheldon. 1997. *Molding Japanese Minds: The State in Everyday Life*. Princeton, NJ: Princeton University Press.

———. 2003. "From Meiji to Heisei: The State and Civil Society in Japan." In *The State of Civil Society in Japan*, edited by Frank J. Schwartz and Susan J. Pharr, 42-62. Cambridge: Cambridge University Press.

Geertz, Clifford. 1973. "Religion as a Cultural System." In *The Interpretation of Cultures*, edited by Clifford Geertz, 87-125. New York: Basic Books.

———. 1983. "Centers, Kings, and Charisma: Reflections on the Symbolics of Power." In *Local Knowledge: Further Essays in Interpretive Anthropology*, edited by Clifford Geertz, 121-146. New York: Basic Books.

Gellner, Ernest. 2009. *Nations and Nationalism*, 2nd ed. Ithaca, NY: Cornell University Press.〔邦訳〕アーネスト・ゲルナー『民族とナショナリズム』、加藤節監訳、二〇〇〇、東京：岩波書店

Gentile, Emilio. 2006. *Politics as Religion*. Princeton, NJ: Princeton University Press.

Gerges, Fawaz A. 2017. *ISIS: A History*. Princeton, NJ: Princeton University Press.

Gerth, H. H., and C. Wright Mills, trans. and ed. 1946. *From Max Weber: Essays in Sociology*. New York: Oxford University Press.

Geuss, Raymond. 2001. *History and Illusion in Politics*. Cambridge: Cambridge University Press.

Girard, René. 1996. *The Girard Reader*. New York: Crossroad.

Givens, Terryl L., and Philip L. Barlow, eds. 2015. *The Oxford Handbook of Mormonism*. New York: Oxford University Press.

Goldstein-Gidoni, Ofra. 2012. *Housewives of Japan: An Ethnography of Real Lives and Consumerized Domesticity*. New York: Palgrave Macmillan.

Goodman, Roger. 2010. "The Rapid Redrawing of Boundaries in Japanese Higher Education." *Japan Forum* 22(1-2): 65-87.

Griffith, R. Marie. 2000. *God's Daughters: Evangelical Women and the Power of Submission*. Berkeley: University of California Press.

Guillory, John. 1993. *Cultural Capital: The Problem of Literary Canon Formation*. Chicago: University of Chicago Press.

Habermas, Jürgen. 1991. *The Structural Transformation of the Public Sphere*. Cambridge, MA: MIT Press. 〔邦訳〕ユルゲン・ハーバーマス『公共性の構造転換』、細谷貞雄他訳、一九七三、東京：未来社

Hammer, Olav, and Mikael Rothstein. 2012. "Canonical and Extracanonical Texts in New Religions." In *The Cambridge Companion to New Religious Movements*, edited by Olav Hammer and Mikael Rothstein, 113-130. Cambridge: Cambridge University Press.

原島嵩［一九七七］『人間革命の宗教』、東京：第三文明社

——［二〇〇二］『誰も書かなかった池田大作　創価学会の真実』、東京：日新報道

Hardacre, Helen. 1984. *Lay Buddhism in Contemporary Japan: Reiyūkai Kyōdan*. Princeton, NJ: Princeton University Press.

——. 1986. *Kurozumikyō and the New Religions of Japan*. Princeton, NJ: Princeton University Press.

日隈威徳［一九七一］『戸田城聖　創価学会』、東京：新人物往来社（復刻版、本の泉社、二〇一八）

Hobsbawm, E. J. 1990. *Nations and Nationalism since 1780: Programme, Myth, Reality*. Cambridge: Cambridge University Press.

堀江宗正［二〇一一］『若者の気分　スピリチュアリティのゆくえ』、東京：岩波書店

——［二〇一五］「震災と宗教　復興世俗主義の台頭」、似田貝香門・吉原直樹編『震災と市民2』、二一五—二三三、東京：東京大学出版会

Hoskins, Janet Alison. 2015. *The Divine Eye and the Diaspora: Vietnamese Syncretism Becomes Transpacific Caodaism*. Honolulu: University of Hawai'i Press.

Huang, C. Julia. 2009. *Charisma and Compassion: Cheng

*Yen and the Buddhist Tzu Chi Movement*. Cambridge, MA: Harvard University Press.
Ikeda, Daisaku. 1972. *The Human Revolution*. New York: Weatherhill.
池田大作［一九六五］『人間革命』第一巻、東京：聖教新聞社
——［一九六九］『政治と宗教』（新版）、東京：潮新書
——［一九七一］『女性抄』、東京：第三文明社
——［一九七八］『随筆人間革命』、東京：聖教新聞社
——［一九九二］『人間革命』第一一巻、東京：聖教文庫
——［一九九五—一九九六］『池田名誉会長の法華経方便品・寿量品講義』（全三巻）、東京：聖教新聞社
——［二〇〇八ａ］『こころに響く言葉　新婦人抄』、東京：主婦の友社
——［二〇〇八ｂ］『生死一大事血脈抄講義』、東京：聖教新聞社
——［二〇一三］『人間革命』、東京：聖教新聞社
「池田大作の軌跡」編纂委員会編、二〇〇六—二〇〇九、『池田大作の軌跡』（一—四巻）、東京：潮出版社
猪瀬優理［二〇一一］『信仰はどのように継承されるか　創価学会にみる次世代育成』、札幌：北海道大学出版会
井上順孝、対馬路人、西山茂、孝本貢、中牧弘允編［一九九〇］『新宗教事典』、東京：弘文堂
伊藤雅之、樫尾直樹、弓山達也編［二〇〇四］『スピリチュアリティの社会学　現代世界の宗教性の探求』、京都：世界思想社
Josephson, Jason Ānanda. 2012. *The Invention of Religion in Japan*. Chicago: University of Chicago Press.
Kinmonth, Earl H. 1981. *The Self-Made Man in Meiji Japanese Thought: From Samurai to Salary Man*. Berkeley: University of California Press.
クラウタウ、オリオン［二〇一二］『近代日本思想としての仏教史学』、京都：法藏館
Klautau, Orion. 2014. "Nationalizing the Dharma: Takakusu Junjirō and the Politics of Buddhist Scholarship in Early Twentieth-Century Japan." *Japanese Religions* 39(1&2): 53-70.
Knight, Michael Muhammad. 2011. *Why I Am a Five*

*Percenter*. New York: Tarcher/Penguin.

Kondo, Dorinne K. 1990. *Crafting Selves: Power, Gender, and Discourses of Identity in a Japanese Workplace*. Chicago: University of Chicago Press.

熊谷一乗［一九七八］『牧口常三郎』、東京：第三文明社

LeBlanc, Robin M. 1999. *Bicycle Citizens: The Political World of the Japanese Housewife*. Berkeley: University of California Press.

Lobreglio, John. 1997. "The Revisions to the Religious Corporations Law: An Introduction and Annotated Translation." *Japanese Religions* 22(1): 38-59.

Lowe, Bryan. 2014. "Contingent and Contested: Preliminary Remarks on Buddhist Catalogs and Canons in Early Japan." *Japanese Journal of Religious Studies* 41(2): 221-253.

———. 2017. *Ritualized Writing: Buddhist Practice and Scriptural Cultures in Ancient Japan*. Honolulu: University of Hawai'i Press.

Machacek, David, and Bryan Wilson, eds. 2000. *Global Citizens: The Soka Gakkai Buddhist Movement in the World*. Oxford: Oxford University Press.

Mahmood, Saba. 2011. *Politics of Piety: The Islamic Revival and the Feminist Subject*. Princeton, NJ: Princeton University Press.

牧口常三郎［一九八一―一九九六］『牧口常三郎全集』、東京：第三文明社

McDonald, Lee Martin, and James A. Sanders, eds. 2002. *The Canon Debate*. Grand Rapids, MI: Baker Academic.

McLaughlin, Levi. 2003. "Faith and Practice: Bringing Religion, Music and Beethoven to Life in Soka Gakkai." *Social Science Japan Journal* 6(2): 161-179.

———. 2012a. "Did Aum Change Everything? What Soka Gakkai Before, During, and After the Aum Shinrikyō Affair Tells Us About the Persistent 'Otherness' of New Religions in Japan." *Japanese Journal of Religious Studies* 39(1): 51-75.

———. 2012b. "Sōka Gakkai in Japan." In *Handbook of Contemporary Japanese Religions*, edited by Inken Prohl and John Nelson, 269-307. Leiden: Brill.

———. 2014. "Electioneering as Religious Practice: A History of Soka Gakkai's Political Activities to

1970." In *Kōmeitō: Politics and Religion in Japan*, edited by George Ehrhardt, Axel Klein, Levi McLaughlin, and Steven R. Reed, 51-82. Berkeley, CA: Institute of East Asian Studies.

———. 2015. "Komeito's Soka Gakkai Protesters and Supporters: Religious Motivations for Political Activism in Contemporary Japan." *The Asia-Pacific Journal* 13(41) (October).

———. 2016. "Hard Lessons Learned: Tracking Changes in Media Presentations of Religion and Religious Aid Mobilization after the 1995 and 2011 Disasters in Japan." *Asian Ethnology* 75(1): 105-137.

The Merit of Challenge: Why Does Prayer Come True? 2018. 創価学会員によるウェブサイトで、教義試験の勉強専用。http://sgi.cyclehope.com/sokanetninyoudouga.html〔二〇一四年時点で不存在〕

Meyer, John W., John Boli, George M. Thomas, and Francisco O. Ramirez. 1997. "World Society and the Nation-State." *American Journal of Sociology* 103(1): 144-181.

Ministry of Internal Affairs and Communications〔総務省〕, *Statistical Handbook of Japan 2016*. Tokyo: Statistics Bureau〔総務省統計局〕.

Mitchell, Timothy. 1999. "Society, Economy, and the State Effect." In *State/Culture: State-Formation after the Cultural Turn*, edited by George Steinmetz, 76-97. Ithaca, NY: Cornell University Press.

宮田幸一〔一九九三〕『牧口常三郎の宗教運動』、東京：第三文明社

———〔二〇〇〇〕『牧口常三郎　獄中の闘い』、東京：第三文明社

Miyata, Koichi. 2002. "Critical Comments on Brian Victoria's 'Engaged Buddhism: Skeleton in the Closet?'" *Journal of Global Buddhism* 3: 79-85.

Miyoshi, Masao. 1998. *Off Center: Power and Culture Relations between Japan and the United States*. Cambridge, MA: Harvard University Press.〔邦訳〕マサオ・ミヨシ『オフ・センター　日米摩擦の権力・文化構造』、佐復秀樹訳、一九九六、東京：平凡社

溝口敦〔一九八三〕『池田大作　創価王国の野望』、東京：紀尾井書房

——［二〇〇五］『池田大作「権力者」の構造』、東京：講談社

村上重良［一九六七］『創価学会＝公明党』、東京：青木書店

Murata, Kiyoaki. 1969. *Japan's New Buddhism: An Objective Account of Soka Gakkai*. Foreword by Daisaku Ikeda. New York: Walker/Weatherhill.

中野毅［二〇一〇］「民衆宗教としての創価学会　社会層と国家の関係から」『宗教と社会』一六巻、一一一―一四二

Nash, Andrew, ed. 2003. *The Culture of Collected Editions*. Basingstoke, UK: Palgrave Macmillan.

National Institute of Population and Social Security Research. 2017. *The Fifteenth Japanese National Fertility Survey, 2015*. Tokyo: IPSS.〔邦文〕国立社会保障・人口問題研究所『現代日本の結婚と出産　第15回出生動向基本調査（独身者調査ならびに夫婦調査）報告書』、東京：国立社会保障・人口問題研究所

Nattier, Jan. 1991. *Once Upon a Future Time: Studies in a Buddhist Prophecy of Decline*. Fremont, CA: Asian Humanities Press.

——. 2009. "Gender and Hierarchy in the Lotus Sūtra." In *Readings of the Lotus Sūtra*, edited by Stephen F. Teiser and Jacqueline I. Stone, 83-106. New York: Columbia University Press.

Nelson, John. 2008. "Household Altars in Contemporary Japan: Rectifying Buddhist 'Ancestor Worship' with Home Décor and Consumer Choice." *Japanese Journal of Religious Studies* 35(2): 305-330.

西野辰吉［一九八五］『伝記　戸田城聖』、東京：第三文明社

西山茂［一九八六］「正当化の危機と教学革新　「正本堂」完成以後の石山教学の場合」『近現代における「家」の変質と宗教』森岡清美編、二六三―二九九、東京：新地書房

——［二〇一六］『近現代日本の法華運動』、東京：春秋社

——［二〇一七］「創価学会の基礎思考Ⅰ」『法華仏教研究』二四巻、一一三―一二九

野口裕介、滝川清志、小平秀一［二〇一六］『実名告発創価学会』、東京：金曜日

大西克明［二〇〇九］『本門佛立講と創価学会の社会学的研究　宗教的排他性と現世主義』、東京：論創社

大谷栄一［二〇〇一］『近代日本の日蓮主義運動』、京都：法藏館

Ownby, David. 2008. *Falun Gong and the Future of China*. New York: Oxford University Press.

Pekkanen, Robert. 2006. *Japan's Dual Civil Society: Members without Advocates*. Stanford, CA: Stanford University Press.

Ravina, Mark. 2004. "State-Making in Global Context: Japan in a World of Nation-States." In *The Teleology of the Modern Nation-State: Japan and China*, edited by Joshua A. Fogel, 87-104. Philadelphia: University of Pennsylvania Press.

Reader, Ian. 1991. *Religion in Contemporary Japan*. Honolulu: University of Hawai'i Press.

———. 2000. *Religious Violence in Contemporary Japan: The Case of Aum Shinrikyo*. Honolulu: University of Hawai'i Press.

———. 2005. "Perspective: Chronologies, Commonalities and Alternative Status in Japanese New Religious Movements Defining NRMs outside the Western Cul-de-sac." *Nova Religio* 9(2): 84-96.

Reader, Ian, and George J. Tanabe. 1998. *Practically Religious: Worldly Benefits and the Common Religion of Japan*. Honolulu: University of Hawai'i Press.

Renan, Ernest. 1996. "What Is a Nation?" (Qu'est-ce qu'une nation?). In *Becoming National: A Reader*, edited by Geoff Eley and Ronald Grigor Suny, 41-55. New York: Oxford University Press.〔邦訳〕エルネスト・ルナン『国民とは何か』、長谷川一年訳、二〇二二、東京：講談社（講談社学術文庫）

Roemer, Michael. 2009. "Religious Affiliation in Contemporary Japan: Untangling the Enigma." *Review of Religious Research* 50(3): 298-320.

———. 2012. "Japanese Survey Data on Religious Attitudes, Beliefs, and Practices in the Twenty-First Century." In *Handbook of Contemporary Japanese Religions*, edited by Inken Prohl and John Nelson, 23-58. Leiden: Brill.

Russell, Bertrand. (1938) 2004. *Power: A New Social Analysis*. London: Routledge.

佐伯雄太郎［二〇〇〇］『戸田城聖とその時代』、東京：鹿砦社

Salomon, Noah. 2016. *For Love of the Prophet: An Ethnography of Sudan's Islamic State*. Princeton, NJ: Princeton University Press.

Sand, Jordan. 2005. *House and Home in Modern Japan: Architecture, Domestic Space, and Bourgeois Culture, 1880-1930*. Cambridge, MA: Harvard University Press.

Scott, James C. 1985. *Weapons of the Weak: Everyday Forms of Peasant Resistance*. New Haven, CT: Yale University Press.

Seager, Richard Hughes. 2006. *Encountering the Dharma: Daisaku Ikeda, Soka Gakkai and the Globalization of Buddhist Humanism*. Berkeley: University of California Press.

聖教新聞編集総局編［二〇一二］『負げでたまっか！　聖教新聞東日本大震災報道から』、東京：聖教新聞社

Sekiguchi, Sumiko. 2010. "Confucian Morals and the Making of a 'Good Wife and Wise Mother': From 'Between Husband and Wife there is Distinction' to 'As Husbands and Wives be Harmonious.'" *Social Science Japan Journal* 13(1): 95-113.

七里和乗［一九九四］『池田大作　幻想の野望　小説『人間革命』批判』、東京：新日本出版社

島田裕巳［二〇〇四］『創価学会』、東京：新潮社

――［二〇〇七］『公明党VS.創価学会』東京：朝日新聞社

――［二〇〇八］『民族化する創価学会　ユダヤ人の来た道をたどる人々』、東京：講談社

――［二〇一四］『創価学会と公明党　ふたつの組織は本当に一体なのか』、東京：宝島社

――［二〇一七］『『人間革命』の読み方』、東京：ベストセラーズ

島田裕巳、山村明義、山田直樹、溝口敦他［二〇〇八］『創価学会Xデー』、東京：宝島社

島田裕巳、矢野絢也［二〇一〇］『創価学会　もうひとつのニッポン』、東京：講談社

島薗進［一九九二a］『現代救済宗教論』、東京：青弓社

――［一九九二b］『新新宗教と宗教ブーム』、東京：岩波書店

――［一九九六］『精神世界のゆくえ　現代世界と新霊性運動』、東京：東京堂出版

――［二〇〇〇］「仏すなわち生命　戸田城聖」『現代日本と仏教』第一巻、三一二―三一七、東京：平凡社

――［二〇〇三］「総説　宗教の戦後体制　前進する主体、和合による平和」、『岩波講座　近代日本の文化史10　問われる歴史と主体』三―六〇、東京：岩波書店

Shimazono, Susumu. 2004. *From Salvation to Spirituality: Popular Religious Movements in Modern Japan.* Melbourne: Trans Pacific Press.

Shimazono, Susumu, and Tim Graf. 2012. "The Rise of the New Spirituality." In *Handbook of Contemporary Japanese Religions*, edited by Inken Prohl and John Nelson, 459-485. Leiden: Brill.

主婦の友社編［二〇〇五］『香峯子抄』、東京：主婦の友社

創価学会編［一九五二］『日蓮大聖人御書全集』［御書］、東京：創価学会

創価学会婦人部編［一九八一］『白ゆりの詩　婦人部30年の歩み』、東京：聖教新聞社

『創価学会々長戸田城聖先生の教え』［一九五九］、日本ビクター（レコード）

創価学会教学部編［一九五一・一九六九］『折伏教典』、東京：創価学会

――［一九八〇］『創価学会入門』、東京：聖教新聞社

――［二〇〇二］『教学の基礎　仏法理解のために』、東京：聖教新聞社

創価学会問題研究会編［二〇〇一］『創価学会婦人部　最強集票軍団の解剖』、東京：五月書房

創価学会年表編纂委員会編［一九七六］『創価学会年表』、東京：聖教新聞社

創価学会四十年史編纂委員会編［一九七〇］『創価学会四十年史』、東京：創価学会

Stalker, Nancy Kinue. 2007. *Prophet Motive: Deguchi Onisaburō, Oomoto, and the Rise of New Religions in Imperial Japan.* Honolulu: University of Hawaiʻi Press.

Starling, Jessica. 2019. *Guardians of the Buddha's Home: Domestic Religion in the Contemporary Jōdo Shinshū.* Honolulu: University of Hawaiʻi Press.

Stone, Jacqueline I. 1994. “Rebuking the Enemies of the *Lotus*: Nichirenist Exclusivism in Historical Perspective.” *Japanese Journal of Religious Studies* 21(2-3): 231-259.

———. 1999. *Original Enlightenment and the Transformation of Medieval Japanese Buddhism*. Honolulu: University of Hawai‘i Press.

———. 2003a. “By Imperial Edict and Shogunal Decree: Politics and the Issue of the Ordination Platform in Modern Lay Nichiren Buddhism.” In *Buddhism in the Modern World: Adaptations of an Ancient Tradition*, edited by Steven Heine and Charles S. Prebish, 193-219. New York: Oxford University Press.

———. 2003b. “Nichiren’s Activist Heirs: Sōka Gakkai, Risshō Kōseikai, Nipponzan Myōhōji.” In *Action Dharma: New Studies in Engaged Buddhism*, edited by Christopher Queen, Charles Prebish, and Damien Keown, 63-94. London: RoutledgeCurzon.

———. 2014. “The Atsuhara Affair: The *Lotus Sutra*, Persecution, and Religious Identity in the Early Nichiren Tradition.” *Japanese Journal of Religious Studies* 41(1): 153-189.

杉森康二［一九七六］『研究・創価学会』、東京：自由社

鈴木広［一九七〇］『都市的世界』、東京：誠信書房

竹内洋［二〇〇五］『立身出世主義　近代日本のロマンと欲望』、京都：世界思想社

『滝の如く　池田ＳＧＩ会長と広布第２幕へ』［二〇〇七］、シナノ企画（ＤＶＤ）

玉野和志［二〇〇八］『創価学会の研究』、東京：講談社（講談社現代新書）

Tamura, Takanori, and Daiyu Tamura. 2010. “Reflexive Self-Identification of Internet Users and the Authority of Soka Gakkai: Analysis of Discourse in a Japanese BBS.” In *Japanese Religions on the Internet: Innovation, Representation and Authority*, edited by Erica Baffelli, Ian Reader, and Birgit Staemmler, 173-195. London: Routledge.

田中智学［一九〇一（一九一九）］『宗門之維新』、東京：獅子王文庫

Thomassen, Einar, ed. 2010. *Canon and Canonicity: The Formation and Use of Scripture*. Copenhagen:

Museum Tusculanum Press.

Tilly, Charles. 1985. "War Making and State Making as Organized Crime." In *Bringing the State Back In*, edited by Peter Evans, Dietrich Rueschemeyer, and Theda Skocpol, 169-187. Cambridge: Cambridge University Press.

戸田城聖［一九六一］『戸田城聖先生講演集』（上・下）、東京：創価学会

――［一九八一―一九九〇］『戸田城聖全集』、東京：聖教新聞社

『特高月報』［一九四三］、昭和一八年八月分、東京：内務省警保局保安課

東京大学法華経研究会編［一九六二］『日蓮正宗創価学会』、東京：山喜房仏書林

――［一九七五］『創価学会の理念と実践』、東京：第三文明社

塚田穂高［二〇一五］『宗教と政治の転轍点　保守合同と政教一致の宗教社会学』、東京：花伝社

Tsushima, Michihito, Shigeru Nishiyama, Susumu Shimazono, and Hiroko Shiramizu. 1979. "The Vitalistic Conception of Salvation in Japanese New Religions: An Aspect of Modern Religious Consciousness." *Japanese Journal of Religious Studies* 6(1/2): 139-161.

上藤和之、大野靖之編［一九七五］『創価学会四十五年史』、東京：聖教新聞社

Urban, Hugh. 2013. *The Church of Scientology: A History of a New Religion*. Princeton, NJ: Princeton University Press.

―――. 2015. *New Age, Neopagan, and New Religious Movements: Alternative Spirituality in Contemporary America*. Berkeley: University of California Press.

「潮」編集部編［二〇一一］『東日本大震災　創価学会はどう動いたか』、東京：潮出版社

薄井篤子［一九九五］「女性と宗教と組織　創価学会婦人部を巡って」『女性と宗教の近代史』奥田暁子編、一四三―一八二、東京：三一書房

Weber, Max. 1946. "The 'Rationalization' of Education and Training." In *From Max Weber: Essays in Sociology*, edited and translated by H. H. Gerth and C. Wright Mills, 240-244. New York: Oxford University Press.

———. 2001. *The Protestant Ethic and the Spirit of Capitalism*. Translated by Stephen Kalberg. London: Routledge.〔邦訳〕マックス・ウェーバー『プロテスタンティズムの倫理と資本主義の精神』中山元訳、二〇一〇、東京：日経ＢＰ

White, James W. 1970. *The Sōkagakkai and Mass Society*. Stanford, CA: Stanford University Press.

Winter, Franz. 2012. *Hermes und Buddha: Die neureligiöse Bewegung Kōfuku no kagaku in Japan*. Wien: LIT Verlag.

山崎正友［一九九四］『懺悔の告発　私だけが知っている池田大作・創価学会の正体と陰謀』、東京：日新報道

———［二〇〇四］『創価学会と「水滸会記録」　池田大作の権力奪取構想』、東京：第三書館

梁取三義［一九七七］『創価学会』、東京：国書刊行会

吉村元佑［一九八九］『人間の中へ　ＶＯＬ.５　池田大作と関西の友』、東京：第三文明社

『ザ・ベストセラー　１９８５―２００４』［二〇〇五］、東京：日外アソシエーツ

Zeller, Benjamin E. 2014. *Heaven's Gate: America's UFO Religion*. New York: New York University Press.

Zeng, Kangmin. 1999. *Dragon Gate: Competitive Examinations and Their Consequences*. New York: Cassell.

# 監修者あとがき

本書は、*Soka Gakkai's Human Revolution: The Rise of a Mimetic Nation in Modern Japan.* の全訳である。

日本語への翻訳、その文体やニュアンスは翻訳者によるものであるが、仏教、特に日蓮や創価学会に関する用語、宗教学や文化人類学などの領域における概念や用語について、原著者の依頼をうけて、筆者が監修を行った。また、訳文についても一部修正を提案した。

著者レヴィ・マクローリン氏は一九七二年にカナダのトロントで生まれ、現在はアメリカのノースカロライナ州立大学哲学・宗教学部の教授である。東京大学や関西学院大学にも留学し、國學院大學で研究員として働いたことがある。それらの経験から、彼の日本語力は素晴らしく、日本語文献や資料を読みこなして本書に結実させている。

しかしそれでも、日本で発刊された古い新聞や書籍などになると誤解や日時のミスなどが生じるのはやむを得ない。そこで本訳書では、日時などの細かい点に及ぶ確認を行った。それにあたっては、講談社の校閲部が原著で論及・引用されているほぼすべての原典を収集・確認してくれたのであるが、その徹底ぶりには感銘をうけた。なお、細かい点の修正は本文に反映させているが、重要な出来事や項目についての訂正や補足は、各頁末に＊印をつけて解説した。英文原著の再版の際にも参考にされることを願っている。

創価学会は、現代日本の宗教界のみならず、社会的政治的領域において活発な活動を展開している在家仏教徒団体である。マクローリン氏がこの宗教組織について、日本および他国で二〇年以上にわたって歴史学的かつ民族誌学的に研究してきた成果が本書である。

創価学会の歴史については、第二章を中心に、戦前の初代会長・牧口常三郎が創設した創価教育学会から、戦後の第二代会長・戸田城聖の時代、そして第三代会長・池田大作の就任から二〇一〇年代に至るまでを概観している。また創価学会の組織構造とその発展、小説『人間革命』『新・人間革命』や「聖教新聞」、その他多数の出版物についての論究、幼稚園から大学に至るまでの教育機関の設立と機能、公明党という政党の創設と連立政権参加など、創価学会に関連する諸組織、諸運動をほぼ網羅している。

日本人による総合的でかつ学術的な創価学会研究書は少なく、むしろ外国人による総合的な研究書の方が多い。代表的なものとしては、一九七〇年のホワイト・レポート（邦訳一九七一年）がもっとも包括的であり、他にBrannen(1968), Dator(1969), Métraux(1994) などがある。巨大組織である創価学会を、一冊の単行本で、歴史的かつ構造的に全体を明らかにし、同時に独自の分析枠組みで新たな特徴を解明した本書は、それらに比しても近年まれにみる多くの特徴と独自性を有する、包括的で優れた一書である。以下本書の特徴として評価できる点を列挙する。

第一に、調査方法の独自性である。従来の創価学会研究の多くが、創価学会発行の新聞や代々の会長の指導や講演などの文献資料と、会員に関する統計学的なデータをもとに論じているのに対し、本書は著者自身が二〇〇〇年から二〇一七年にかけて、北は岩手から南は九州にいたる二〇〇人以上の会員と会話し、また本人自身が創価学会の諸活動に参加して得た知見や経験、情報を基盤に分析と議論を展開していることである。しかも、それらの人々は創価学会の本部や幹部から紹介された人物ではなく、著者が日本に住んだ際に地域会員を訪ねて知り合った人々のような一般の会員である。

このような調査を著者は民族誌調査（ethnographic study）と呼んでいるが、社会学における参与観察（participant observation）とよばれる方法に近い。ゆえに著者は出会った会員たちを情報源（informants）とは言わず、友人（friends）と呼ぶ。これらの観察の成果が見事に結実しているのが、第五章、第六章である。著者はバイオリン奏者でもあるので、それを活かして、創価学会の男子部員によって構成されている交響楽団の一員となって練習や演奏会を行った経験と出会った会員たち、またある時は、創価学会の会員教育の一システムである教学試験（任用試験）に挑戦し、その学習と受験のためにある会員宅に泊まり込んだ体験を描いている（第五章）。第六章では、家庭を守り、子供を育て、かつ最前線の歩兵として期待される創価学会婦人部の困難さと葛藤を描き、戦前の国防婦人会との相似点を論じている。熱心な学会員の母親とそれを批判する息子の対立、しかし批判する息子も創価学会の家族の中で育ってきたので、自分が困った時や友人の苦境に接したときは唱題するしかないという、二律背反的な状況などが生々しく描かれている。

第二に、創価学会を日蓮仏教と、一九世紀末に発展した西欧近代の個人主義・合理主義を基盤とした人道主義などをという「二つの伝統の継承者」と捉える点である。マクローリン氏は、それを創価学会の「双子の遺産」(twin legacies)と称している。しかし、日本語で「双子」は同一の親からの産物を指すことになるので、ここでいう二つの文化的伝統は異なった起源をもつことを踏まえ、「二つの遺産」と訳した。

創価学会はしばしば近代日本社会で発展した「新宗教」と見なされ、また系譜的には日蓮系、もしくは法華系の在家仏教運動として捉えられている。確かに、かつては日蓮系教団の一つである日蓮正宗の信者集団であったし、会員は法華経の一部読誦と日蓮が提唱した唱題行(本尊に向かって南無妙法蓮華経と唱えること)を日課としている。しかし著者は、この教団の名称が「学会」であることに注目し、創価学会の前身がリベラルな教育学者・牧口常三郎の「創価教育学会」であったことを重視する。つまり軍国主義教育に反対する青年教育者の教育改革運動が出発点であり、その痕跡は今でも消えていない。第二代会長の戸田城聖も日蓮仏教の終末論的理想と結果重視のプラグマティズムとを結びつけた主張で改宗者を魅了したと、著者は捉えている。

筆者も、牧口の教育論にはデューイなどのアメリカ・プラグマティズム哲学が重要な要素としてあると考えている。信仰について生活における有益な結果をもたらすか否かを重視する点などは、明らかにデューイのプラグマティズム的信仰論である。そこに日蓮仏教が結合し、罰や功徳などの功利的主張として展開されたと考えている。

西欧思想の影響は第三代会長・池田大作のもとでさらに展開し、鼓笛隊や音楽隊の結成に始まり、文化芸術運動を重視する方針に変わりはない。公明党を結成して政治に積極的に参加していく場合も、ヨーロッパにおける宗教的背景をもとにした政党などを参考にしている。このような日蓮仏教からの大きな飛躍、または逸脱が、後に一九九一年の日蓮正宗からの分裂につながっていったともいえる。

第三に、創価学会を近代国民国家の類似形態または模倣であるというメタファー（比喩）（mimetic nation-state metaphor）で論じる点である。第一章の後半で詳細に論じているが、創価学会は確かに外形的には、池田名誉会長を頂点とする重層的な組織構造を有し、かつては人脈中心のタテ線組織だったが、現在は日本国家の行政単位とほぼ同じ区域わけで、方面から地区、グループにいたる組織を全国的に展開している。全国にわたる行政機構を管理運営する熟練した官僚組織と類似の本部職員組織もある。創価学会独自の教学勉強のシステムに加えて幼稚園から大学までの一般的教育機関も完備し、民音など文化芸術を振興する団体、また政党をもって選挙活動もする。独自の新聞と多数の出版を行うマスメディアももっている。

これらだけでも模倣国家として十分捉えられるが、著者はさらに「独自の旗」「独自のカレンダー」「独自の財産と経済活動」をもち、「独自の墓」、さらには「独自の正典」などももっていることから、「近代国民国家の模倣」であると強調する。

これまでも、創価学会は現代日本の縮図であるとか、国家内国家である、国家の中の独自の柱構造体（pillar）であると論じられたことはあった。また著者自身も以前は付随国家（an adjunct nation）として論じたこともあったが、創価学会が日本国家の付随機関であると捉えられてしまう恐れがあるので、その用語をいまは使用しない。創価学会を近代国家の模倣と捉えるメタファーは、なぜ創価学会がそのように見え、行動するのか、なぜこれほど多くの改宗者を動員できるのかを説明できる。近代国家が国民に新たな社会建設という「使命感」(a sense of mission)を与えて鼓舞したように、創価学会がこれほど発展し得た最大の要因は、会員に世界史的に重要な活動に参加しているという「使命感」を与えるのに成功したからである。また国家におけるナショナリズムが国民の意識高揚と団結、対外的進出を進めたように、創価学会も会内ナショナリズムを生みだし、リーダーや組織への忠誠心を生みだした。また哲学者ルイ・アルチュセールのＲＳＡｓ－ＩＳＡｓ論を活用して、創価学会は政治を宗教化、聖化したと論じている。このような近代国家模倣論は、さらに論議や検討を要する点もあるが、創価学会を理解していくために興味深い、また刺激的な立論であると考える。

第四は、上記の点に関連しているが、近代国民国家の形成過程においてナショナリズムを鼓舞するために新聞やパンフレットなど「印刷資本主義」(print-capitalism)が大きな役割を果たした歴史に注目し、その視点から創価学会の運動を分析している点である。創価学会は、宗教団体としては希有といえる日刊紙「聖教新聞」を発刊し、さらに長編小説『人間革命』などの膨大な量の出版がなされ、創価学会および会員が自身を語る際の拠り所になっている。著者はそこに重大な関心を寄せ、第三章、第四章で、このような創価学会の「出版帝国」(publication empire)ぶりを分析して、創価学会独自の世界観の形成、会員の使命感やリーダーと組織に対する忠誠心の醸成に、これら出版物が果たした重要な役割を明らかにしている。

著者は、創価学会の出発を、ある出版物、すなわち初代会長・牧口常三郎の著作『創価教育学体系』が発刊された一九三〇年一一月一八日としていることに注目する。第三章の冒頭で述べられる、著者が初めて八王子の牧口記念会館を訪れた二〇〇七年一一月一五日のエピソードは興味深い。牧口記念会館は一九九三年一〇月に開館したが、その年は創価学会が日蓮正宗と分かれた二年後であった。応対したある副会長は、「牧口記念会館のヨーロッパ・ルネサンス風の城のような豪華な大理石建築は、これまでは権力者による権力の象徴であったが、この記念会館は民衆の力によって建てられたものであり、それは民衆こそが権力の主体であることを象徴している」と語ったという。「権力」対「民衆」、そして日蓮正宗という古い宗教権力に民衆が勝利した「栄光の物語」こそ、創価学会が出版物を通して語る壮大な物語の中心的テーマである。

そこにおいても、著者は近代初頭におけるヒューマニズムの勝利と日蓮仏教の結合という「二つの伝統的遺産の結合」を見いだしている。フランス革命に代表される近代国民国家の誕生において、民族や国民の起源神話、王権・専制君主との闘いと勝利、その国家を率いる指導者と民衆による国民国家の誕生と発展、周辺諸国へ革命を拡げなければという「比類なき使命」などが、物語や詩、歌曲によって高らかに謳われ、その支配の正当性が強調されていった。ベネディクト・アンダーソンが主張した近代国家形成における印刷資本主義による「想像の共同体」(imagined community) の形成であり、その過程で「言語の共通化」「物語の共有化」などが進展していく。それはまたルナン (Ernest Renan) の「国民(ネーション)とは〝記憶の豊かな遺産〟」(as the nation: a "rich legacy of memories") でもあり、過去の経験を取捨選択して大規模な団結を作り上げていく過程でもあった。

著者は、これら近代国民国家形成における現象と類似の過程が、創価学会の出版帝国にも見ることができると指摘し、その代表例として小説『人間革命』『新・人間革命』を取りあげている。これらの物語は、中世における宗教的課題と現代の問題を巧みに結びつけている。それらは一方では、日蓮が堕落した鎌倉幕府に対して正しい宗教に立つよう諫言した行為を英雄的勝利として祝福する物語であり、他方では、とりもなおさず現代の創価学会の運動に正当性を付与する小説として構成されている。この小説は創価学会の指導者とその正義の人々（地涌の菩薩）の物語である。

小説『人間革命』は第二代会長・戸田城聖と第三代会長・池田大作による創価学会草創期からのエピソードなどを小説化したものであり、戸田版『人間革命』は一九五一年四月二〇日の「聖教新聞」創刊号から妙悟空という執筆者名で連載が始まり、単行本としては一九五七年に出版された。池田版『人間革命』は法悟空という執筆者名で、同新聞の一九六五年元日付から連載され、戸田城聖による創価学会の再建から戸田の死、池田大作（山本伸一）の第三代会長就任までを描いている。全一二巻であるが、第一〇巻は一九七八年で完結し、その後、二年間のブランクの後、一九八〇―一九九三年にかけて第一一―一二巻が書かれている。また『新・人間革命』は山本伸一の会長就任から日蓮正宗との決別までを描いていて、一九九三年八月六日から二〇一八年九月八日にわたって連載された。全三〇巻であるが最終巻は上下巻として刊行されたため、単行本は実質全三一巻となる。

この一連の小説に関する評論や研究は多いが、本書における重要な点は、執筆の時期が日蓮正宗との関係に緊張が生まれた時期と結びついていることを明らかにし、創価学会が日蓮仏教の正統な継承者であり、さらに池田大作が戸田城聖の唯一正統な後継者であることが強調されていることを明らかにした点である。

第五には、『(新)人間革命』の「正典化」と「正典形成過程への会員の参加」という著者独自の捉え方をあげなければならない。これらの出版は創価学会の公式の歴史(正史)、また池田自身が述べているように創価学会の「精神の歴史」である。従って、全ての会員が学習すべき教科書となっていることはいうまでもないが、著者はさらに踏み込んで、『(新)人間革命』は『法華経』および日蓮の遺文集『御書』と並んで、場合によってはそれを越える、ある種の「正典」(canon)になっていると、極めて重要な指摘をしている。一九七〇年から任用試験の教材に、『御書』とともに『人間革命』が使われ始め、大石寺における夏期講習会での教材ともなり、婦人部が読了運動を展開したことなどを、その根拠として詳しく論じている。

さらに重要なのは、これらの小説が創価学会が急速に大きくなっていく最中に書かれ、かつ正典の形成(canon formation)に多くの会員が仮名であるが登場し、参加している事実に注目した点である。その視点を著者は第四章で「正典への参加——新宗教における聖典の形成」と題して論じている。『(新)人間革命』が執筆された数十年間、会員は彼らが正典と見なす公式記録の中に登場することに喜びを見いだしていた。換言すれば、創価学会は公式な正典と認められる文書の中で、多くの会員が聖なる存在として祀られる(enshrined)機会を提供していたのである。法華経など、様々な仏典にも多くの菩薩や在家が登場するが、そのような形式とパラレルなスタイルであると言える。

この分析視角は特に重要で注目に値する。何故なら、この正典形成過程への参加という視点は、宗教研究における永遠のテーマ、すなわち、ある人が何故、様々な論争を起こしている新宗教に入信するのか、彼らの人生をその組織に捧げるのか、という問いへの新たな解答を提供するからである。正典の形成過程で、会員たちの実際の活動、彼らの献身と経験が聖化され、彼らや家族、友人たちが創価学会の歴史や使命と一体化する。そして組織への忠誠、指導者への忠誠心も高められていく。この分析が妥当か否かは、他の新宗教の研究によって確証されなければならないが、極めて興味深い分析視角であることはいうまでもない。

他にも興味深い内容が多くあるが、詳細は本訳書から読み取ってほしい。

＊

マクローリン氏による本書は、創価学会についての総合的で、かつ優れた研究であり、刺激的な分析が多数含まれている。それは、まず会員に密着した詳細な民族誌調査に基づいているからであり、さらに「近代国家模倣論」や「正典形成への参加と聖化」などの独特な分析枠組みによるものである。著者はわれわれに、創価学会の一般会員が実際にどのように考え、悩み、日常生活の中で如何に多くのジレンマを抱えているかを明らかにしてくれる。本書を読みながら、筆者は社会学的宗教研究において重要な視点である「共感的デタッチメント」という分析態度を思い出した。これは筆者の恩師でもあるオックスフォード大学の故ブライアン・ウィルソン教授がかつて強調していた点である(Wilson, 1982)。

もちろん、いかなる優れた研究書であっても限界と欠点はある。第一に、彼の「近代国家模倣論」

についても、創価学会の組織構造と運動の特徴を明らかにする上で有効であることは認めるが、その分析枠組みが類似の官僚制的組織を有するモルモン教会やサイエントロジーなど、他の新宗教に適用できるか否かが問われることはいうまでもない。それらの運動との比較研究が、今後必要である。同様のことは「正典形成への参加」という点にも言える。

近代国家模倣論について更に言えば、創価学会は戦後のそれより、聖なる天皇に支配された専制国家であった戦前の日本国家により類似していると言えまいか？　または日本に伝統的な家元制度、戦後の親方日の丸的な「会社」組織とむしろ類似しているとは言えないだろうか？　それらの疑問点はあるが、本書がこの数十年間で、日本の創価学会について書かれた最良の研究書であることは間違いない。

この翻訳の初校校正をちょうど終えた二〇二三年一一月一八日に、創価学会の池田名誉会長が同月一五日に亡くなったと報じられた。創価学会において、また日本の戦後史においても一つの時代が終わったと感慨深い。本書が、彼が発展させた創価学会についての理解を深める一助となることを願っている。

中野毅

二〇二三年一二月一日

〔参考文献〕


Brannen, Noah S. 1968. *Sōka Gakkai: Japan's Militant Buddhists.* Virginia: John Knox Press.

Dator, James Allen. 1969. *SŌKA GAKKAI, Builders of the Third Civilization: American and Japanese Members.* Seattle: University of Washington Press.

McLaughlin, Levi. 2004. "Shinkō to ongaku no yūwa o motomete: Watashi no deatta Sōka Gakkai ōkesutora."〔邦訳〕「信仰と音楽の融和を求めて　私の出会った創価学会オーケストラ」、堀江宗正訳、『世界』六月号、一八二―一八九頁、二〇〇四、岩波書店

Métraux, Daniel. 1994. *The Soka Gakkai Revolution.* Lanham, MD: University Press of America.

White, James W. 1970. *The Sōkagakkai and Mass Society.* California: Stanford University Press.〔邦訳〕『ホワイト調査班の創価学会レポート』宗教社会学研究会訳、一九七一、雄渾社

Wilson, Bryan R. 1982. *Religion in Sociological Perspective.* Oxford: Oxford University Press.〔邦訳〕『宗教の社会学』中野毅・栗原淑江訳、二〇〇二、法政大学出版会

## レヴィ・マクローリン（Levi McLaughlin）

一九七二年生まれ。トロント大学卒業、同大学大学院修士課程修了。東京大学、関西学院大学への留学ののち、プリンストン大学Ph.Dを取得。國學院大學研究員等を経て、現在、アメリカのノースカロライナ州立大学哲学・宗教学部教授。専攻は宗教学。共編著に *Kōmeitō: Politics and Religion in Japan*（IEAS, UC Berkeley, 2014）がある。

## 山形浩生（やまがた・ひろお）

一九六四年生まれ。評論家・翻訳家。調査会社勤務の傍ら、幅広い分野で執筆、翻訳を手がける。主な訳書に『雇用、利子、お金の一般理論』（J・M・ケインズ著、講談社学術文庫）、『21世紀の資本』（T・ピケティ著、共訳、みすず書房）、『CODE』（L・レッシグ著、共訳、翔泳社）、『1984年』（G・オーウェル著、プロジェクト杉田玄白）など多数。

## 中野　毅（なかの・つよし）

一九四七年生まれ。筑波大学大学院博士課程満期退学。創価大学名誉教授、国際宗教研究所顧問。博士（文学）。専攻は、宗教学、比較宗教学、宗教社会学。編著書に『占領改革と宗教　連合国の対アジア政策と複数の戦後世界』（専修大学出版局）、著書に『宗教の復権』（東京堂出版）、『戦後日本の宗教と政治』（原書房）などがある。

# 創価学会(そうかがっかい)

## 現代日本(げんだいにほん)の模倣国家(もほうこっか)

二〇二四年　七月　九日　第一刷発行

著者　レヴィ・マクローリン

訳者　山形浩生(やまがたひろお)

©YAMAGATA Hiroo 2024

監修　中野(なかの)　毅(つよし)

発行者　森田浩章

発行所　株式会社　講談社

東京都文京区音羽二丁目一二―二一　〒一一二―八〇〇一

電話（編集）〇三―五三九五―三五一二

（販売）〇三―五三九五―五八一七

（業務）〇三―五三九五―三六一五

装幀者　奥定泰之

本文データ制作　講談社デジタル製作

本文印刷　株式会社　新藤慶昌堂

カバー・表紙印刷　半七写真印刷工業　株式会社

製本所　大口製本印刷　株式会社





ISBN978-4-06-526854-4　Printed in Japan　N.D.C.161　349p　19cm

# 講談社選書メチエの再出発に際して

講談社選書メチエの創刊は冷戦終結後まもない一九九四年のことである。長く続いた東西対立の終わりはついに世界に平和をもたらすかに思われたが、その期待はすぐに裏切られた。超大国による新たな戦争、吹き荒れる民族主義の嵐……世界は向かうべき道を見失った。そのような時代の中で、書物のもたらす知識が一人一人の指針となることを願って、本選書は刊行された。

それから二五年、世界はさらに大きく変わった。特に知識をめぐる環境は世界史的な変化をこうむったとすら言える。インターネットによる情報化革命は、知識の徹底的な民主化を推し進めた。誰もがどこでも自由に知識を入手でき、自由に知識を発信できる。それは、冷戦終結後に抱いた期待を裏切られた私たちのもとに差した一条の光明でもあった。

その光明は今も消え去ってはいない。しかし、私たちは同時に、知識の民主化が知識の失墜をも生み出すという逆説を生きている。堅く揺るぎない知識も消費されるだけの不確かな情報に埋もれることを余儀なくされ、不確かな情報が人々の憎悪をかき立てる時代が今、訪れている。

この不確かな時代、不確かさが憎悪を生み出す時代にあって必要なのは、一人一人が堅く揺るぎない知識を得、生きていくための道標を得ることである。

フランス語の「メチエ」という言葉は、人が生きていくために必要とする職、経験によって身につけられる技術を意味する。選書メチエは、読者が磨き上げられた経験のもとに紡ぎ出される思索に触れ、生きるための技術と知識を手に入れる機会を提供することを目指している。万人にそのような機会が提供されたとき初めて、知識は真に民主化され、憎悪を乗り越える平和への道が拓けると私たちは固く信ずる。

この宣言をもって、講談社選書メチエ再出発の辞とするものである。

二〇一九年二月　　野間省伸